睡梦中，学三角

木棉 著

世界知识出版社

图字：01-2022-0258 号

图书在版编目（CIP）数据

睡梦中，学三角 / 木棉著 . — 北京：世界知识出版社，2022.10

ISBN 978-7-5012-6494-0

Ⅰ . ①睡… Ⅱ . ①木… Ⅲ . ①三角函数—中学—教学参考资料 Ⅳ . ① G634.623

中国版本图书馆 CIP 数据核字（2021）第 262160 号

原书名：睡梦中，学三角　作者：木棉

本书由台湾远见天下文化出版股份有限公司正式授权

责任编辑	张　璐
文字编辑	王瑞晴　蔡金娣
责任出版	赵　玥
责任校对	张　琨
书　　名	**睡梦中，学三角** Shuimeng Zhong, Xue Sanjiao
作　　者	木　棉
出版发行	世界知识出版社
地址邮编	北京市东城区干面胡同 51 号（100010）
电　　话	010-85112689（编辑部） 010-65265923（发行部）　010-85119023（邮购电话）
网　　址	www.ishizhi.cn
经　　销	新华书店
印　　刷	固安兰星球彩色印刷有限公司
开本印张	880 毫米 × 1230 毫米　1/32　$11\frac{1}{2}$ 印张
字　　数	249 千字
版次印次	2022 年 10 月第一版　2022 年 10 月第一次印刷
标准书号	ISBN 978-7-5012-6494-0
定　　价	56.00 元

目　录

前　言

　　我有一个学生，他是一个阳光男孩。他的数理成绩非常好。这位学生总是用愉快的心情学习知识，遇到难题时，不仅不会退缩，反而以积极的态度面对，并且乐在其中。

　　有一回，我问他是不是从小数学就学得很好。出乎意料的是，他说以前成绩在班上顶多算是中等，和其他同学一样，每天到学校上课，放学后就去补习，最后拖着疲惫的身体回家，心里很有压力，成绩也是没有进步。

　　后来，他碰到一位特别的老师，这位老师不教题型或解题技巧，也不要求背公式定理，却要他思考：

　　● 为什么要学这个单元？
　　● 它和以前学过的单元有什么关系？
　　● 这个单元带来哪些新观念？

　　在解题时，这位老师不会在乎正确答案，却要他从不同观点思考问题，最好能想出两种以上的解法，再讨论，并从中找出哪一种是最佳的做法。

在这样的学习方式下，这位阳光男孩逐渐领会数学的内涵，慢慢发觉隐藏在定理公式背后的智慧，头脑越来越灵活，成绩也越来越好。更重要的是，他越来越喜欢上数学课了。

许多人都听过类似的故事，但如何让"故事"变成"事实"，而不是听完就结束，就像船过水无痕一样呢？本书透过虚构的人物，以具体的方式，呈现一位在数学上饱受挫折的学生，一步一步改变的历程。我希望读者能在阅读的过程中，实际参与这个历程，或许这个改变，也会发生在你的身上。

木棉

2005 年 12 月 31 日

屋梁上的两只猫咪

时间是下午 2 点 03 分 29 秒，小平凝视着手表上的秒针。秒针正一格一格缓慢地向前扭动，就像一条困在水泥地上的蚯蚓，永远不晓得目的地还有多远。

这是一堂数学课，白色的粉笔在黑板上写满数学公式，白茫茫一片就像秋天野地里的芒花，对应着讲台下一群 16 岁高中生的茫然心灵。为什么要学数学？对于这群高中生来说，一直是没有答案的谜题。

数学老师姓赵，顶着灰白的头发，正卖力地讲解三角函数，只是他讲的东西对高中生而言，就像外星人说的话一般难以理解。同学们给他取了个绰号叫"老罩"，意思是"老是罩不住"，因为他常常答不出同学提的问题，久而久之，也就很少有人问问题了。当然，16 岁的心灵无法体会，老罩当年念高中时，数学功力铁定是一把罩，才会走上数学之路；也不曾想过，有一天自己也会在岁月的侵蚀下，像老罩一样，由犀利的青少年转化为迟钝的老人。

小平——我们的主人公，仍凝视着手表上的秒针，希望下课铃声早一点拯救他，带他脱离这个烦闷的时空，就像几天前在公园里，他用树枝拯救那条困在水泥地上的蚯蚓一样。

上高中以前，小平的数学不算糟糕，也正因为他在入学考试中数学考了高分，才得以进入这所重点高中就读。但是，表面的成绩通常不能准确反映实际的理解情况，打从初一开始，小平就对数学隐约感到一股莫名的不安。这股不安随年级增长而加深，就像蚕茧，越卷越密，越缠越深，却又说不出这到底是什么感觉。

什么叫作"理解"，从来就没有清楚的定义，懂与不懂之间，还有程度之分，并不像字面上代表了截然不同的两种状态。小学时，小平只要记得几个公式，就能轻松学会数学而且成绩亮眼。上了初中，深度跳了一级，他感觉观念越来越模糊，常常不晓得自己到底懂不懂。但是，靠补习班的题型整理和考前猜题，成绩也还是不错，让他以为这样走下去或许没问题。

原本怀着喜悦及些许骄傲的心情进入重点高中就读，可是小平很快发觉，不管他怎么努力都无法赶上别人，成绩始终在倒数几名徘徊。有一次，爸爸拿着成绩单对小平说："这是重点高中，所以我不敢奢望你考前几名，但至少也不能考在后几名吧？"

小平无言以对，尽管他不想让老爸失望，可还是不知如何是好。现在他能够体会以前那些 B 段同学的心情了：一种被遗弃又无法脱离的状态，就像陷在捕兽器上的野兔，望着腿上的鲜血一滴一滴流淌，却又动弹不得。

讲台上，老罩还在卖力讲解三角函数，试图让 $\sin\theta$、$\cos\theta$ 挤进这些年轻人的脑袋里。午后慵懒的阳光洒在闷热的教室里，配合老罩带有催眠作用的声调，小平的双眼逐渐蒙眬，迷糊中悄悄进入了梦乡……

"小平！"一个沉稳有力的声音叫醒小平。

"你是谁？"从睡梦中惊醒的小平慌张反问。这时候，他发现自己和一个陌生人坐在教室天花板的屋梁上，底下老罩还在滔滔不绝地讲课。奇怪的是，他们两个人的身体很小，像两只猫咪，但小平似乎没有察觉，只看到屋梁底下的同学阿东在偷看漫画书，他觉得好玩儿。

"我叫大 M，很高兴认识你。"陌生人礼貌地回答。

"你要干什么？"小平打量着眼前的陌生人，他高高瘦瘦的，戴着一副斯文的眼镜，身上有一股迷人的气质，蛮像一位学者。

"你喜欢职业棒球吗？"大 M 反问，一边将鼻梁上的眼镜往上推。

"喜欢啊，我小学时还是棒球校队的队员呢！"小平展现出难得的笑容。

"那么你知道什么是'救援投手'喽？"

"当然知道，就是在八九局上来终结对手攻击的投手。"

"你知道'救援投手'有个外号叫什么吗？"

"叫'守护神'啊！就是守护战果赢得胜利的意思。"

"很好，我就是你的'数学守护神'，特意来帮助你学好数学。"大M面带笑容地说。

"真的?"小平有点难以置信。

"是真的，每一个人都有'守护神'，而我刚好是你的'数学守护神'，你可以问我任何问题，我一定尽最大能力回答你。"大M诚恳地说。

虽然还是觉得奇怪，但大M态度诚恳，并且有一股令人难以抗拒的魅力，让小平自然地相信了他的话。于是小平和大M，像两只坐在教室屋梁上的猫咪，一问一答地展开了一段奇幻又真实的数学之旅……

▼

书里的主人公小平在梦中

受到"数学守护神"大M的点拨后，

由看到公式就头大的苦命学生，

一跃成为一流的数学高手！

part A

三角函数的由来
及基本特性

为何是"三角"函数？

"可不可以告诉我，怎样才能学好数学？"这个疑问让小平困惑很久了，却一直没有答案。

"这是一个好问题，但可能没有标准答案，因为不同的人有不同的学习方式，没有一种学习方式适用于所有的人。"大 M 若有所思地回答。

"那么你认为哪一种学习方式适合我？"

"先告诉我，你是怎么学数学的？"

"就是上课时听老师讲解，回家后再复习一遍，顺便将公式背下来，再做参考书及补习班讲义上的题目，熟悉各种题型，大概就是这样子了。"说完后，小平感觉有点空洞，因为学习过程中没有一点值得留恋或兴奋的地方。

"你觉得这种学习方式好不好？"大 M 继续问。

"我也不知道，反正大家都是这么学的！"

"我还不确定这种学习方式的好坏，不过我发觉你的学习过程中，少了一个重要的东西……"

"什么东西？"小平急忙问道，眼中闪过一丝光芒。

"源头！"大 M 简短回应。

"源头？你是说它是怎么来的？"

"对！就像彻底认识一个人要从他的出生开始，学习数学的第一步也是要先知道源头，才能完全理解它的内涵。"

"这我倒从来没想过，能不能举例说明？"小平发现大 M 的观点不太一样，因为以前就是背背公式定理，从来不知道它们从何而来，老罩也没讲过。

"你正在学三角函数，我就以三角为例子。你能不能告诉我，身边有哪些事物和角度或角有关？"

"很多啊！像窗户有四个角，教堂的屋顶常倾斜成一个角度，棒球有内角球和外角球，面包店里常看到三角形的巧克力蛋糕！"小平越说越高兴。

"你答得很好！人类很早就发觉身边有许多和角度有关的事物，例如图 1.1（见次页），一天当中，不同时候太阳的仰角都不一样，所造成的阴影长度也不同；又如图 1.2（见次页），将箭头的角度磨尖，虽然磨尖要花比较多的时间，但有句话说'宝剑锋从磨砺出，梅花香自苦寒来'，对吧。由于生活中充满和角度有关的事物，自然引发人类研究的兴趣，而三角函数就是研究角度的科学。"

"但为何是三角函数，而不是'两角'或'四角'函数呢？"

"这个问题非常好，代表你对数学有感觉！在观察周遭和角度有关的各种事物之后，人们会马上发觉一个重要事实：

三角形是最简单的多边形，因为不存在一边形及两边形。

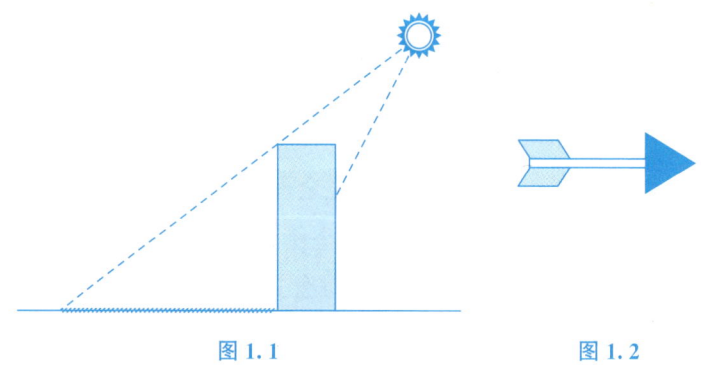

图 1.1   图 1.2

实际具有角度的多边形中，最简单的就是具有三个边的三角形。"

"这我以前倒没想过！原来三角形是最简单的多边形。"小平自言自语。

"三角形还有一个特点，就是任何多边形都可以由三角形组合而成。例如图 1.3 的四边形，可以由两个三角形组合而成，而图 1.4 的五边形，可以由三个三角形组合而成。所以三角形不仅是最简单的形状，也是各种多边形的基本组成单元。"大 M 点出了三角形的重要性。

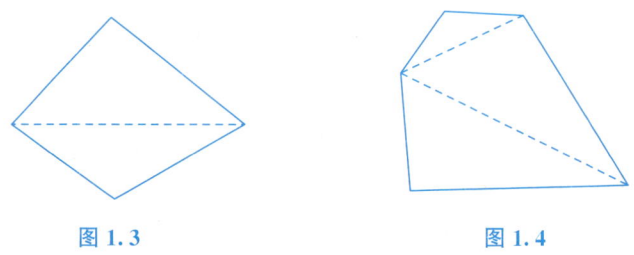

图 1.3   图 1.4

"我明白了，一旦弄懂了三角形，就可以继续理解各式各样的多边形了。"小平若有所悟。

"没错，这正是学三角函数的原因。"

"我记得老罩第一次讲三角函数时，先在黑板上画一个大大的直角三角形，接着就定义 $\sin\theta$、$\cos\theta$ 等三角函数。为什么要画直角三角形呢？"小平问。

"反问你一个问题：在所有三角形中，何者是最基本的三角形，可以作为一般三角形的组成单元？"

"我想是正三角形吧！因为它的三个边长与三个内角都相等，是最简单的三角形。"小平回答得很有自信。

"正三角形虽然简单，却不是最基本的三角形，例如图 1.5 的三角形，就无法由正三角形来组成。"

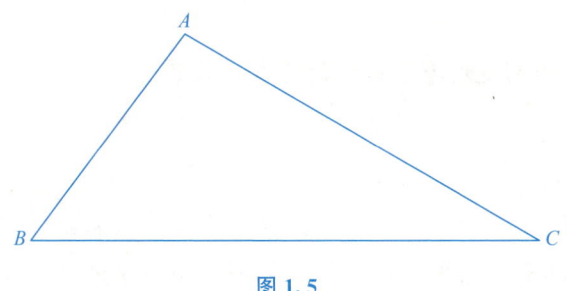

图 1.5

"那么是不是等腰三角形呢？"小平有点犹豫。

"也不对，图 1.5 的三角形，也无法由等腰三角形来组成。"

"是不是直角三角形呢？"小平实在没把握。

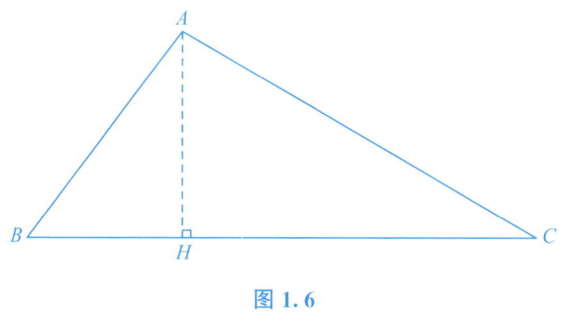

图 1.6

"没错，就是直角三角形！例如图 1.6 的△ABC，可以由△ABH 和△ACH 两个直角三角形组合而成。利用简单的辅助线，你应该不难想象，任何三角形皆可以由直角三角形组成，所以直角三角形是最基本的三角形。"大 M 接着说，"因此我们得到以下的结论：

● 三角形是所有多边形的基本组成单元
● 直角三角形是所有三角形的基本组成单元

所以，研究直角三角形是了解三角形以及各种多边形的基础。"

"由直角三角形，可以了解各种三角形的特性；而由三角形，又可以了解各种多边形的特性。"小平试着整理自己学到的概念。

"完全正确！"大 M 愉快地结束了这一堂课。

第**2**堂课
直角三角形的特性

"知道三角函数的源头之后，感觉是比较踏实了，但我还是不懂三角函数……"小平看到了学好数学的一道曙光，但眼前的路似乎还很漫长。

"'了解源头'只是学好数学的第一步，接着第二步是'建构核心知识框架'。"大 M 回答。

"什么是'建构核心知识框架'呢？"小平不太明白。

"就像打篮球必须先学好基本动作，核心知识就像篮球的基本动作，要先建构核心知识框架，才能学好数学。这个步骤比较漫长，需要耐心去完成。"

"要如何建构核心知识框架呢？"

"这没有一定的方法，在接下来的几堂课中，你可以慢慢体会。"

"好吧！我会用心体会，希望过一段时间会有所改变。了解源头和建构核心知识框架之后，还有没有第三个步骤？"小平继续问下去。

"第三步也是最后一个步骤，就是'练习题目'。做题可以检验自己所建构的核心知识框架是否正确，此外也是在练习应用知识处理问题，所以，

了解源头　→　建构核心知识框架　→　练习题目

是学习数学的三部曲，就像电影《魔戒》三部曲一样。"

"我知道了，就是要买几本参考书，做很多题目，难怪补习班老师要我们做一大堆题目……"小平自言自语。

"这个想法不对！题目不必做很多，但是做的时候，要不断思考题目和核心知识之间的关联。顺便告诉你，一流的学生顶多做一本参考书的题目，就绰绰有余了。"大 M 微笑着纠正小平的观点。

"这倒不错，可以省下买参考书的钱，来看电影或打游戏！"

"没错，适当放松一下，对学习反而有帮助，整天念书只会变成书呆子！"大 M 继续说，"言归正传，我们回到三角函数。图 2.1（见次页）是一个三角形，告诉我，你看到了什么？"

"它有三个边，长度分别是 (a, b, c)，另外有三个角，角度分别是 (α, β, γ)。"

"对，三个边及三个角，是三角形的主要特征。你能不能告诉我，三个边长 (a, b, c) 与三个角度 (α, β, γ) 之间，有没有什么关联？"

小平回答："我只知道三角形的内角和等于 $180°$，也就是

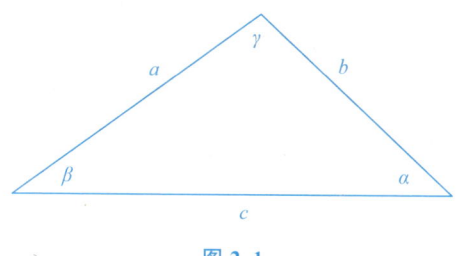

图 2.1

$\alpha+\beta+\gamma=180°$，至于它们和边长（a，b，c）之间有什么关联，这我就不知道了。"

"当初数学家认为（a，b，c）和（α，β，γ）或许存在某些关联，研究之后，发现它们的确存在特别的关系，这些研究的结果就是三角函数。"

"所以，三角函数主要是在探讨三角形边长与角度之间的关系吗？"

"没错，边长与角度的关系，称为'边角关系'，是三角函数的主要内容。利用三角函数，我们可以由角度推知边长，或反过来由边长推知角度。"

小平接着问："为什么学习三角函数要从直角三角形开始呢？"

"你记不记得？前一堂课曾学过，所有三角形都可由直角三角形组合而成，所以一旦理解了直角三角形的边角关系，便可以很容易推知一般三角形的边角关系。"大 M 微笑着回答。

"所以，三角函数是先探讨直角三角形的边角关系，之后推广到普通三角形的边角关系，再由普通三角形的边角关系，进一步推知各种多边形边角关系?”小平试着归纳出一些概念。

"完全正确!"大 M 接着说，"现在，我们来看看直角三角形有哪些特性。图 2.2 是一个任意的直角三角形，三个内角分别为 90°、θ 和 ϕ，而 90°是最大的内角。

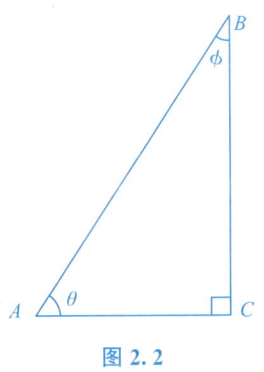

图 2.2

"另外，它有三个边，分别是 $\overline{AB}$、$\overline{AC}$ 和 $\overline{BC}$，其中最长边 $\overline{AB}$ 称为斜边。对于角 θ 而言，$\overline{AC}$ 就在它的旁边，所以 $\overline{AC}$ 称为角 θ 的邻边，而 $\overline{BC}$ 位于角 θ 的对面，所以称为角 θ 的对边。反之，对于角 ϕ 而言，$\overline{BC}$ 在它的旁边，所以是它的邻边，而 $\overline{AC}$ 位于它的对面，所以是角 ϕ 对边。"

大 M 继续说："现在假定三个边的长度分别为 $\overline{BC}=a$，$\overline{AC}=b$，$\overline{AB}=c$。直角三角形有一个很重要的特性，即（a，b，c）之间永远存在以下的关系：

$$c^2 = a^2 + b^2 \tag{2.1}$$

上式即'商高定理'（也称作'勾股定理'），是直角三角形最重要的关系式，因为它清楚地界定了三个边长之间的关系。有了（2.1）式，只要知道任意两个边长，就可算出第三个边长，对我们处理边角关系帮助很大。

"另外在角度方面，由于三个内角和等于 $180°$，因此

$$\theta+\phi+90°=180° \qquad \Rightarrow \qquad \theta+\phi=90° \qquad (2.2)$$

所以任何一个直角三角形，只要知道其中一个非 $90°$ 的内角，那么另一个内角也随之确定；例如已知 $\theta=15°$，则 $\phi=75°$。（2.2）式对我们处理边角关系，同样很有用。"

小平说："这些我早就知道了！"

"以上这两个关系式很简单，（2.1）式界定直角三角形边长间的关系，而（2.2）式则界定角度间的关系，但我们感兴趣的是边长与角度之间的关系，即边角关系。"大 M 特别再次强调边角关系的重要性，"经过长期研究，数学家发现三个边长的比值 $\left(\dfrac{b}{a},\ \dfrac{a}{c},\ \dfrac{b}{c}\right)$ 和角度 $(\theta,\ \phi)$ 之间，存在特别对应的关系，即

相同的角度 $(\theta,\ \phi)$，对应相同的边长比值 $\left(\dfrac{b}{a},\ \dfrac{a}{c},\ \dfrac{b}{c}\right)$；

不同的角度 $(\theta,\ \phi)$，对应的边长比值 $\left(\dfrac{b}{a},\ \dfrac{a}{c},\ \dfrac{b}{c}\right)$ 亦不相等。

所以在探讨边长与角度的关系时，我们注重的不是边长 $(a,\ b,\ c)$ 的大小，而是边长之间的比值，即 $\left(\dfrac{b}{a},\ \dfrac{a}{c},\ \dfrac{b}{c}\right)$。"

"为什么？"这个概念来得有点突然，小平一时无法理解。

"概念来自相似三角形！"大 M 继续说明，"在图 2.3 中，△ABC 和 △DEF 为相似直角三角形，有相同的内角；若它们的边长分别为 $(a，b，c)$ 和 $(d，e，f)$，则它们的边长比值相等，即 $\left(\dfrac{b}{a}，\dfrac{a}{c}，\dfrac{b}{c}\right)$ 等于 $\left(\dfrac{e}{d}，\dfrac{d}{f}，\dfrac{e}{f}\right)$。反之，若两个直角三角形的内角不同，它们的边长比值亦不等。"

"所以边长的比值 $\left(\dfrac{b}{a}，\dfrac{a}{c}，\dfrac{b}{c}\right)$ 才是决定角度的要素，而不是边长 $(a，b，c)$？"小平有所领悟。

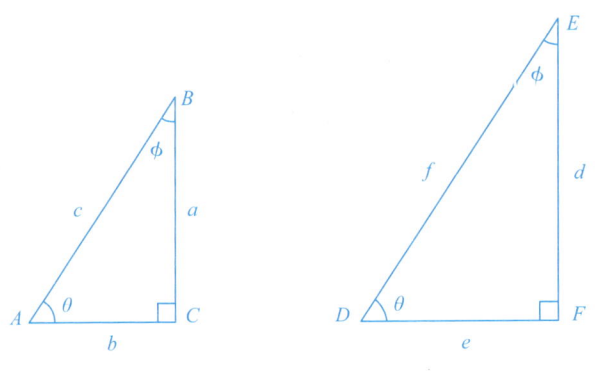

图 2.3

"对！这个概念很重要，是三角函数的重要基础。为了方便探讨边角关系，数学家发明了三角函数，借此将边长与角度联结在一起。图 2.4（见次页）中，角 θ 的对边长为 a，邻边长为 b，斜边长为 c。数学家发现，任何一个角度 θ，皆对应一个特定的对边与斜边的比值，所以将这个比值定义为

$$\sin\theta=\frac{a}{c} \tag{2.3}$$

$\sin\theta$ 称为'**正弦函数**'。例如 $\theta=30°$ 对应的对边与斜边的比值为 $\frac{1}{2}$，所以 $\sin30°=\frac{1}{2}$。

"此外，任何一个角度 θ，皆对应特定邻边与斜边的比值，所以这个比值定义为

$$\cos\theta=\frac{b}{c} \tag{2.4}$$

$\cos\theta$ 称为'**余弦函数**'。例如 $\theta=30°$ 对应的邻边与斜边的比值为 $\frac{\sqrt{3}}{2}$，则 $\cos30°=\frac{\sqrt{3}}{2}$。

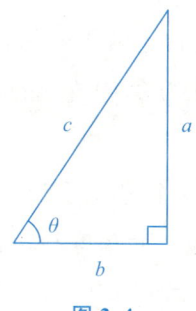

图 2.4

"最后，任何一个角度 θ，也都对应特定的对边与邻边的比值，所以定义这个比值为

$$\tan\theta=\frac{a}{b} \tag{2.5}$$

$\tan\theta$ 称为‘正切函数’。例如 $\theta=30°$，对应的对边与邻边的比值

为 $\dfrac{1}{\sqrt{3}}$，则 $\tan30°=\dfrac{1}{\sqrt{3}}$。"

"可是我记得三角函数好像有六个，对吗？"小平问。

"没错，以上三个是最常用的三角函数，另外有三个，分别定义如下（可以参考图 2.4）：

$$\csc\theta=\frac{c}{a}=\frac{1}{\sin\theta} \tag{2.6}$$

$$\sec\theta=\frac{c}{b}=\frac{1}{\cos\theta} \tag{2.7}$$

$$\cot\theta=\frac{b}{a}=\frac{1}{\tan\theta} \tag{2.8}$$

由于 $\csc\theta$、$\sec\theta$ 和 $\cot\theta$ 分别是 $\sin\theta$、$\cos\theta$ 和 $\tan\theta$ 的倒数，所以只要熟悉 $\sin\theta$、$\cos\theta$ 和 $\tan\theta$，就很容易得到 $\csc\theta$、$\sec\theta$ 和 $\cot\theta$。因此，我们通常将注意力集中在 $\sin\theta$、$\cos\theta$ 和 $\tan\theta$ 三个函数上。"

小平问："我不知道这个想法对不对：学习三角函数，是为了探讨三角形的边角关系，而角度与边长的比值有关，所以三角函数是以边长比值的形式呈现？"小平做了简单的归纳。

"你吸收得很好，完全正确。"大 M 微笑着鼓励小平。

"这些定义不难，但它们之间的关系很复杂，我记得老罩上课时，黑板上常常写满一大堆公式，花很多时间都还背不下来。"数学课的情景，不时浮现在小平的脑海里，老实说，上课时他的脑中常常一片空白，不知道老罩在讲什么。

"这和你的学习方式有关，慢慢你就会明白，假如有好的方式学习，大部分的公式不必背，就自然记在心中。首先，在图 2.4 中，由勾股定理推算，会得到以下的关系式：

$$a^2 + b^2 = c^2 \quad \Rightarrow \quad \frac{a^2}{c^2} + \frac{b^2}{c^2} = 1$$

因此以下的等式永远成立

$$\sin^2\theta + \cos^2\theta = \frac{a^2}{c^2} + \frac{b^2}{c^2} = 1 \qquad (2.9)$$

这是三角函数中最重要的关系式，因为它借勾股定理将 $\sin\theta$ 和 $\cos\theta$ 联结起来。从这个等式你可以看到，虽然 $\sin\theta$ 和 $\cos\theta$ 的个别数值会随着 θ 而改变，但两者的平方和永远为 1。"

大 M 继续解释："我们来看看 $\sin\theta$、$\cos\theta$ 和 $\tan\theta$ 之间的关系。由（2.3）式到（2.5）式的定义，可以得到下面的关系式：

$$\frac{\sin\theta}{\cos\theta} = \frac{\dfrac{a}{c}}{\dfrac{b}{c}} = \frac{a}{b} = \tan\theta \qquad (2.10)$$

这个式表示，若已知 $\sin\theta$ 和 $\cos\theta$，就可以推知 $\tan\theta$。"

"（2.9）式与（2.10）式是非常重要的方程式，是三角函数的核心，而且是很有用的工具。"大 M 点出三角函数的核心公式。

"这两个公式很容易理解，但我不太晓得它们的用处……"

"它们的用处很多，我们先由最简单的学起。假如 $\sin\theta$ 已知，利用（2.9）式，我们可以求得 $\cos\theta$，接着由（2.10）式，

可以得到 $\tan\theta$，最后由 $\sin\theta$、$\cos\theta$ 和 $\tan\theta$ 的倒数，就可得知 $\csc\theta$、$\sec\theta$ 和 $\cot\theta$。同理，假如 $\cos\theta$ 已知，则利用（2.9）式可以推知 $\sin\theta$，接着由（2.10）式，可得 $\tan\theta$，最后由倒数关系，可以求得 $\csc\theta$、$\sec\theta$ 和 $\cot\theta$。换句话说，一旦知道 $\sin\theta$ 或 $\cos\theta$，就可以求得其余五个三角函数。"

"和老罩比起来，你的说法条理分明，我可以理解。"小平略有所悟。

"现在问你一个问题：若 $\tan\theta$ 已知，是否可以得知其余五个三角函数？"大 M 故意考考小平。

小平想了一会儿说："好像没办法，因为由（2.10）式，我只能知道 $\sin\theta$ 和 $\cos\theta$ 的比值，并不知道它们两个的真正大小……"

"其实，只要知道六个三角函数中的任何一个，就可以推知其余五个，由以下的例题，你会明白原因。以下内容仅限直角三角形内。

例 1：假定 $\tan\theta=3$，求其余五个三角函数。

解析：这个问题有两种做法：第一种方法靠公式解题，过程比较复杂；第二种方法以观念解题，做法迅速而直接。

方法一：由于 $\tan\theta=3$，所以由（2.10）式，会得到

$$\tan\theta=\frac{\sin\theta}{\cos\theta}=3 \quad \Rightarrow \quad \sin\theta=3 \cdot \cos\theta$$

接着利用（2.9）式，会得到

$$\sin^2\theta+\cos^2\theta=(3\cos\theta)^2+\cos^2\theta=1$$

$$\Rightarrow 10 \cdot \cos^2\theta = 1$$

$$\Rightarrow \cos\theta = \frac{1}{\sqrt{10}}, \quad \sin\theta = 3 \cdot \cos\theta = \frac{3}{\sqrt{10}}$$

最后，由倒数关系，可以得知其余的三角函数为

$$\csc\theta = \frac{1}{\sin\theta} = \frac{\sqrt{10}}{3}$$

$$\sec\theta = \frac{1}{\cos\theta} = \sqrt{10}$$

$$\cot\theta = \frac{1}{\tan\theta} = \frac{1}{3}$$

方法二：这种方法利用观念求解，做法比较简单。由于

$$\tan\theta = \frac{\text{对边}}{\text{邻边}} = 3$$

所以 θ 对应的直角三角形如图 2.5，θ 的邻边长 $b=1$，对边长 $a=3$，因此斜边长为

$$c = \sqrt{1^2 + 3^2} = \sqrt{10}$$

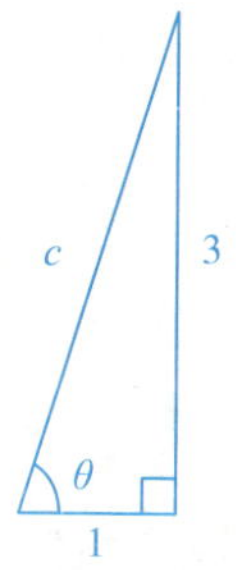

图 2.5

得到 (a, b, c) 之后，根据定义，可得知其余五个三角函数为

$$\sin\theta = \frac{a}{c} = \frac{3}{\sqrt{10}}, \qquad \cos\theta = \frac{b}{c} = \frac{1}{\sqrt{10}}$$

$$\cot\theta = \frac{b}{a} = \frac{1}{3}, \qquad \csc\theta = \frac{c}{a} = \frac{\sqrt{10}}{3}$$

$$\sec\theta = \frac{c}{b} = \sqrt{10}$$

你可以发现，两种方法得到的答案相同，表明两种做法皆正确，不过第二种方法比第一种方法简单而迅速。"

"第一种方法很像老罩教我们的做法，常常要代一堆公式求解，过程很复杂而且容易出错。我比较喜欢第二种方法，简单又不容易出错。不过，为什么可以直接从 $\tan\theta = 3$，就画出图 2.5 的直角三角形呢?"小平有点疑惑。

"这个问题很好！因为满足 $\tan\theta = 3$ 的直角三角形很多，但它们都是相似三角形，具有相同的内角及边长比值，换句话说，它们对应的三角函数都相同。因此，只要任取其中一个来计算，都会得到正确答案。由于 $\tan\theta = \frac{a}{b} = 3$，所以直接选择 $b=1$，$a=3$，即图 2.5 的直角三角形，计算起来比较方便。当然你要选择 $b=2$，$a=6$ 也可以，结果还是一样。为了加深你的印象，我们再看一个例题。

例 2：假定 $\sec\theta = \frac{7}{3}$，求其余五个三角函数。

解析：由于 $\sec\theta = \frac{c}{b} = \frac{7}{3}$，所以对应的直角三角形可以选择如

图 2.6 的直角三角形，其中 θ 的邻边长 $b=3$，斜边长 $c=7$。

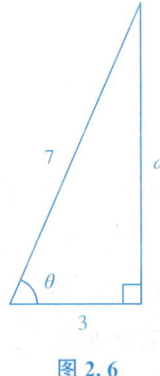

图 **2.6**

在 b、c 已知的情况下，对边长度 a 为

$$a=\sqrt{c^2-b^2}=\sqrt{7^2-3^2}=\sqrt{40}=2\sqrt{10}$$

得到 $(a，b，c)$ 之后，根据定义，可得知其余五个三角函数为

$$\sin\theta=\frac{a}{c}=\frac{2\sqrt{10}}{7}，\qquad \cos\theta=\frac{b}{c}=\frac{3}{7}$$

$$\tan\theta=\frac{a}{b}=\frac{2\sqrt{10}}{3}，\qquad \cot\theta=\frac{b}{a}=\frac{3}{2\sqrt{10}}$$

$$\csc\theta=\frac{c}{a}=\frac{7}{2\sqrt{10}}。"$$

"我明白了！只要选择一个满足所需条件的直角三角形，就可以根据定义，算出所有三角函数，完全不必靠公式！"小平很快就抓住了重点。

　　"对，有了这层认知，在已知任何一个三角函数的情况下，你可以马上推知其余五个三角函数，完全不必背公式。"

　　大 M 和小平一直坐在教室的屋梁上，像两只猫咪一问一答，慢慢进行他们的数学之旅。底下老罩还是一样卖力在讲解三角函数，一切似乎没有改变，不过小平隐约感觉到不同，三角函数似乎不像以前那般难以理解了。

第 **3** 堂课

两种观点，一个答案

"经你的说明，我可以理解在直角三角形内由任意一个三角函数推知其余五个三角函数的方法，可我还是觉得怪怪的！"小平说出心中的感觉，事实上这种感觉，伴随他已经很久了。

"刚接触新观念时，任何人都觉得怪怪的。"大 M 微笑着说，"就像骑脚踏车一样，刚开始学的时候，骑起来总是怪怪的，一不小心就跌个四脚朝天，所以你会有这种感觉很正常。"

"可是怎样才能去除这种怪怪的感觉呢？"

大 M 反问小平："为什么你会觉得怪怪的？"

"大概是因为观念模糊，遇到问题常常不确定做得对不对，心里就感觉怪怪的，这种情况上初中后就有了。"

"其实不论数学掌握程度好坏，刚开始学新单元时，大家的观念都很模糊，换句话说，大家都觉得怪怪的。但有些学生会花时间去了解源头，接着建构核心知识框架，最后再从做习题当中加深观念，等到知识融会贯通了，自然答题精准，就会消除不确定感；反之，很多学生花时间背公式记题型，观念还是一样模糊，当然会一直感觉怪怪的。"

"可是我有花时间想要弄清楚三角函数，却想不通啊！所以只好背公式记题型，最起码考试分数不会太难看……"想到自己刚好就是大 M 所说的第二类型的学生，小平有点气馁。

"这的确不是一件容易的事。"大 M 能体会小平的难处，"不过，要是不从背公式记题型的漩涡中跳出来，你的数学成绩永远不可能变好，怪怪的感觉也会一直存在。"

"能不能具体告诉我，该怎么做?"小平着急地问。

"首先，刚开始学习新单元时，一定要知道它的源头，例如学三角函数的时候问，'为什么要学三角函数?'自己先给一个答案，之后可以问老师或找同学讨论，直到获得满意的答案为止。这个过程，会使你对新单元有概括性的理解，对后续的学习很有帮助。

"了解源头之后，再开始建构核心知识框架，这是整体学习的重心，也是最难做好的部分。核心知识就像盖房子时作为支柱的钢梁，有坚实的钢梁，才能造出稳固的大楼。

"新单元一定会引入新观念，对初学者而言，新观念总是模糊的（否则就不叫'新观念'了）。你必须通过思考，才能使模糊的观念转为清晰，就像浓雾的早晨，等到太阳升起，大地才逐渐明朗，而思考就是你的小太阳。

"如何有效思考呢? 方法很简单，就是你必须主动参与学习，而不是被动接受知识。譬如上课时，必须启动所有脑细胞参与学习，认真思考新知识的本质，并且问自己诸如此类的问题：

- 我到底在学什么？
- 这个定理的本质是什么？
- 怎么会有这个公式？它有什么用？
- A 公式和 B 公式有什么关系？
- ……

这些问题不一定要有答案，但通过这样的思考过程，会让你更接近知识的本质。就像考古学家一样，必须认真思索每一个痕迹所代表的意义，才能正确建构文物经过的时期；你必须用心思索，才能建构良好的核心知识框架。

"用心思考的好处是能精炼知识，最后只留下真正有用的公式、定理和观念。有人说，一流学生的头脑里，储存的东西并不多，却是最精锐的特种部队，随时可以上战场克敌制胜；而许多学生的头脑里，装满一堆杂乱无章的公式定理，就像一群乌合之众，一上战场就作鸟兽散，之前的学习变成白费力气。

"最后，即使你已经建立了核心知识框架，也很可能却不太知道怎么应用这些知识处理问题时，这中间的落差，要借着做习题来弥补。做习题可以检视自己建构的知识框架是否正确，此外，也可以熟悉不同的题型变化，使头脑灵活，就像一流的学生一样。

"做习题时，同样要启动所有脑细胞来参与，发现观念不清楚时，立即回头整理先前建构的知识框架，一回、两回，最多三回之后，会突然发觉原先陌生的新知识，已经悄悄转化成熟悉的旧知识了。这就像刚认识一位新朋友，彼此不太熟悉，但一同去做某项运动，有了多次互动之后，就自然成为老朋友。所以，学习新单元有一个简单的流程：

了解源头　→　建构核心知识框架　→　练习题目

而理解的过程则为：

观念模糊　→　观念清晰　→　灵活应用

这就是学习的三部曲。"

"我大概明白你的意思了，可是似乎要花很多时间，而且不太容易……"小平说出心中的感觉。

"刚开始的确花时间，但并不难，假如你用心的话，在接下来的课程里，会慢慢知道如何思考、如何学习以及如何处理问题。"大 M 语带鼓励，"所以不要担心，好好去做，就会渐入佳境。另外有个小技巧可以帮助你……"

"喔，什么技巧?"小平看着大 M，表情很专注。

"技巧很简单，就是

尽量用不同的观点思考问题!

一旦想通了，就能豁然开朗，怎么做都可以得到答案，而且胸有成竹。"大 M 打了个比方，"就像你对自己家附近很熟悉，随便走哪条巷子，都可以到便利店。"

"听起来有点抽象，能不能举例说明呢?"

"我们就拿已知任何一个三角函数，可以推知其余五个三角函数为例子来说明。图 3.1 是一个任意的直角三角形，

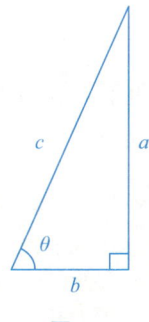

图 3.1

角 θ 的邻边长为 b，对边长为 a，而斜边长为 c。根据定义，角 θ 对应的六个三角函数分别为

$$\sin\theta = \frac{a}{c}, \qquad \cos\theta = \frac{b}{c}$$

$$\tan\theta = \frac{a}{b}, \qquad \cot\theta = \frac{b}{a}$$

$$\csc\theta = \frac{c}{a}, \qquad \sec\theta = \frac{c}{b}$$

我们可以用两种不同的观点，说明为什么可以由任一个三角函数推知其余五个。首先，我们由图形来了解其中的原因。假定

图 3.1 中，已知 $\cos\theta=\dfrac{1}{3}$，它代表的意义是

$$\frac{b}{c}=\frac{1}{3}$$

因此我们可以假定

$$b=x, \quad c=3x$$

其中 x 是任一不为 0 的正数。不同 x 值对应的直角三角形虽然不同，但它们都是相似三角形，且具有相同的三角函数。为简单起见，我们选择 $x=1$，即

$$b=1, \quad c=3$$

因此对边长度为

$$a=\sqrt{c^2-b^2}=2\sqrt{2}$$

$x=1$ 对应的直角三角形，如图 3.2（见次页）所示。图 3.2 中，三个边长已知，根据定义，马上就能得知其余五个三角函数了。

"接下来，我们用数学式来处理同样的问题。同样已知 $\cos\theta=\dfrac{1}{3}$，由勾股定理，会得到

$$\sin\theta=\sqrt{1-\cos^2\theta}=\sqrt{1-\left(\frac{1}{3}\right)^2}=\frac{2\sqrt{2}}{3}$$

接着根据定义，得到以下四个关系式：

$$\tan\theta=\frac{\sin\theta}{\cos\theta}=\frac{\dfrac{2\sqrt{2}}{3}}{\dfrac{1}{3}}=2\sqrt{2}$$

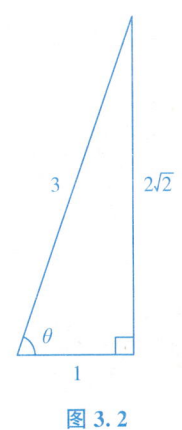

图 3. 2

$$\cot\theta = \frac{1}{\tan\theta} = \frac{1}{2\sqrt{2}}$$

$$\csc\theta = \frac{1}{\sin\theta} = \frac{3}{2\sqrt{2}}$$

$$\sec\theta = \frac{1}{\cos\theta} = 3$$

"不论用图形或数学式来解释，其实都用到勾股定理，加上六个函数彼此间的关系，就可以由任意一个三角函数求得其余五个。将两种方法的原理及步骤想通了，你就会豁然开朗。我再举一个例子来说明。

例 1：已知 $\tan\theta = 4$，求其余五个三角函数。

解析：A. 图形法解题

$\tan\theta = 4$ 对应的直角三角形，如图 3.3（见次页），三个边长

分别为

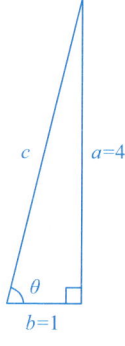

图 3.3

$$a = 4, \qquad b = 1, \qquad c = \sqrt{a^2 + b^2} = \sqrt{17}$$

所以对应的三角函数为

$$\sin\theta = \frac{a}{c} = \frac{4}{\sqrt{17}}, \qquad\qquad \cos\theta = \frac{b}{c} = \frac{1}{\sqrt{17}}$$

$$\cot\theta = \frac{b}{a} = \frac{1}{4}$$

$$\csc\theta = \frac{c}{a} = \frac{\sqrt{17}}{4}, \qquad\qquad \sec\theta = \frac{c}{b} = \sqrt{17}$$

B. 数学公式解题

首先

$$\tan\theta = \frac{\sin\theta}{\cos\theta} = 4 \quad \Rightarrow \quad \sin\theta = 4\cos\theta$$

接着，利用勾股定理得到

$$\sin^2\theta + \cos^2\theta = 1$$

$$\Rightarrow (4\cos\theta)^2 + \cos^2\theta = 1$$

$$\Rightarrow \cos\theta = \frac{1}{\sqrt{17}}$$

$$\Rightarrow \sin\theta = 4\cos\theta = \frac{4}{\sqrt{17}}$$

最后，由定义得到其余三角函数为

$$\cot\theta = \frac{1}{\tan\theta} = \frac{1}{4}$$

$$\csc\theta = \frac{1}{\sin\theta} = \frac{\sqrt{17}}{4}, \qquad \sec\theta = \frac{1}{\cos\theta} = \sqrt{17}$$

"由以上两种不同的求解方法，你可以发觉，利用图形处理问题，不仅简单且更接近问题的真实面，有事半功倍之效。当然真正优秀的同学，会将两者理解之后融会贯通，这样再处理问题或面对考试，就能应付自如了。"大 M 详细说明处理同一个题目的两种方式，希望小平可以体会。

"我差不多理解你的意思了，若能将两种做法融会贯通，就一定不会觉得怪怪的了。"小平若有所思，接着问，"这两种做法，可不可以应用到其他问题上？"

"可以啊！几乎所有的三角函数问题，都能用图形或数学公式来处理，由以下的例子，你可以慢慢体会到这一点。

例 2：证明 $1+\tan^2\theta=\sec^2\theta$。

解析：A. 图形法

由图 3.1，会得到 $\tan\theta=\dfrac{a}{b}$，因此

$$1+\tan^2\theta=1+\frac{a^2}{b^2}=\frac{b^2+a^2}{b^2}=\frac{c^2}{b^2}=\sec^2\theta$$

B. 公式法

$$1+\tan^2\theta=1+\frac{\sin^2\theta}{\cos^2\theta}=\frac{\sin^2\theta+\cos^2\theta}{\cos^2\theta}=\frac{1}{\cos^2\theta}=\sec^2\theta$$

例 3：证明 $1+\cot^2\theta=\csc^2\theta$。

解析：A. 图形法

由图 3.1，得到 $\cot\theta=\dfrac{b}{a}$，因此

$$1+\cot^2\theta=1+\frac{b^2}{a^2}=\frac{a^2+b^2}{a^2}=\frac{c^2}{a^2}=\csc^2\theta$$

B. 公式法

$$1+\cot^2\theta=1+\frac{\cos^2\theta}{\sin^2\theta}=\frac{\sin^2\theta+\cos^2\theta}{\sin^2\theta}=\frac{1}{\sin^2\theta}=\csc^2\theta$$

例 4：证明 $\tan\theta+\cot\theta=\sec\theta\cdot\csc\theta$。

解析：A. 图形法

由图 3.1，

$$\tan\theta+\cot\theta=\frac{a}{b}+\frac{b}{a}=\frac{a^2+b^2}{ab}=\frac{c^2}{ab}=\frac{c}{a}\cdot\frac{c}{b}=\csc\theta\cdot\sec\theta$$

B. *公式法*

$$\tan\theta + \cot\theta = \frac{\sin\theta}{\cos\theta} + \frac{\cos\theta}{\sin\theta}$$

$$= \frac{\sin^2\theta + \cos^2\theta}{\cos\theta \cdot \sin\theta} = \frac{1}{\cos\theta \cdot \sin\theta}$$

$$= \sec\theta \cdot \csc\theta$$

例 5：**证明** $\dfrac{1}{1+\cos\theta} + \dfrac{1}{1+\sec\theta} = 1$。

解析：A. *图形法*

由图 3.1，

$$\frac{1}{1+\cos\theta} + \frac{1}{1+\sec\theta} = \frac{1}{1+\frac{b}{c}} + \frac{1}{1+\frac{c}{b}} = \frac{c}{c+b} + \frac{b}{c+b} = 1$$

B. *公式法*

$$原式 = \frac{1}{1+\cos\theta} + \frac{1}{1+\frac{1}{\cos\theta}} = \frac{1}{1+\cos\theta} + \frac{\cos\theta}{1+\cos\theta} = 1$$

例 6：**证明** $\sin^4\theta - \cos^4\theta = 2\sin^2\theta - 1$。

解析：A. *图形法*

由图 3.1，

$$\sin^4\theta - \cos^4\theta = \left(\frac{a}{c}\right)^4 - \left(\frac{b}{c}\right)^4$$

$$= \frac{a^4 - b^4}{c^4} = \frac{(a^2+b^2)(a^2-b^2)}{c^4}$$

$$= \frac{c^2 \cdot (a^2 - b^2)}{c^4} = \frac{a^2 - b^2}{c^2} = \frac{2a^2 - (a^2 + b^2)}{c^2}$$

$$= \frac{2a^2}{c^2} - \frac{c^2}{c^2} = 2\sin^2\theta - 1$$

B. 公式法

$$\sin^4\theta - \cos^4\theta = (\sin^2\theta + \cos^2\theta)(\sin^2\theta - \cos^2\theta)$$

$$= \sin^2\theta - \cos^2\theta = \sin^2\theta - (1 - \sin^2\theta)$$

$$= 2\sin^2\theta - 1$$

我希望你能理解两种做法的异同，并加以融会贯通。"大 M 用这些例子说明，让小平对两种做法体会更深。

"虽然还是觉得有点怪怪的，但我相信再花点时间理解两种做法的异同，很快就不会觉得心虚了。"

小平开始明白自己数学一直学不好的原因，更重要的是，他看到了改变的希望。虽然大 M 所说的学习过程，不像背公式记题型那么简单，但一点一滴建构知识架构的过程，不仅让他越来越有信心，而且比背公式记题型有趣多了。

"路虽然漫长，却值得走下去！"小平心想。

第**4**堂课
余角关系与特别角

"这堂课要学什么?"小平问。

大 M 回答:"我们将学习余角关系。"

"为什么要学余角关系呢?"

"简单地说,就是拓展我们的自由度。"大 M 接着说,"之前学过,在直角三角形内,只要知道 θ 的任意一个三角函数,就能推知其余五个三角函数。利用余角关系,我们还能进一步推知 θ 的余角所对应的六个三角函数。"

"什么是余角?"

"请你看图 4.1(见次页)的直角三角形,两个内角分别为 θ 和 ϕ,而 $\theta+\phi=90°$,其中 ϕ 称为 θ 的余角,反之 θ 也是 ϕ 的余角,'余角关系'就是探讨 θ 和 ϕ 对应三角函数之间的关系。

"图 4.1 中,θ 的邻边长为 b,而对边长为 a,根据定义得到

$$\sin\theta=\frac{a}{c}, \qquad \cos\theta=\frac{b}{c}$$

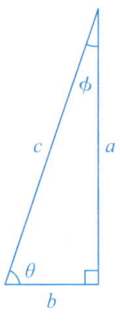

图 4.1

反之，ϕ 的邻边长度为 a，而对边长度为 b，根据定义得到

$$\sin\phi = \frac{\text{对边}}{\text{斜边}} = \frac{b}{c}, \qquad \cos\phi = \frac{\text{邻边}}{\text{斜边}} = \frac{a}{c}$$

由以上的结果，得知 θ 和 ϕ 对应的三角函数之间，有以下的关系：

$$\sin\theta = \frac{a}{c} = \cos\phi \qquad\qquad (4.1)$$

$$\cos\theta = \frac{b}{c} = \sin\phi \qquad\qquad (4.2)$$

不仅如此，由图 4.1 我们也很容易得到以下的结果：

$$\tan\theta = \frac{a}{b} = \cot\phi \qquad\qquad (4.3)$$

$$\cot\theta = \frac{b}{a} = \tan\phi \qquad\qquad (4.4)$$

$$\csc\theta = \frac{c}{a} = \sec\phi \qquad\qquad (4.5)$$

$$\sec\theta = \frac{c}{b} = \csc\phi \qquad\qquad (4.6)$$

最后，因为 $\theta + \phi = 90°$，故得到以下的关系式：

$$\sin\theta = \cos(90° - \theta) \qquad\qquad (4.7)$$

$$\cos\theta = \sin(90° - \theta) \qquad\qquad (4.8)$$

$$\tan\theta = \cot(90° - \theta) \qquad\qquad (4.9)$$

$$\cot\theta = \tan(90° - \theta) \qquad\qquad (4.10)$$

$$\csc\theta = \sec(90° - \theta) \qquad\qquad (4.11)$$

$$\sec\theta = \csc(90° - \theta) \qquad\qquad (4.12)$$

（4.7）式～（4.12）式称为 '余角关系'，表示 θ 和它的余角 ϕ 对应的三角函数之间，必然存在的关系式。"

小平说："余角关系很容易理解嘛！"

"余角关系虽然很简单，但很重要，接下来我们用两个例子，来理解余角关系。

例 1：已知 $\theta = 30°$，且 $\sin30° = \frac{1}{2}$，求它的余角 $\phi = 60°$ 对应的所有三角函数。

解析：首先，由余角关系，

$$\sin30° = \cos60° = \frac{1}{2}$$

由于 $\cos60° = \frac{1}{2}$，所以 $\phi = 60°$ 对应的直角三角形如图 4.2（见次

页），角ϕ的邻边长$b=1$，斜边长$c=2$，故对边长为

$$a=\sqrt{c^2-b^2}=\sqrt{3}$$

因此ϕ对应的五个三角函数如下：

$$\sin 60°=\frac{\sqrt{3}}{2}$$

$$\tan 60°=\sqrt{3}, \qquad\qquad \cot 60°=\frac{1}{\sqrt{3}}$$

$$\csc 60°=\frac{2}{\sqrt{3}}, \qquad\qquad \sec 60°=2$$

例2：假定$\tan\theta=3$，求$\phi=90°-\theta$对应的六个三角函数。

解析：首先，由余角关系，

$$\tan\theta=\cot\phi=3$$

由于$\cot\phi=3$，所以ϕ对应的直角三角形如图4.3，故斜边为

$$c=\sqrt{1^2+3^2}=\sqrt{10}$$

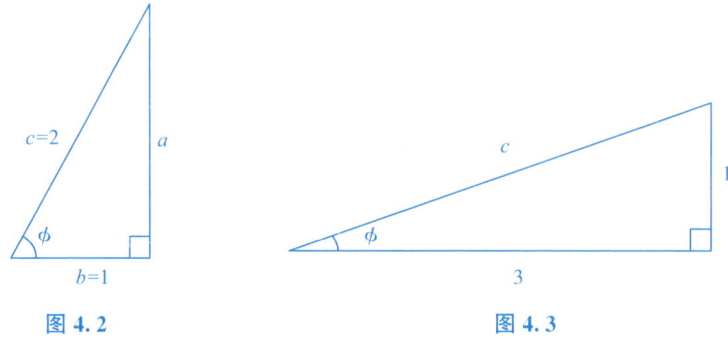

图4.2   图4.3

38

由于三个边长都知道了，根据定义，其余五个三角函数就是：

$$\sin\phi=\frac{1}{\sqrt{10}}, \qquad \cos\phi=\frac{3}{\sqrt{10}}$$

$$\tan\phi=\frac{1}{3}$$

$$\csc\phi=\frac{1}{\sin\phi}=\sqrt{10}, \qquad \sec\phi=\frac{1}{\cos\phi}=\frac{\sqrt{10}}{3}$$

以上这两个例子不难，用心想一想，应该很容易理解。"

"我明白了！现在我们不仅可以由 θ 的任何一个三角函数，推知它自己的其余五个三角函数，还能由余角关系，知道它的余角的所有三角函数，等于举一反'十一'。"小平接着问，"余角关系就这么简单吗？"

"就这么简单！不过还要提醒你的是，千万不要死背（4.1）式～（4.6）式，只要将图 4.1 的意义想清楚了，这些公式自然就了然于心，完全不必要背。"大 M 继续说，"学完余角关系之后，接着我们要学习三个特别角的三角函数。"

"哪些角度是特别角？"

"三角函数的数值会随角度而改变，从 $0°$～$90°$ 对应的三角函数皆不同，所以不需要特别记忆某个角度对应的三角函数，需要时查表即可。但以下这三个角度常常用到，有必要了解它们的边角关系，一旦理解了，对应的各个三角函数你自然就能记起来（而不是'背'下来）。

1. $\theta=45°$

图 4.4（见次页）中，$\theta=45°$，它的余角 ϕ 也等于 $45°$，所以是

一个等腰直角三角形。假设 θ 的邻边长为 1，则斜边长为

$$c=\sqrt{1^2+1^2}=\sqrt{2}$$

因此得到 $\theta=45°$ 对应的各个三角函数：

$$\sin\theta=\frac{1}{\sqrt{2}}, \qquad \cos\theta=\frac{1}{\sqrt{2}}$$

$$\tan\theta=1, \qquad \cot\theta=1$$

$$\csc\theta=\sqrt{2}, \qquad \sec\theta=\sqrt{2}$$

2. $\theta=60°$

在探讨 $\theta=60°$ 对应的三角函数之前，我们先观察图 4.5 的正三角形 $\triangle ABC$。我们都知道，正三角形的三个边长相同，而三个内角皆等于 $60°$。图 4.5 中，由角 A 作一条垂线到达底边 BC，恰巧可将 $\triangle ABC$ 分为两个全等的直角三角形。在所切成的两个直角三角形中，一个内角等于 $60°$，而另一个内角则等于 $30°$。

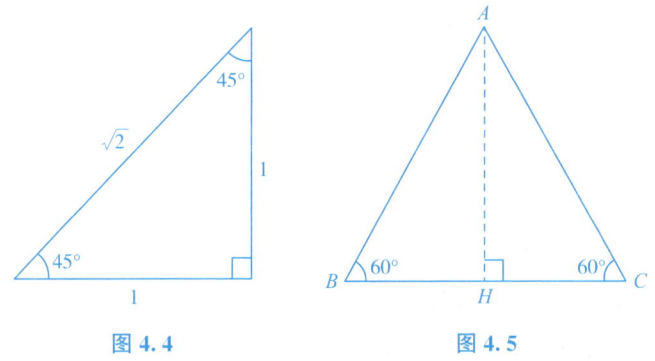

图 4.4　　　　　　　　图 4.5

假设 $\overline{AB}=\overline{BC}=2$，于是 $\overline{BH}=\dfrac{\overline{BC}}{2}=1$，而所切成的直角三角形

$\triangle ABH$ 如图 4.6（见次页）所示。其中内角 $\theta = 60°$ 的邻边长为 1，而对边长为

$$\sqrt{2^2 - 1^2} = \sqrt{3}$$

因此对应的三角函数如下：

$$\sin\theta = \frac{\sqrt{3}}{2}, \qquad \cos\theta = \frac{1}{2}$$

$$\tan\theta = \sqrt{3}, \qquad \cot\theta = \frac{1}{\tan\theta} = \frac{1}{\sqrt{3}}$$

$$\csc\theta = \frac{1}{\sin\theta} = \frac{2}{\sqrt{3}}, \qquad \sec\theta = \frac{1}{\cos\theta} = 2$$

3. $\theta = 30°$

由于 30° 和 60° 互为余角，所以图 4.6 亦可用来得到 $\theta = 30°$ 的三角函数。为了清楚起见，我们将图 4.6 转个方向，成为图 4.7（见次页），因此 $\theta = 30°$ 对应的三角函数为

$$\sin\theta = \frac{1}{2}, \qquad \cos\theta = \frac{\sqrt{3}}{2}$$

$$\tan\theta = \frac{1}{\sqrt{3}}, \qquad \cot\theta = \frac{1}{\tan\theta} = \sqrt{3}$$

$$\csc\theta = \frac{1}{\sin\theta} = 2, \qquad \sec\theta = \frac{1}{\cos\theta} = \frac{2}{\sqrt{3}}$$

30°、45°、60° 这三个特别角的三角函数并不难，了解它们的由来之后，应该很容易记得起来。"

"这三个特别角的确不难，只要了解图 4.4、图 4.6 及图 4.7 的意义，对应的三角函数就很清楚了!"小平渐渐学会由图形而非公式去理解。

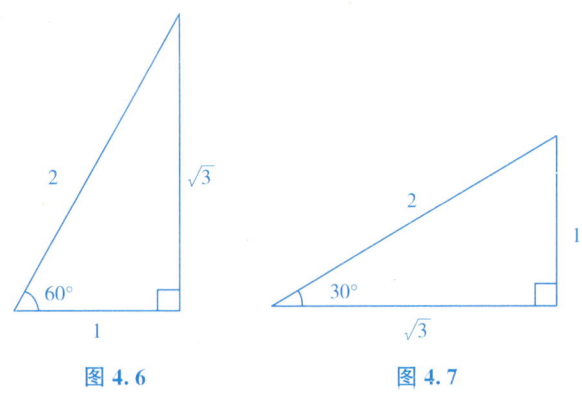

图 4.6 图 4.7

"对，由图形去理解，不仅简单，而且不容易出错。"大 M 微笑着说，"通常，一流的学生会将图 4.4、图 4.6 及图 4.7 的边角关系想清楚，然后将它们印在脑海里，就像数码相机将照片存进记忆卡样，以后随时可以翻出来使用。"

"你是说，要将这几个图背下来?"小平问。

"不是背，而是多看看、多想想，熟悉之后自然印在脑海里，就像好朋友的长相，因为熟悉，所以自然留在脑海里，一辈子都不会忘记。"

"我会尽量照你说的去做，希望能把这些东西印在脑海里。"

"我相信你一定做得到!"大 M 接着说，"在第 1 堂课，你已经了解三角函数的源头，接下来的第 2、3、4 堂课，都在建立核心知识框架，内容包括:

● 六个三角函数的定义

● 六个三角函数彼此间的关系

● 勾股定理

● 由任意一个三角函数推知其余五个函数的原理及做法

● 余角关系及其应用

● 30°、45°、60°这三个特别角对应的三角函数

"假如你用心学的话，现在应该熟悉这些核心知识了，不再感觉到不确定，也就不会心虚。达到这个程度之后，这些知识就逐渐转化为你自己的'旧'知识，成为未来继续学习新单元的基础。"

"你的意思是不是说，学习的过程中，新知识会一层一层叠在旧知识上，过了一段时间，新知识就自然转化为旧知识了？就像画水彩画一样，一开始是一张白纸，之后一层一层将水彩涂上去，由浅入深，由淡变浓，假如每一层都用心画的话，最后会完成一幅层次分明而且色彩丰富的作品。"小平喜欢画画，突然觉得学习的过程好像画画一样。

"你的比喻很好，希望你在接下来的每一堂课都用心学，最后创作出一幅大家都欣赏的三角函数水彩画！"大 M 愉快地结束了这堂课。

第 **5** 堂课
如何应用三角函数？

"你能不能告诉我，为什么要学数学？"小平问出了心中长久的疑惑，并附上一句，"坦白说，我觉得数学是用来整学生的!"

"数学用来整学生？我第一次听到这种说法，真有趣!"大M不以为忤，反倒觉得很特别，"不过，我认为数学是来帮助学生的，等你真正理解后，就不会认为数学是用来整学生的了。"

"可是数学和我的生活无关啊!我上网或交朋友，都用不着，为什么要学？"

"你说的没错! 95％以上的人，一辈子会用到的数学只有加减乘除，换句话说，小学四年级学到的数学就够用了，不需花力气继续学下去。

"但是，学习数学不仅仅是为了应付日常生活。想想看，如果没有深厚的数学知识作为基础，当初哥白尼就无法推翻太阳绕地球转动的想法，牛顿也不可能证明万有引力定律，人类也无法登陆月球，更别说现在探测火星了；如果没有数学理论支持，我们无法盖出 100 层的摩天大楼，也不敢建造跨海大桥，更不知道怎么设计飞机和航天飞机……人类的活动范围将大大受限。"大 M 说明他对数学的看法。

"我同意你的话，但那些高深的数学，仍然和我的生活无关啊！"小平还是不太认同。

"数学不仅扩展全人类的认知范围，以实用性而言，假如你以后上大学，念理工科系，如电机、物理系等，你会发觉数学在工程上非常有用；假如你念财经、社会、人文、生物、医学等科系，也会发觉数学的重要性，因为数理统计在这些领域扮演着重要角色。另外，数学使我们的思路清晰，不管学任何东西都很有帮助，所以数学是提升心智能力的一个途径。当然你可以选择不要学，不过我会觉得是一项损失。"

"好吧，我姑且相信你的话，就当作是对心智的一项投资吧！"这是小平第一次听到学习数学不是为了考试或进好学校的说法，虽然还是不太能接受，但至少比为了考试或进好学校的说法强多了。小平接着问，"我们能够利用三角函数做什么？"

"三角函数在测量问题上很有用，因为测量主要牵涉角度与边长的问题。"大 M 简单回答。

"除了测量，三角函数还有没有其他用途？"

"用途多着呢！例如比较简单的有秋千、钟摆，复杂的则有建筑、机械，乃至行星运转或电磁波在空间中行进，皆应用到三角函数。因为测量问题比较简单，所以我们由它学起，以后慢慢会学到三角函数在复杂问题上的应用。"

"好啊！由简单的问题学起，我比较容易掌握，往后学习复杂的问题，就不会害怕。"小平对数学一直存在一种莫名的恐惧，特别是当公式很多的时候，更令他害怕。

"这堂课，我们利用几个例子，由浅入深地说明三角函数的应用。

例1：如图5.1，假设你原先站在 C 点，在河的正对岸 A 点处有一棵大树，而你想利用三角函数测量河的宽度。于是，你由 C 点走了 10 m 到 B 点，这个时候 A、B、C 三点构成一个直角三角形，经过测量，你发现夹角 $\theta = 55°$。假设你手边刚好有一台工程型计算器，可以用来计算 $\tan\theta$，将 $\theta = 55°$ 输入之后，得到 $\tan 55° = 1.428$，求河的宽度。

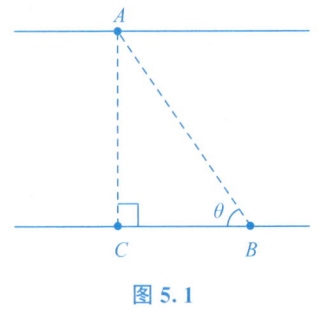

图 5.1

解析：图 5.1 中，$\overline{BC} = 10$（m），所以

$$\tan\theta = \frac{\overline{AC}}{\overline{BC}} = 1.428 \quad \Rightarrow \quad \overline{AC} = 1.428 \times \overline{BC} = 14.28 \text{(m)}$$

因此河的宽度为 14.28 m。"

"这个问题很简单，直接应用三角函数就得到答案了！"小平愉快地说。

"是很简单没错，绝大部分的学生虽然会做这样的问题，但是在实际生活中，却很少真的用三角函数来估算河的宽度或山的高度。"

"那是因为老师只会告诉我们这题会考、那题不会考，这种题型要这么做、那种题型要那样解，却很少告诉我们知识要怎么应用。"小平愤愤道出他的感受，"现在，我只记得小学刚开始学加减乘除时，老师还会教我们如何在便利店买东西的应用题，之后就不知道数学能做什么了！"

（注：的确，大部分人早已忘记，数学是为了解决实际问题才发展出来的。现在数学却沦落为考试的工具，大家在意的是分数高低，几乎忘了学习数学的主要意义。）

"不能光靠老师啊！要慢慢学习怎样应用，这样学到的知识，才能真正属于你自己。"大 M 微笑着安慰小平，"现在我们再看另一个例子。

例 2：台北的 101 大楼是目前世界最高的摩天大楼之一，而你想知道它的高度。时间刚好过中午，太阳很大，你想到可以由 101 大楼投射在地面上的阴影长度，去推估它的高度。

解析：

Step 1：

首先，你想知道 101 大楼投射在地面上的阴影有多长。由于阴影很长，而且不巧你身上没有带直尺，所以只能利用周围环境帮助测量。详细观察之后，你发现地面上的瓷砖是很好的基准，可用来估算阴影的长度。仔细数过之后，得知阴影的长度刚好等于 62 块瓷砖的长度。假设 101 大楼阴影的长度为 L，而瓷砖的长度为 a，则

$$L = 62 \cdot a$$

但是 a 又等于多少呢？

Step 2：

由于你曾经量过自己的手掌张开时，大拇指和小指头之间的距离大约为 20 cm，于是你利用手掌来量瓷砖的长度，发觉一块瓷砖的长度约等于三个掌幅，即 $a = 3 \times 20 = 60$ cm。有了 a 之后，就能得知 101 大楼阴影的长度为

$$L = 62 \times 60 = 3720 (\text{cm}) = 37.2 (\text{m})$$

（注：每个人都可以利用身体的某一部分，作为长度的基准，譬如你的掌幅，用尺测量出来之后，铭记在心，以后随时可以派上用场，是一把非常好用的"无形尺"。）

Step 3：

得到 101 大楼阴影的长度之后，仍无法得知大楼的高度，因为你不知道阴影长度（L）与大楼高度（H）的比例，即图 5.2（见次页）中 $\tan\theta$ 的数值。你马上想到，如图 5.3（见次页），可以利用自己的身高（h）和自身阴影长度（s）的关系，来推知 H，因为

$$\tan\theta=\frac{h}{s}=\frac{H}{L}$$

所以只要知道 s 和 h，就可以求得 H，因为在前面已经算出 L 了。假设你的身高 $h=170\text{ cm}$，用手掌测量后，得知自己的阴影长度约等于 $\frac{3}{5}$ 个掌幅，即 $s=20\times\frac{3}{5}=12\text{ cm}$。因此

$$\frac{H}{L}=\frac{h}{s}\quad\Rightarrow\quad H=L\cdot\frac{h}{s}=37.2(\text{m})\times\frac{170}{12}=527(\text{m})$$

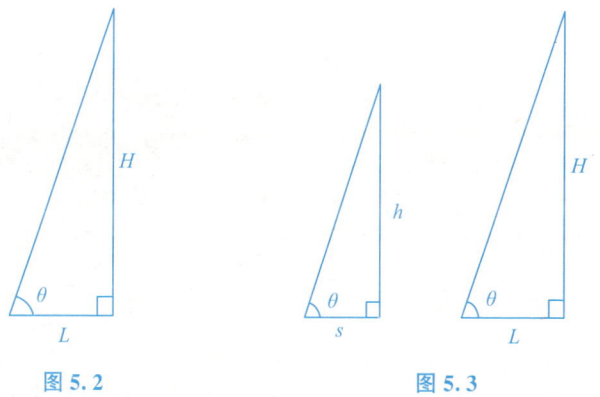

图 5.2　　　　　　图 5.3

所以 101 大楼的高度约为 527 m。"（注：台北 101 大楼实际高度为 508 m。）

　　"这个问题很有趣，没想到利用阴影，就可以测量出 101 大楼的大概高度。还有以前我都不知道自己手掌张开的长度，现在要好好量一量，以后就有一把无形尺可以用。"小平突然觉得数学还不是太无聊。

　　"除了测量问题之外，三角函数也能应用到其他和角度有关

的问题中，以下的钟摆问题就是其一。

例3：有一个老式的挂钟，如图5.4，它的钟摆长度（L）为50 cm，每秒由左向右或由右向左摆荡一次，而最大摆动的角度为15°。请问在摆动时，摆锤最高点和最低点之间的高度差距是多少？
（注：$\cos 15°=0.966$）

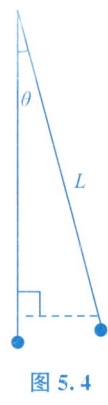

图5.4

解析：在图5.4中，当$\theta=0°$时，摆锤位于最低点，而当$\theta=15°$时，摆锤位于最高点，所以两者之间的高度差为

$$H=L-L \cdot \cos 15°=50-50\times 0.966=1.7（\text{cm}）$$

所以利用三角函数，很快就能得到答案。另外一个有趣的附带问题是：这个摆锤一天可以走多远？请自己想想答案，应该不难，而正确的答案如下：

$$2\pi\times 50（\text{cm}）\times\frac{30°}{360°}\times(60\times 60\times 24)$$

$$\approx 2260800(\text{cm}) = 22.608(\text{km})$$

（注：摆锤每一秒钟由左向右或由右向左摆动 30° 而非 15°，所以摆锤一秒钟所走的弧线距离为 $2\pi \times 50 \times \dfrac{30°}{360°}$，故一天总共行走的距离就如上式。）

"这个问题也不难，只是没想到摆锤一天可以走这么远的距离！"小平对结果感到有点讶异。

"我们有时候会忽略一些细微的事物，但累积一段时间之后，结果往往很可观，'聚沙成塔'就是这个道理。"大 M 继续说，"接下来，我们要看三角函数在航海上的应用。在几百年前，科技还未萌芽的时代，人类航海主要借助地图，此时三角函数扮演很重要的角色，由以下两个例子，你就可以明了三角函数的重要性。

例 4：有艘船沿着固定的方向，以每小时 20 n mile 的速度前进（注：1 n mile＝1.852 km）。在某处，船长测得远方有一座灯塔，和船的航向之间的夹角 $\theta=35°$，之后这艘船继续依原来的方向及速度前进，2 个小时后，船长再度测得航向与灯塔之间的夹角为 $\phi=68°$。已知 $\tan 35°=0.7$，$\tan 68°=2.48$，经过简单计算，船长马上知道现在距离灯塔多远。请问他是如何做到的？

解析：如图 5.5（见次页），箭头表示船行进的方向，B 点表示第一次测量角度的位置，C 点表示第二次测量角度的位置，A 点表示灯塔的位置。在图中 $\theta=35°$，$\phi=68°$，而 B 点和 C 点之间的距离为

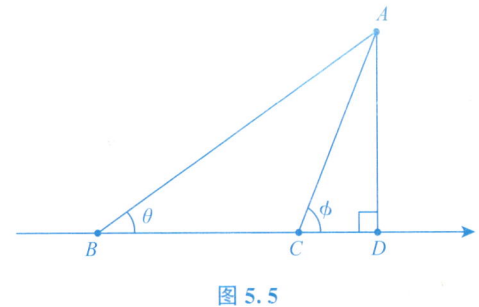

图 5.5

$$\overline{BC}=20\times2=40(\text{n mile})$$

接着，利用三角函数，我们会得到下列方程式：

$$\tan\theta=\frac{\overline{AD}}{40+\overline{CD}}=\tan35°=0.7 \quad\Rightarrow\quad \overline{AD}=0.7(40+\overline{CD})$$

$$\tan\phi=\frac{\overline{AD}}{\overline{CD}}=\tan68°=2.48 \quad\Rightarrow\quad \overline{AD}=2.48\overline{CD}$$

由以上两个方程式，很容易联立解得

$$\overline{CD}\approx15.7(\text{n mile})$$

$$\overline{AD}\approx39(\text{n mile})$$

得到 $\overline{CD}$ 和 $\overline{AD}$ 之后，C 点和 A 点之间的距离也可以算出来了

$$\overline{AC}=\sqrt{\overline{CD}^2+\overline{AD}^2}=\sqrt{15.7^2+39^2}\approx42(\text{n mile})$$

例 5：有另外一艘船以时速 10 n mile 的速度，朝东偏北 30°的方向航行 2 小时之后，接着改变方向，朝东偏南 45°方向，以时速 15 n mile 航行 4 小时。求此时这艘船与原来的出发点之间的距离。

解析：这是典型的地图问题，只要掌握坐标观念，再配合三角函数，通常很容易处理。一般地图习惯以上方为北，下方为南，右方为东，左方为西，所以如图 5.6，我们画出直角坐标，并以往上的箭头标示北方。

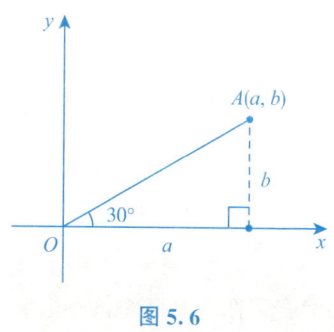

图 5.6

在地图问题中，通常以原点为出发点，依照题意，由原点朝东偏北 30°的方向画一条线至 A 点，则 $\overline{OA}$ 的长度为

$$\overline{OA}=10\times 2=20(\text{n mile})$$

假设 A 点的坐标为 (a, b)，则

$$a=\overline{OA}\cdot\cos 30°=20\times\frac{\sqrt{3}}{2}=10\sqrt{3}(\text{n mile})$$

$$b=\overline{OA}\cdot\sin 30°=20\times\frac{1}{2}=10(\text{n mile})$$

接着，如图 5.7（见次页），我们由 A 点朝东偏南 45°的方向，画另一条线至 B 点。依题意，线段 $\overline{AB}$ 的长度为

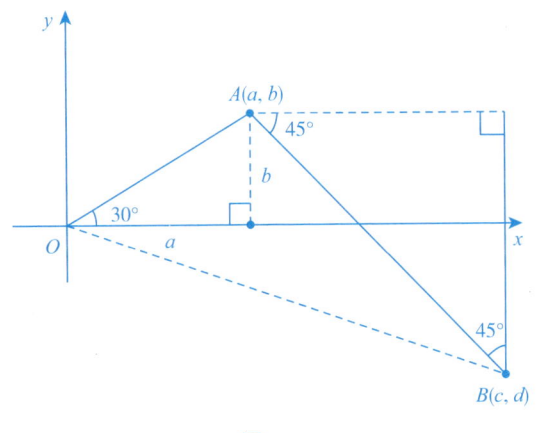

图 5.7

$$\overline{AB}=15\times4=60(\text{n mile})$$

假设 B 点的坐标为 (c, d)，则

$$c=a+\overline{AB}\cdot\cos45°=10\sqrt{3}+60\times\frac{\sqrt{2}}{2}\approx59.7(\text{n mile})$$

$$d=b-\overline{AB}\cdot\sin45°=10-60\times\frac{\sqrt{2}}{2}\approx-32.4(\text{n mile})$$

得到 B 点坐标后，很容易得知 B 点和原点的距离为

$$\overline{OB}=\sqrt{c^2+d^2}=\sqrt{(59.7)^2+(-32.4)^2}\approx67.9(\text{n mile})$$

以上两个例题都和航海有关，假如你拥有这些知识的话，在 15 世纪时，可能就是指挥海盗船遨游大洋的虎克船长了。"

"真希望能当遨游四海的船长，而不是成天念书的学生！" 小平附和大 M 的话，接着说，"我现在慢慢明白三角函数的用处了，就是利用已知的边长或角度，配合三角函数与坐标观念，然后求未知的边长或角度！"

"你说得很好！三角函数的应用很广但是不难，细心体会，很快就可以掌握要领。"

"我有一个疑问：为什么例5要用直角坐标解题，而例4却不用呢？"小平补充说明，"我的意思是，什么时候要用直角坐标，而什么时候不用呢？"

"嗯，这个问题很好！其实这类型的问题，都可以利用直角坐标解题，也都可以不用。"大 M 转身面对小平，继续说，"记得我曾说过

尽量用两种不同的观点去处理问题，

而这就是好例子。为了让你明白我的话，我们重新解上面这两个例题，但以不同的方式进行。

例 4（重述）：有艘船沿着固定的方向，以每小时 20 n mile 的速度前进（注：1 n mile＝1.852 km）。在某处，船长测得远方有一座灯塔，和船的航向之间的夹角 $\theta＝35°$，之后这艘船继续依原来的方向及速度前进，2 个小时后，船长再度测得航向与灯塔之间的夹角为 $\phi＝68°$。已知 $\tan35°＝0.7$，$\tan68°＝2.48$，经过简单计算，船长马上知道现在距离灯塔多远。请问他是如何做到的？

解析：之前我们直接求解，现在改用直角坐标来解题。如图

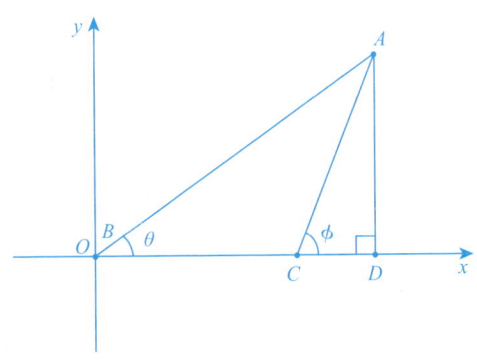

图 5.8

5.8，B 点（原点）表示第一次测量角度的位置，C 点表示第二次测量角度的位置，A 点表示灯塔的位置，x 轴为船行进方向，则根据题意，C 点的坐标为（40，0）。假定 A 点坐标为（a，b），我们很容易得到以下的关系式：

$$\overline{BC} = 40, \qquad \overline{BD} = a, \qquad \overline{AD} = b$$

因此

$$\tan\theta = \frac{\overline{AD}}{\overline{BD}} = \frac{b}{a} = \tan 35° = 0.7 \quad \Rightarrow \quad b = 0.7a$$

$$\tan\phi = \frac{\overline{AD}}{\overline{CD}} = \frac{b}{a-40} = \tan 68° = 2.48 \quad \Rightarrow \quad b = 2.48 \times (a-40)$$

由以上两式很容易联立解得

$$a \approx 55.7 (\text{n mile})$$

$$b \approx 39 (\text{n mile})$$

最后，C 点和 A 点之间的距离为

$$\overline{AC}=\sqrt{(a-40)^2+b^2}=\sqrt{15.7^2+39^2}\approx42(\text{n mile})$$

你会发觉虽然所用的方法不同，但得到的答案相同。

　　"接着我们来看例5。之前以直角坐标求解，现在要以不同的方法处理这个问题。

例 5（重述）：有另外一艘船以时速 10 n mile 的速度，朝东偏北 $30°$ 的方向航行 2 小时之后，接着改变方向，朝东偏南 $45°$ 方向，以时速 15 n mile 航行 4 小时。求此时这艘船与原来的出发点之间的距离。

解析：如图 5.9，我们以箭头表示东方，并将出发点标示为 O。首先，依题意沿东偏北 $30°$ 的方向，画一直线至 A 点，接着再由 A 点以东偏南 $45°$ 角的方向，画一直线至 B 点。由给定条件，我们得到线段 $\overline{OA}$ 和 $\overline{AB}$ 的长度分别为

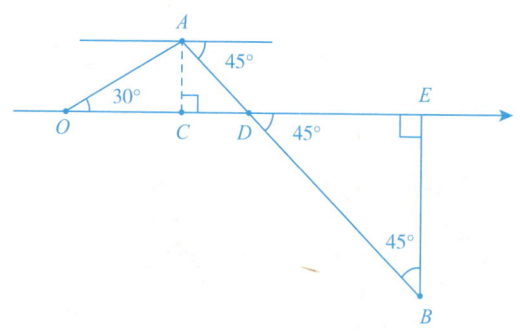

图 5.9

$$\overline{OA}=10\times2=20(\text{n mile})$$

$$\overline{AB}=15\times4=60(\text{n mile})$$

接着，由图 5.9 中给定的角度与边长关系，我们得到以下结果

$$\overline{OC}=\overline{OA}\times\cos30°=20\times\frac{\sqrt{3}}{2}=10\sqrt{3}(\text{n mile})$$

$$\overline{AC}=\overline{OA}\times\sin30°=20\times\frac{1}{2}=10(\text{n mile})$$

$$\frac{\overline{AC}}{\overline{AD}}=\sin45° \quad\Rightarrow\quad \overline{AD}=\frac{\overline{AC}}{\sin45°}=10\sqrt{2}(\text{n mile})$$

$$\overline{CD}=\overline{AC}=10(\text{n mile})$$

$$\overline{BD}=60-\overline{AD}=60-10\sqrt{2}\approx45.8(\text{n mile})$$

$$\overline{DE}=\overline{BD}\times\cos45°=45.8\times\frac{\sqrt{2}}{2}\approx32.4(\text{n mile})$$

$$\overline{BE}=\overline{DE}\approx32.4(\text{n mile})$$

最后

$$\overline{OE}=\overline{OC}+\overline{CD}+\overline{DE}\approx59.7(\text{n mile})$$

$$\overline{OB}=\sqrt{\overline{OE}^2+\overline{BE}^2}=\sqrt{(59.7)^2+(32.4)^2}\approx67.9(\text{n mile})$$

所以例 5 也得到相同的答案。"大 M 接着问小平，"你觉得例 4 用哪种方法解题比较好？"

小平说："我觉得两种方法差不多，都一样简单，不过真要比的话，我认为不用直角坐标解题的速度会稍快一点。"

"嗯，你说得很好，对于简单的问题，用不用直角坐标，都

可以迅速解题。那么例 5 呢？"大 M 继续问小平。

"这一题用直角坐标来解，明显简单多了，只要知 B 点坐标，答案就在眼前。"

"你的判断很正确！对于复杂一点的问题，直角坐标的用处就显现出来了，只要得到各点的坐标，对应的距离很容易求出来，所以直角坐标是很有用的工具。"

"那复杂的题目用直角坐标解题，而简单的问题两种方法皆可。"小平试着进行总结。

"你的总结没错，不过我建议你一开始两种方法都用，等到熟练之后，最好养成用直角坐标解题的习惯，这样可以加深你对坐标的观念，对以后的学习很有帮助。"大 M 接着说，"很快你会明白，直角坐标和三角函数的关系非常密切，不仅仅是解题工具而已。"

这堂课就在这简单的总结之后结束了，小平除了知道了三角函数的应用，也再次体会到由不同观点处理同样问题的含义。

经过这几堂课，以往让小平不安的感觉慢慢消失了，反而让他慢慢产生了信心。望着窗外远处淡蓝的天空，小平虽然不像以往感觉心虚，但心情却有点沉重，因为他不知道自己有没有勇气摆脱背公式记题型的学习方式，而执着地走下去。

或许是巧合，一幅大型的李宁运动鞋广告，刚好浮现在不远处的大楼墙面上，在午后阳光的照耀下闪闪发亮。"对，Anything is possible！"小平的脸上展现一抹笑容。

附记：能不能放台风假？

上完第 5 堂课，大 M 笑着问小平："你想不想知道如何用三角函数猜谜？"

"好啊，要猜什么谜题？"小平回答得兴味盎然。

"每年夏季，几乎都有台风侵袭台湾，在台风来临前，你会想到什么？"

"不晓得，除了风大雨大之外，还会有什么？"

"嗯，除了风大雨大，我当学生的时候很喜欢放假，所以台风来临时，我最关心的一件事就是：会不会放台风假？"

"真的？原来你也跟我们一样！可是，放不放假和三角函数有什么关系？"小平有点不解。

"关系可大呢！运用一点三角函数，加上随时注意电视台播放的台风消息，有时候在政府宣布放假的前一天，我几乎就可以确定放假与否，这个过程就像猜谜一样有趣。下面我们模拟一个台风行进的状况，来推测会不会放台风假。

第一天上午 8:00

台风消息：'轻度台风莎莉的中心，目前位于鹅銮鼻灯塔东南方
（即东偏南 45°）1200 km 处，以时速 15 km 朝西北方向（即西
偏北 22.5°）前进，它的暴风半径 200 km……'

在这则简短的台风消息中，含有几个重要的数据，关系到能否
放台风假：

(a) 台风中心位置（鹅銮鼻灯塔东南方 1200 km）

(b) 行进速度（15 km/h）

(c) 行进方向（西北）

(d) 暴风半径（200 km）

下面我会陆续说明这些数据的重要性。现在，假定台风行进的
方向不变，我们先估算一天之后（即 24 小时后），莎莉台风距离
鹅銮鼻灯塔多远？（注：$\sin 45° = \dfrac{\sqrt{2}}{2}$，$\cos 45° = \dfrac{\sqrt{2}}{2}$，而 $\sin 22.5° =$
0.38，$\cos 22.5° = 0.92$。）

解析：如图 5.10（见次页），先画一个直角坐标系，以鹅銮鼻灯
塔为原点，沿东偏南 45° 画一线段 $\overline{OA}$ 代表 1200 km，即 $\overline{OA} =$
1200 km，其中 A 点表示台风现在的位置。若 A 点的坐标为
(x_1, y_1)，则

$$x_1 = \overline{OA} \cdot \cos 45° = 1200 \times \frac{\sqrt{2}}{2} \approx 849 (\text{km})$$

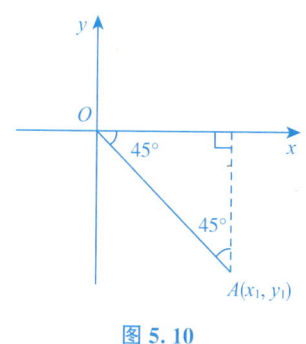

图 5.10

$$y_1 = -\overline{OA} \cdot \sin 45° = -1200 \times \frac{\sqrt{2}}{2} \approx -849(\text{km})$$

由于台风的时速为 15 km，预计 24 小时之后应该距离 A 点 $24 \times 15 = 360$ km，而行进方向为西偏北 22.5°。于是如图 5.11（见次页），由 A 点向西偏北 22.5°的方向前进，画一条线段到 B 点，而 $\overline{AB} = 360$ km，B 点即隔天早上 8:00 台风预计抵达的位置。假设 B 点的坐标为 (x_2, y_2)，由 A 与 B 之间的关系，可以得到

$$x_2 = x_1 - \overline{AB} \times \cos 22.5° = 849 - 360 \times 0.92 \approx 518(\text{km})$$

$$y_2 = y_1 + \overline{AB} \times \sin 22.5° = -849 + 360 \times 0.38 \approx -712(\text{km})$$

因此，B 点和原点的距离（$\overline{OB}$）为

$$\overline{OB} = \sqrt{x_2^2 + y_2^2} = \sqrt{(518)^2 + (-712)^2} \approx 880(\text{km})$$

由于暴风半径只有 200 km，而第二天上午预计距离鹅銮鼻灯塔

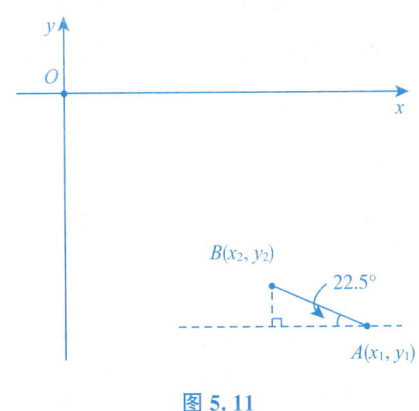

图 5.11

880 km，显然不可能侵袭台湾本岛，因此可以确定第二天不会放假。

第二天上午 8：00

台风消息：'莎莉台风的威力逐渐增强，已经转变为中度台风，它的中心位置目前在鹅銮鼻灯塔东南方（东偏南 22.5°）850 km 处，以时速 20 km 朝西北方向（即西偏北 45°）前进，暴风半径扩大为 250 km······'

首先，莎莉目前的位置与我们的估计差距不大，这也表示中央气象局的预测大致正确。另外，值得注意的是台风的速度加快了，行进方向也转为西北，暴风半径也变大了。现在请估算，第三天早上 8：00 台风的中心位置，以及它的暴风圈是否会侵袭本岛？

解析：如图 5.12，仿照之前的做法，以鹅銮鼻灯塔为原点，在它的东偏南 $22.5°$ 方向上，画一条线段 $\overline{OA}$ 表示 850 km。若 A 点的坐标为 (x_1, y_1)，则

$$x_1 = \overline{OA} \times \cos22.5° = 850 \times 0.92 = 782(\text{km})$$

$$y_1 = -\overline{OA} \times \sin22.5° = (-850) \times 0.38 = -323(\text{km})$$

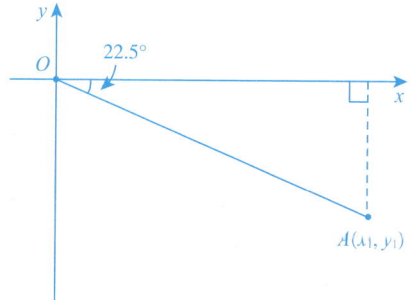

图 5.12

由于莎莉每小时前进 20 km，预计 24 小时之后，应该距离 A 点 $20 \times 24 = 480$ km。另外它的行进方向为西北方，所以如图 5.13（见次页），由 A 点沿西偏北 $45°$ 画一线段 $\overline{AB}$，而 $\overline{AB} = 480$ km。若 B 点的坐标为 (x_2, y_2)，则由 A 和 B 的关系可以得到

$$x_2 = x_1 - \overline{AB} \times \cos45° = 782 - 480 \times \frac{\sqrt{2}}{2} \approx 443(\text{km})$$

$$y_2 = y_1 + \overline{AB} \times \sin45° = -323 + 480 \times \frac{\sqrt{2}}{2} \approx 16(\text{km})$$

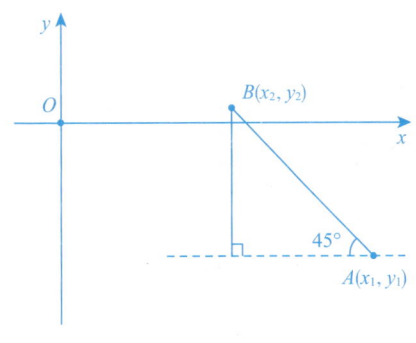

图 5.13

所以 B 点距离原点为

$$\overline{OB}=\sqrt{x_2^2+y_2^2}=\sqrt{(443)^2+(16)^2}\approx443(\text{km})$$

由于暴风半径 250 km 小于 $\overline{OB}$，所以第三天上午 8:00，台风尚未侵袭本岛，但已经逐渐逼近鹅銮鼻灯塔。

第三天上午 8:00

台风消息：'莎莉台风由于外围水气丰沛，故威力增强为强烈台风，目前中心位置位于鹅銮鼻灯塔正东方 500 km 处，行进方向转为西北，时速为 25 km，暴风半径扩大为 350 km……'

由于持续观察台风动态，对于莎莉台风过去的行进路线以及它演变的过程，已经有所了解，所以看到这则报道，你几乎可以确定它一定会侵袭台湾，问题是明天会不会放台风假？

解析：如图 5.14（见次页），以鹅銮鼻灯塔为原点，沿东方画一

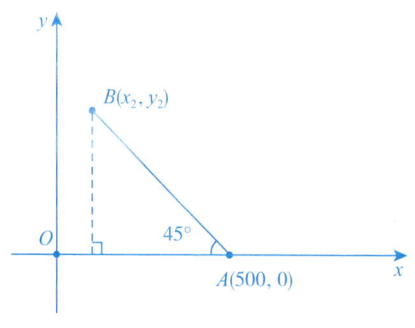

图 5.14

线段 $\overline{OA}$ 表示 500 km，则 A 点坐标为 $(x_1，y_1) = (500，0)$。由于它每小时前进 25 km，预计 24 小时之后，应该距离 A 点 $25 \times 24 = 600$ km，因为行进方向为西北，所以由 A 点沿西偏北 45°画一线段 $\overline{AB}$，而 B 点表示明天上午 8：00 台风的中心位置。若 B 点的坐标为 $(x_2，y_2)$，则由 A 和 B 的关系可以得到

$$x_2 = x_1 - \overline{AB} \times \cos45° = 500 - 600 \times \frac{\sqrt{2}}{2} \approx 76(\text{km})$$

$$y_2 = y_1 + \overline{AB} \cdot \sin45° = 0 + 600 \times \frac{\sqrt{2}}{2} \approx 424(\text{km})$$

所以 B 点距离原点为

$$\overline{OB} = \sqrt{x_2^2 + y_2^2} = \sqrt{(76)^2 + (424)^2} \approx 430(\text{km})$$

因此明天早上 8：00，台风中心位置预计在鹅銮鼻灯塔北方 430 km 处（注：台北距离鹅銮鼻灯塔约 400 km），由于暴风半径达到 350 km，所以台风今天应该会掠过花东地区，直扑北部，而明

天早上大部分地区都会笼罩在暴风圈内，这时候几乎可以确定明天会放假。"

　　大 M 详细说明了如何应用三角函数，来推算台风动态，虽然过程有点冗长，不过小平倒是听得津津有味。

　　"没想到三角函数还可以预测会不会放台风假，真是有用！"小平逐渐相信，数学不是用来整学生的了。

　　"其实知识都是有用的，有空多想想它们的用途，不仅可以帮助你理解得更清楚，必要时也能派上用场，为生活增添乐趣。"大 M 轻松地结束了这趟台风之旅。

part B

广义角与广义三角函数

第 **6** 堂课

为何引入广义角？

"从这堂课开始，我们进入另一个新单元，即广义三角函数。这是三角函数的核心，必须好好学习。"大 M 说明接下来几堂课的重点。

"为什么会有广义三角函数？"小平渐渐知道，在学新单元时，只有先了解它的由来，才能完整地理解内涵。

"这个问题很好！"大 M 语带赞许，"除了有形的角度之外，人们发觉周遭存在许多事物和'无形'的角度有关，其中最常见的，就是旋转现象，例如风扇或车轮的转动，以及地球的自转或公转，等等。由于旋转现象普遍存在于日常生活中，于是数学家便试着了解这一现象。仔细观察后他们发觉，旋转的最大特征是它的旋转角度，所以三角函数可能是适合的数学工具。"

"你谈到的风扇、车轮的转动，以及地球的公转等，比单纯的三角形复杂多了，要如何应用三角函数呢？"小平提出疑问。

"你的顾虑是对的，数学家发现，原先适用于直角三角形的三角函数（$0°<\theta\leqslant90°$），显然无法涵盖旋转现象的角度范围。更麻烦的是，还有顺时针和逆时针两个旋转方向！因此他们认识到，必须以更开阔的观点定义角度及三角函数，才能应用在旋转现象上。这个认知，使得原先仅适用于 $0°<\theta<90°$ 的三角函数（称为锐角三角函数），走向了广义三角函数。"

"所以，广义三角函数是为了扩展三角函数的应用范围，而必须走的路？"

"没错，广义三角函数大大扩展了三角函数的应用范围，成为现代科学及工程里重要的数学工具。假如你以后上大学进了理工科系，就会发觉三角函数无所不在。"

"喔!"小平侧耳倾听。

大M接着说："由锐角三角函数延伸至广义三角函数，我们必须重新定义角度，即所谓的'广义角'。'广义角'的概念很简单，以下我们由旋转现象来切入。

"最常见的旋转现象，是绕着一个半径固定的圆周转动，我们就由图6.1（见次页）中画的圆出发。

"假定这个圆的半径 $r=1$，也就是'单位圆'。我们以（x，y）表示直角坐标上任一点的位置，例如（1，0）表示 $x=1$，$y=0$。图6.1中，单位圆上的任何一点与原点（0，0）的距离都等于半径 r，而 $r=1$。假定坐标点（x，y）位于单位圆上，则

$$\sqrt{(x-0)^2+(y-0)^2}=\sqrt{x^2+y^2}=1$$

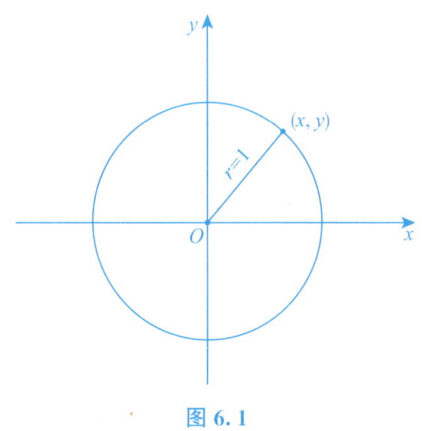

图 6.1

"例如，坐标点 $\left(\dfrac{1}{\sqrt{2}}, \dfrac{1}{\sqrt{2}}\right)$ 位于单位圆上，而坐标点（2，1）则否，另外单位圆和 x 轴交会于（1，0）和（−1，0）两点，和 y 轴交会于（0，1）和（0，−1）两点。

"在图 6.2（见次页）中，我们将原点标示为 O，坐标点（1，0）标示为 X，并且将线段 $\overline{OX}$ 称为'始边'。

"我们由 X 点出发，依逆时针方向，沿着单位圆的圆周移动。当我们移动至另一点 A 时，此时线段 $\overline{OA}$ 称为'终边'。$\overline{OA}$ 和 $\overline{OX}$ 形成一个夹角 θ，即旋转角度。假如 A 点位于第一象限，坐标为（x，y），则 $x>0$，$y>0$ 且 $\theta<90°$。

"接下来，我们继续沿着单位圆的圆周移动，θ 会越来越大，如图 6.3（见次页），到达坐标点（0，1），即单位圆和 y 轴的交点，此时 $\theta=90°$，表示由 X 点至坐标点（0，1），共旋转了 90°。

"假如我们继续前进，如图 6.4（见次页），来到第二象限。

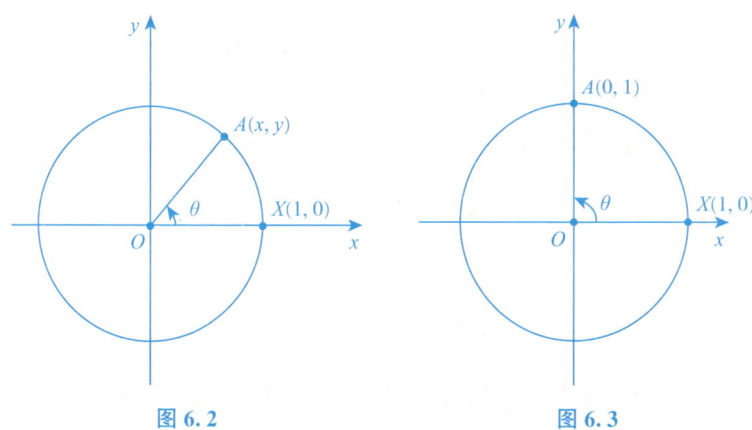

图 6.2　　　　　　　　　　　图 6.3

若 A 点的坐标为（x，y），则 x＜0，y＞0 且 90°＜θ＜180°。若我们继续前进，会到达单位圆与 x 轴的另一个交点（−1，0），此时 θ＝180°。换句话说，由 X 点到坐标点（−1，0），共旋转了 θ＝180°。"

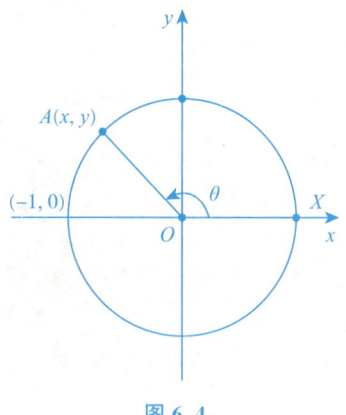

图 6.4

"你说的'广义角'，和老罩讲的'有向角'很类似，它们是不是相同的概念?"小平想起老罩教过的有向角概念，但不是很了解。

"对，是同一个概念，差别在于有向角并没有坐标的概念。由于坐标概念对广义三角函数非常重要，所以我才让你现在就建立角度与坐标间的对应关系，等到学习广义三角函数时，就驾轻就熟了。"大 M 说明两者的差异。

"没错，我在学有向角的时候，并不知道旋转和坐标的概念，只知道转了几度，完全不清楚其中的含义。"小平挠挠头。

"我们回到旋转角度上。如图 6.5，若 A 点位于第三象限，坐标为 $(x，y)$，则 $x<0$，$y<0$ 且 $180°<\theta<270°$。若我们继续向前，会到达单位圆与 y 轴的另一个交点 $(0，-1)$，此时 $\theta=270°$，表示由 X 点移动至坐标点 $(0，-1)$，共旋转 $\theta=270°$。

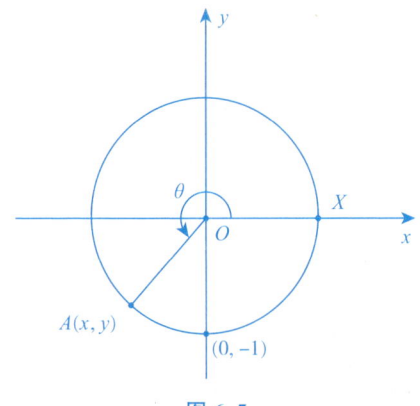

图 6.5

"若我们继续前进到第四象限，如图 6.6，A 点坐标为（x，y），则 $x>0$，$y<0$ 且 $270°<\theta<360°$。最后，如图 6.7，当我们回到原来的出发点（1，0），此时对应的旋转角度 $\theta=360°$，表示沿着单位圆走一圈后回到原先的出发点所旋转的角度为 $\theta=360°$。"

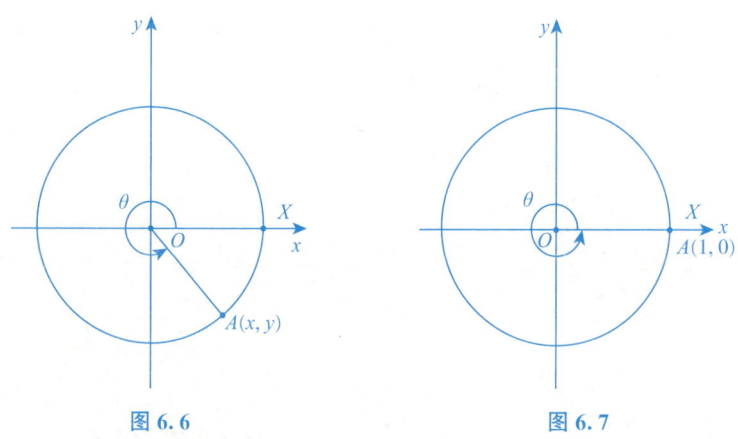

图 6.6　　　　　　　　　　　　　　图 6.7

"你的说明不难理解，可是为何不用我们熟悉的角度概念，例如三角形的内角或外角，来定义广义角，而要用旋转的方式呢？"小平有点困惑。

"你的问题很好！假如以三角形的内外角来定义广义角的话，那么角度不可能超过 360°，并且无法引入负角的概念，应用范围就变得很狭隘。"

小平说："我倒没想过角度可以是负值，因为从以前到现在，所学的角度都是正的。"

"因为你以前学的，都是具体存在的角度，但现在你的程度已经可以接受比较抽象的概念，所以这时候开始教广义角，负数的角度我会在下一堂课再仔细解释。"

"我同意，毕竟人总是要越来越进步嘛。"小平表示接受，"你能不能告诉我，什么时候角度会超过360°？"

"我们回到图 6.7，由 X 点出发，沿着单位圆的圆周走一圈后，共旋转 $\theta = 360°$。假定继续前进的话，如图 6.8，又往前旋转一个角度 ϕ，则总旋转角度为

$$\theta = 360° + \phi$$

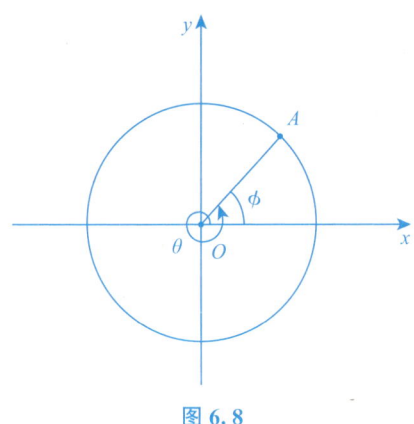

图 6.8

但是我们马上发觉，此时 A 点所在的位置，和从 X 点出发并且仅旋转一个角度 ϕ 之后的位置完全相同。换句话说，旋转角度 $\theta = 360° + \phi$ 和 $\theta = \phi$，代表同样的意义，因此得到以下的等式：

$$\theta = 360° + \phi = \phi \qquad (6.1)$$

例如

$$\theta = 420° = 360° + 60° = 60°$$
$$\theta = 530° = 360° + 170° = 170°$$

依循相同的逻辑，假如我们由 X 点出发，沿着单位圆旋转 n 圈之后（n 为正整数），再往前旋转一个角度 ϕ，则总旋转角度为

$$\theta = n \cdot 360° + \phi$$

你应该不难想象，此时 A 点所在的位置和由 X 点仅仅向前旋转一个角度 ϕ 相同，因此可以将（6.1）式扩展为：

$$\theta = n \cdot 360° + \phi = \phi \qquad n = 1, 2, 3, \cdots \qquad (6.2)$$

例如：$\theta = 800° = 2 \times 360° + 80° = 80°$，而 $\theta = 1100° = 3 \times 360° + 20° = 20°$。"

"广义角不难理解，经过你刚刚的讲解过程，我已经渐渐熟悉它了。"听完大 M 的说明后，小平轻松地吐了一口气。

"很好，希望你能进一步清楚掌握不同角度对应的象限（例如 $\theta = 130°$ 在第二象限，$\theta = 290°$ 在第四象限），那么接下来学广义三角函数，就会很轻松。"大 M 给小平提醒了一个重点。

"我已经理解广义角了，是不是可以学广义三角函数了？说实在的，老罩在教这个部分时，我完全不知所云。"现在小平开始有信心学会以前听不懂的部分了。

"慢慢来，不要急，因为负角的概念还没学呢！"大 M 微笑着说。

★★★★★

闷热的空气不断由窗外灌进来，小平和大M，还是像两只猫咪一样坐在教室的屋梁上，看着老罩仍然在卖力地讲解三角函数，额头上的汗珠，粒粒可见。台下的同学们对老罩的讲解却没有多大兴趣，有的发呆，有的玩手机游戏，有的低声说笑。但是小平注意到，还是有几位同学在认真听讲，包括小平的好友阿杰及班上公认的数学高手王大宏在内。

"难道阿杰和王大宏能够在数学上拿高分，是因为上课用心听讲?"一股疑惑浮现在小平心头。

（注：一般教科书通常以有向角来学习广义角，虽然比较直接，却少了坐标的观念，造成学习广义三角函数时的困难。反之，以旋转现象配合直角坐标系学习广义角，可以在学习过程中熟悉角度与坐标之间的关系，特别是不同的象限与所对应的角度之间的关系。这些概念为学习广义三角函数打下良好的基础，虽然走的路较长，却是值得的。）

附记：数学也分级？

"上次阶段考，你的数学考了多少分？"大 M 轻松地问小平。

"61 分，差点不及格……"小平的表情，显得有点无奈。

"你们班都考得不好吗？"

"没有啊！像我们班那个数学天才王大宏就考了 98 分，难怪他的绰号叫'外星人'！"

"'外星人'？这个绰号很有趣！你认为自己有机会赶上他吗？"

"赶上王大宏？别开玩笑了，就算我整天不睡觉只念书，也不可能！因为他是外星人而我是地球人，脑容量差那么多，怎么可能赶得上？"小平带着自谑的语气回答。

"不过，我认为你有机会赶上他，但不是靠整天念书不睡觉，而是要改变学习方法。假如你能以好的方式学习，渐渐就会发觉离王大宏的距离越来越近，最后就能明白他不是外星人，只是懂得怎样有效率地学习而已。"

小平问："能不能告诉我，为什么他的成绩那么好？"

"考试的目的在于测验学生的理解程度，而理解其实有不同的层次。王大宏应该属于最高的那一层，而你大概属于中间偏低的层次。"大 M 微笑着说。

小平说："你的意思是，理解程度跟打游戏一样分好几级？"

"没错，理解分成许多等级，而考试的目的，就在于了解学生到底属于哪一级。由以下的说明，你会明白不同的理解层次。

例1：图 6.9 是一个直角三角形，试求 $\tan\theta$。

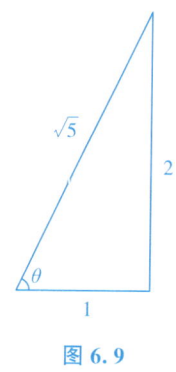

图 6.9

这个问题，测验学生是否理解三角函数的基本定义，一般考试约有 15％的题目属于这一类型。大部分学生，只要学过都会回答，而不管程度好坏，大家答题的速度差不多。

（解析：$\tan\theta＝2$。）

例2：图 6.10（见次页）是一个直角三角形，试求 $\tan\theta$。
这个问题，测验学生是否理解三角函数的基本定义，以及直角

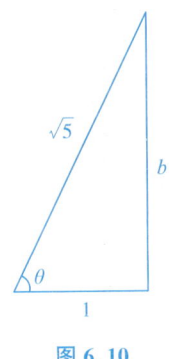

图 6. 10

三角形三个边长之间的关系。一般考试大约有 20% 的题目属于这一类型，而大部分的学生也都会回答，大家答题的速度也差不多。

（解析：$b=2$，所以 $\tan\theta=2$。）

例 3：假如 $\sin\theta=\dfrac{1}{3}$，试求 $\tan\theta$。

这个问题，进一步测验学生是否理解不同三角函数之间的关系，一般考试约有 20% 的题目属于这一类型。若学生只知道基本定义，但未深入理解彼此之间的关系，就可能答不出来。另外，学生的理解程度会影响答题的速度，例如，一般学生会以这样的方式答题：

$$\sin^2\theta+\cos^2\theta=1$$

$$\Rightarrow\cos\theta=\sqrt{1-\sin^2\theta}=\sqrt{1-\left(\dfrac{1}{3}\right)^2}=\dfrac{2\sqrt{2}}{3}$$

81

接着，由 $\tan\theta$ 和 $\sin\theta$、$\cos\theta$ 的关系得到

$$\tan\theta = \frac{\sin\theta}{\cos\theta} = \frac{1}{2\sqrt{2}}$$

而程度好的学生看到这个题目，马上能依题意画出图 6.11 的直角三角形，接着凭心算，就算出 θ 的邻边长为 $a = 2\sqrt{2}$，再根据定义，得到 $\tan\theta = \frac{1}{2\sqrt{2}}$，速度快的话不到 20 秒就做完了。

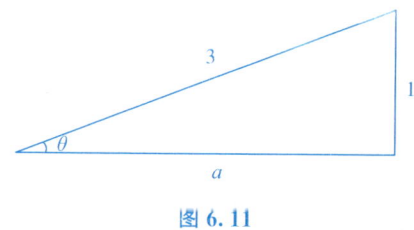

图 6.11

这个题目，虽然大多数同学都做得出来，但我们开始看到理解程度不同，会造成解题速度上的差异。"

小平说："到目前为止，好像还不太难，以我的理解程度大概都可以处理。"

"接下来会比较难一点，需要更深的理解程度。

例 4：假如 $\sin\theta + \cos\theta = \frac{4}{3}$，试求 $\tan\theta + \cot\theta$。

这个问题，不仅测验学生对三角函数的理解程度，也检视他能否灵活应用三角函数来处理问题，一般考试约有 20% 的题目属

于这一类型。通常，学生碰到这样的问题，会直接求解

$$\sin\theta + \cos\theta = \frac{4}{3} \quad \Rightarrow \quad \cos\theta = \frac{4}{3} - \sin\theta$$

接着

$$\sin^2\theta + \cos^2\theta = 1$$

$$\Rightarrow \sin^2\theta + \left(\frac{4}{3} - \sin\theta\right)^2 = 1 \quad \Rightarrow \quad 2\sin^2\theta - \frac{8}{3}\sin\theta + \frac{7}{9} = 0$$

上式可以利用一元二次方程式求解（这个步骤很容易出错），得到以下的结果：

$$\sin\theta = \frac{4+\sqrt{2}}{6} \quad 或 \quad \sin\theta = \frac{4-\sqrt{2}}{6}$$

若取 $\sin\theta = \dfrac{4+\sqrt{2}}{6}$，则

$$\cos\theta = \sqrt{1 - \sin^2\theta} = \frac{4-\sqrt{2}}{6}$$

最后

$$\tan\theta + \cot\theta = \frac{\sin\theta}{\cos\theta} + \frac{\cos\theta}{\sin\theta} = \frac{4+\sqrt{2}}{4-\sqrt{2}} + \frac{4-\sqrt{2}}{4+\sqrt{2}} = \frac{18}{7}$$

（注：若取 $\sin\theta = \dfrac{4-\sqrt{2}}{6}$，则 $\cos\theta = \dfrac{4+\sqrt{2}}{6}$，最后得到的结果相同。）

另一方面，理解程度好的学生，会先观察所要求的答案，当他

看到 $\tan\theta+\cot\theta$，马上会列出以下的式子：

$$\tan\theta+\cot\theta=\frac{\sin\theta}{\cos\theta}+\frac{\cos\theta}{\sin\theta}=\frac{\sin^2\theta+\cos^2\theta}{\sin\theta\cos\theta}=\frac{1}{\sin\theta\cdot\cos\theta}\quad\text{（A1）}$$

由于结果和 $\sin\theta\cdot\cos\theta$ 有关，所以会采取以下的方法解题：

$$\sin\theta+\cos\theta=\frac{4}{3}$$

$$\Rightarrow(\sin\theta+\cos\theta)^2=\sin^2\theta+\cos^2\theta+2\sin\theta\cos\theta=\left(\frac{4}{3}\right)^2$$

$$\Rightarrow1+2\sin\theta\cos\theta=\frac{16}{9}$$

$$\Rightarrow\sin\theta\cos\theta=\frac{7}{18}\qquad\qquad\text{（A2）}$$

将（A2）的结果代入（A1），就得到

$$\tan\theta+\cot\theta=\frac{1}{\sin\theta\cdot\cos\theta}=\frac{18}{7}$$

虽然答案相同，但理解程度好的学生以灵活的方式答题，求解过程迅速精准，这是你和王大宏开始分出差异的地方。"大 M 仔细说明不同程度学生之间的差异。

"是不是碰到这种题型，就要记得用第二种解法？"小平问。

"假如以记题型的方式学习，你永远不可能赶上王大宏，数学程度也不会提升。"

"可是，不记题型的话，怎么会解题？"

"将核心知识理解透彻之后，你只要找一本参考书，练习做一些题目，自然就能熟悉一般解题方法和技巧，考试的时候，不管题目怎么变，都能灵活解题。反之，花时间记题型背解题步骤，考试时只要题目稍微变一下，脑筋就卡住了，当然分数就不太高。"

"所以只要理解透彻核心知识，加上一些练习就可以了？"

"没错，事情就是这么简单！"大 M 微笑着说，"接着，我们看更深一点的问题。

例 5：假如 $\sin\theta$ 和 $\cos\theta$ 是一元二次方程式 $x^2 - x + \dfrac{1}{8} = 0$ 的两个根，求 $\sec\theta + \csc\theta$。

这个问题，测验学生对三角函数及一元二次方程式的综合理解程度，也就是在检验学生联结不同知识单元的能力，一般考试约有 15% 的题目属于这一类型。理解程度差的学生，联结能力比较薄弱，碰到这类问题，可能会束手无策。不过，理解程度好的同学因为对两个单元的核心知识都很熟悉，就会用以下的方式求解：

$$\sec\theta + \csc\theta = \frac{1}{\cos\theta} + \frac{1}{\sin\theta} = \frac{\sin\theta + \cos\theta}{\sin\theta\cos\theta}$$

因为 $\sin\theta$ 和 $\cos\theta$ 是 $x^2 - x + \dfrac{1}{8} = 0$ 的两个根，由一元二次方程式的根与系数关系（若不熟悉的话，请参阅第 177 页的附录），我们得到

$$\sin\theta + \cos\theta = 1$$

$$\sin\theta\cos\theta = \frac{1}{8}$$

因此

$$\sec\theta+\csc\theta=\frac{\sin\theta+\cos\theta}{\sin\theta\cos\theta}=\frac{1}{\frac{1}{8}}=8$$

以上这五个例题，大致可以检验五种等级的理解程度，这些题目在 100 分里面约占 90 分，另外还有 10 分左右属于特殊题，目的是想进一步分出优秀学生间的差异，这部分和学生的临场反应有关，所以比较难界定。"

"你认为我大概属于哪一级？"

"我认为你目前大约在第三级，但是假如你改变学习的方法，下定决心走下去，我相信你一定可以达到第五级的程度，换句话说，考试有可能达到 90 分！"

小平从来没想过数学有可能考 90 分，对他而言，简直是天方夜谭。但是在大 M 的鼓励下，小平开始有点信心，至少不会觉得这是不可能的。亲爱的读者，你认为呢？

第 **7** 堂课
负角及正负角度互换

"嘿，大 M，你会不会觉得我很笨?"小平出其不意地问大 M。

"很笨? 刚好相反，我觉得你蛮聪明的!"大 M 郑重地说，脸上绝不是敷衍说说的那种表情。

"真的?"小平有点怀疑。

"当然是真的，你比我高中时强多了!"

"喔!"小平等着大 M 说下去。

"其实，我初中的成绩很不好，所以考上一所很差的私立高中。幸运的是，在高一的时候，我碰到一位非常好的数学老师。他和其他老师很不一样，不仅不认为我们笨，反而常鼓励班上同学说:'你们不是笨，只是开窍得比较晚，等到哪一天开窍了，一定会像大鹏展翅一样，凌风直上九霄云天……'

"一开始我们也不相信，但人就是这么奇妙，当有一个特别的人，锲而不舍地反复告诉你某些话的时候，渐渐地，你会相信那是真的，而非遥不可及的梦想。

"当然，只有鼓励并没有用，这位老师在课堂上，会用不同的方式，引导我们思考数学的内涵，并且强迫我们反复推导公式及定理，直到能融会贯通自然记在心里为止。他常说，公式定理不是用来背的，而是像吃好东西一样，要细嚼慢咽，直到那个味道自然留在脑海里为止。

"此外，他从不教题型或解题方法，却要我们由不同的观点去想问题或解问题，就算绕远路才得到答案都很好。经由这个过程，我们才真正理解自己到底在学什么。结果，在这样的环境下学习一段时间后，奇妙的事情真的发生了！很多同学，包括我在内，好像真的开窍了，那种感觉怎么形容呢？"

大 M 想了一下，接着说："就好比你以前很怕你家附近的一条黑狗，常被它追着跑进家门。有一天，它再度追来的时候，你突然鼓起勇气，决定要面对它，于是，就抱着被咬一口的决心，转身大步走向它，没想到，那条黑狗竟然只哼了两声，就夹着尾巴逃走了，从此，你再也不怕它了。

"开窍以后，数学对我而言，不再是可怕的黑狗，反而变成可爱又友善的'可鲁'（拉布拉多犬），感觉就像是从不会骑单车的跌跌撞撞状态，慢慢变成可以悠游自在地骑车一样。最后，在大家的惊讶声中，我们班上有一群同学考上了理想的大学，那是这间私立高中从未发生过的事。"大 M 沉浸在美好的回忆中，一旁的小平也听得津津有味。

"你认为开窍前和开窍后，最大的差别是什么？"小平把握机会问。

"可以这么比喻，开窍前，感觉像被一群公式定理追着跑，跑得上气不接下气，却不知道自己为什么要跑。"大 M 笑着说，"开窍后，情况刚好倒过来，我可以驾驭那些公式、图形、数字、运算及定理，知道它们出现的原因，甚至可以预期它们会在什么地方出现，感觉就像拥有一种能力，可以去掌控数学，而不是让数学掌控你。"

"真希望我也能如此！"小平语带羡慕。

"相信我，你一定可以拥有这种能力，只要愿意思考、愿意动手画图、愿意反复推导公式及定理，直到融会贯通自然记在心里为止，一段时间后，自然就开窍了。"大 M 鼓励小平勇敢去做，"就像每天抱篮球去球场练习，一段时间后，自然就会打球了。"

"我会努力试试看，希望能将数学这条可怕的黑狗变成友善的可鲁！"小平希望自己也能体会到驾驭数学的感觉，接着问，"这堂课，我们要学什么？"

"我们学负角的概念。"

"为什么角度会是负数呢？"

"原因很简单，因为自然界普遍存在两种旋转方式，即逆时针方向旋转和顺时针方向旋转。前一堂课，我们学习了逆时针方向的旋转，并将逆时针的旋转角度定义为正数，假若变成顺时针方向旋转的话，该如何定义旋转角度呢？

"这个问题有许多种处理方法，而数学家采取最简单的方式，就是将顺时针方向旋转的角度，定义为负数（简称负角）。例如图 7.1（见次页）中，X 点的坐标为（1，0），我们由 X 点出发，若逆时针方向旋转 45°，则旋转角度 $\theta = 45°$；反之，若顺时针方向旋转 45°，则定义旋转角度 $\theta = -45°$。因此，借着正负角度的观念，我们可以清楚描述两种旋转方式，而不会混淆。"

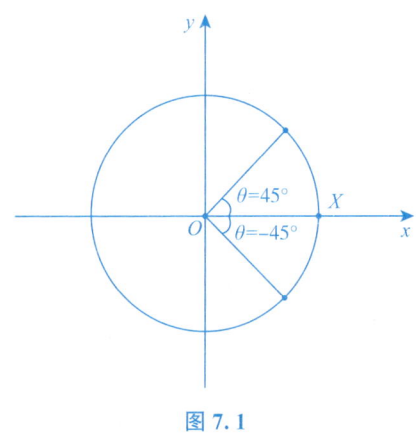

图 7.1

"我明白了，引入负角是方便描述不同的旋转方向，并非真的有负数的角度。"小平点点头说。

"你理解得很好！就像商店记账的时候，收入用正数表示，支出用负数表示，例如'－100'表示支出 100 元，而并非真的有'－100 元'的钞票。"大 M 做个比喻后，继续说明，"为了让你熟悉负角的概念，在次页的图 7.2 中，我们由 X 点出发，沿着单位圆的圆周移动，和前一堂课不同的是，现在依顺时针方向而非逆时针方向旋转。

"在图 7.2（见次页）中，我们来到 A 点，而它位于第四象限。假设 $\overline{OA}$ 和 $\overline{OX}$ 所夹的角度为 θ，由于是顺时针方向旋转，所以 θ 为负数，即 $0° > \theta > -90°$。

"假如我们继续前进，如图 7.3，来到单位圆和 y 轴的交点 $(0，-1)$，此时旋转的角度为 $\theta=-90°$。若我们来到第三象限，如图 7.4，你应该不难推知，此时旋转的角度为 $-90°>\theta>-180°$。当到达单位圆与 x 轴的交点 $(-1，0)$ 时，对应的旋转角度为 $\theta=-180°$。

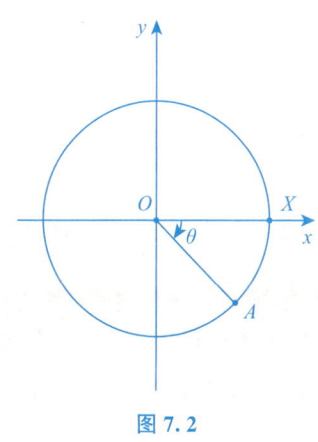

图 7.2

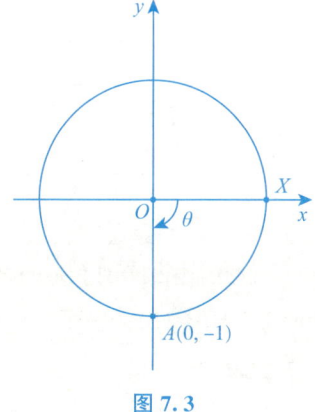

图 7.3

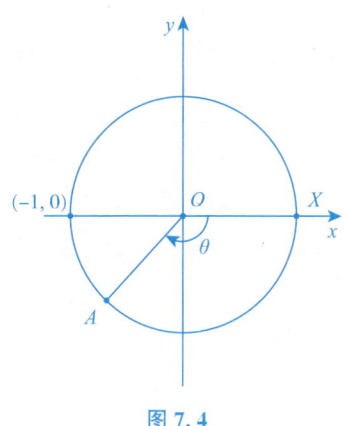

图 7.4

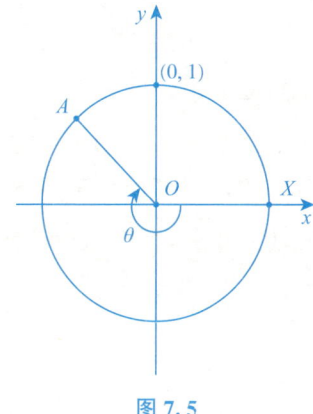

图 7.5

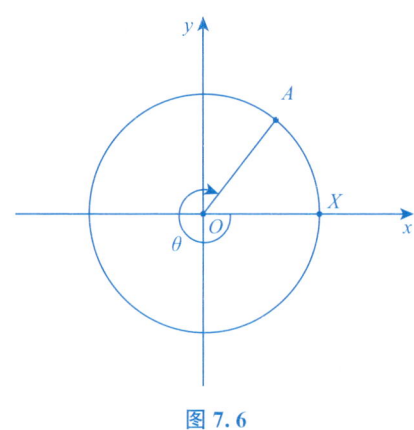

图 7.6

"若我们继续前行，来到图 7.5（见上页）中的第二象限，此时旋转角度为 $-180° > \theta > -270°$。当到达单位圆与 y 轴的另一个交点（0，1）时，旋转角度为 $\theta = -270°$。最后，我们前进至图 7.6 中的第一象限，此时 $-270° > \theta > -360°$。当回到 X 点时，对应的旋转角度为 $\theta = -360°$。

"以上的说明，与前一堂课逆时针方向旋转相似，差别只在于角度的正、负号之分。"

小平说："有了前一堂课的基础，负角的概念很容易接受。"

"对，负角的观念原本就很简单。次页的图 7.7 中，若我们旋转一圈后，又继续旋转一个角度 ϕ（ϕ 为负值），则总旋转角度为

$$\theta = -360° + \phi$$

此时 A 点所在的位置，和单独由 X 点顺时针旋转角度 ϕ 之后的位置相同，即

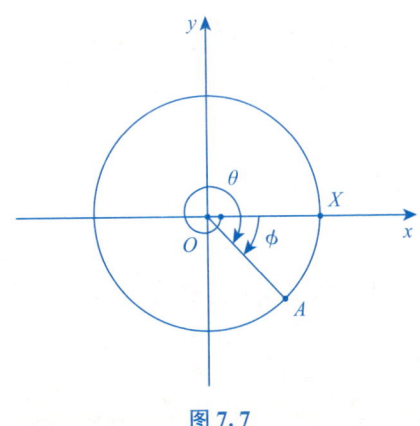

图 7.7

$$\theta = -360° + \phi = \phi \tag{7.1}$$

"同理，若顺时针方向旋转 n 圈后，再旋转一个角度 ϕ，结果和单独旋转角度 ϕ 后的位置相同，因此得到以下的通式：

$$\theta = n \cdot (-360°) + \phi = \phi \tag{7.2}$$

例：$\theta = -500° = (-360°) + (-140°) = -140°$

$\theta = -850° = 2 \cdot (-360°) + (-130°) = -130°$

$\theta = -1200° = 3 \cdot (-360°) + (-120°) = -120°$

所以，负角的概念不难，只是旋转的方向恰好相反而已。"大 M
耐心地说明。

"正负角之间，好像有某种关系，对吗?"小平记得老罩教过正负角之间的关系，却想不起来是什么。

"你说得没错，正负角之间，的确存在对应关系。如图7.8，假如我们由 X 点出发，沿着单位圆，依逆时针方向旋转130°来到 A 点，因为是逆时针方向旋转，因此旋转的角度为 $\theta=130°$。

"反之，如果还是由 X 点出发，但是依顺时针方向旋转 230°，同样可以抵达 A 点。不过，因为是顺时针方向旋转，所以旋转角度为 $\theta=-230°$。$\theta=130°$ 和 $\theta=-230°$ 表达同一个位置，意思是说 $\theta=130°$ 和 $\theta=-230°$ 的始边与终边重合，以数学式表示，即

$$\theta=130°=-230°$$

将以上的结果推厂到任意一个角度，如图7.9，假如我们逆时针方向旋转一个角度 α（α 为正数），则旋转角度为

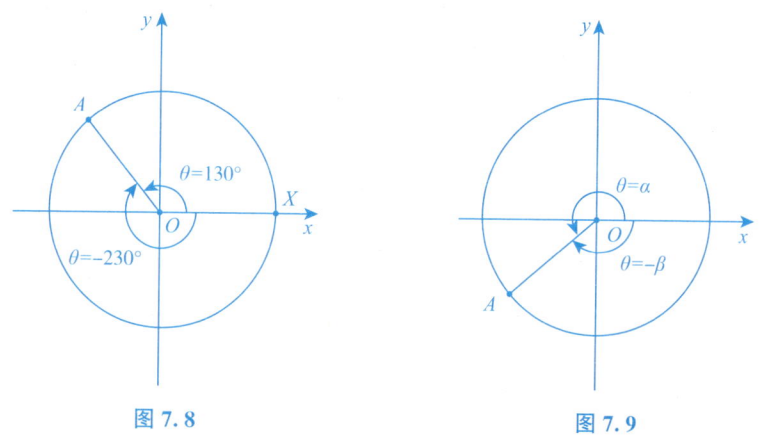

图 7.8　　　　　　　　　　　　图 7.9

$$\theta = \alpha$$

另外，若顺时针方向旋转另一个角度 $-\beta$（β 为正数），则旋转角度为

$$\theta = -\beta$$

假如 $\alpha + \beta = 360°$ 的话，则 $\theta = \alpha$ 和 $\theta = -\beta$ 代表同一位置，即

$$\alpha = -\beta = -(360° - \alpha) \qquad (7.3)$$

上述就是正负角互换的关系式，了解它的来源之后，不必背也能自然写出来。由于 α 和 $-\beta$ 代表相同的角度，所以叫作'同界角'，例如以下这些角度都是同界角：$30°$ 和 $-330°$，$80°$ 和 $-280°$，$220°$ 和 $-140°$，$310°$ 和 $-50°$。"

"我懂了！顺时针或逆时针方向转到同一个位置，就代表相同的角度。"小平现在明白正负角之间的关系了。

"假如你能在脑袋里建构一个单位圆，想象由 X 点出发，依顺时针或逆时针方向转到同一位置的情况，同界角的观念就自然牢记在心中了。"大 M 继续说，"最后，我们把观念整理一下，以便准确学习广义三角函数。在前一堂课，我们由（6.2）式得到

$$n \cdot 360° + \phi = \phi \qquad n = 1, 2, 3, \cdots$$

而这堂课由（7.2）式得到

$$n \cdot (-360°) + \phi = \phi \qquad n = 1, 2, 3, \cdots$$

这两个公式，其实可以合而为一，即

$$n \cdot (\pm 360°) + \phi = \phi \qquad n = 1, 2, 3, \cdots \qquad (7.4)$$

其中 ϕ 可以为正角或负角。例如：

$$690° = 360° + 330° = 330°$$
$$-690° = 2 \times (-360°) + 30° = 30°$$
$$1500° = 4 \times 360° + 60° = 60°$$
$$-1200° = 3 \times (-360°) - 120° = -120°$$

所以（7.4）式涵盖（6.2）式和（7.2）式，是最重要而且唯一必须记得的角度互换公式。"

小平问："（7.4）式代表什么意义呢？"

"这个问题很好！（7.4）式是表示，不管顺时针方向或是逆时针方向旋转 n 圈之后，再旋转一个角度 ϕ，结果会和单独旋转一个角度 ϕ 相同，不管 ϕ 是正角或负角皆成立。"

"以前我对角度的概念一直似懂非懂，现在终于完全搞清楚了！"小平愉快地上完了这堂课。

第 **8** 堂课
广义三角函数

"这堂课，我们学习广义三角函数，不过你要有心理准备，这堂课会稍微难一点。"大 M 微笑着说。

"没关系，我会努力学习，要是不懂，多想几遍就好了。"小平现在对自己比较有信心了。

"很好，我相信你没问题的!"大 M 继续说，"由同界角的概念，我们知道，任何角度皆可以转换为介于 0°和 360°之间的角度（例如 $\theta=430°=70°$，$\theta=-160°=200°$），所以，广义三角函数仅需考虑 $0°\leqslant\theta\leqslant360°$ 即可。

问题是：如何定义广义三角函数呢?

这个问题，确实让数学家伤透脑筋，因为不像 $0°<\theta\leqslant90°$，可以直接定义在直角三角形上。深入思考后，数学家发现，可以利用直角坐标系结合单位圆，以简明的方式定义广义三角函数。

这个定义，不仅成功地将三角函数扩展至任何角度，而且在 $0°<\theta\leqslant90°$ 的范围内，也与之前由直角三角形所定义的相同。"

"也就是说，锐角三角函数是以直角三角形为基础的，而广义三角函数以直角坐标及单位圆为基础啰？"小平整理了一下自己理解的概念，顺便问大 M 是否正确。

"完全正确！因为单位圆涵盖 $0°\leqslant\theta\leqslant360°$ 的角度范围，配合直角坐标的四个象限，可以大幅扩展三角函数的范围。"

"可是，直角坐标及单位圆，似乎比直角三角形复杂？"小平问。

"是比较复杂没错，不过想清楚了，也很简单。如图 8.1，在直角坐标上，我们以原点为中心画一个单位圆，半径 $r=1$。假如 A 是单位圆上的一点，坐标为 (x, y)，则 A 点和原点间的距离为 1，即

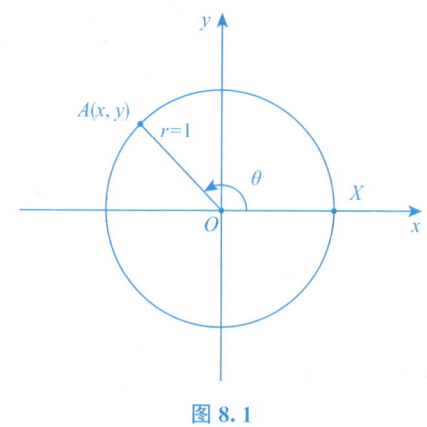

图 8.1

$$\sqrt{(x-0)^2+(y-0)^2}=\sqrt{x^2+y^2}=r=1$$

我们将原点标示为 O，坐标点 $(1，0)$ 标示为 X，并以线段 $\overline{OX}$ 作为始边。假设由 X 点出发，沿单位圆旋转一个角度到 A 点，如果我们以 $\overline{OA}$ 为终边，则 $\overline{OA}$ 及 $\overline{OX}$ 的夹角即为旋转的角度 θ。首先，请你想一下，假如由 X 点出发，依逆时针方向，沿单位圆旋转一圈后回到 X 点，θ 会如何变化？”

“这很简单，θ 会由 $0°$ 逐渐变大，在第一象限，θ 介于 $0°$ 与 $90°$ 之间；在第二象限，θ 介于 $90°$ 与 $180°$ 之间；在第三象限，θ 介于 $180°$ 与 $270°$ 之间；在第四象限，θ 介于 $270°$ 与 $360°$ 之间；最后回到 X 点时，$\theta=360°$！”小平信心满满地回答。

“你回答得很有条理。”大 M 语带赞许，“你有没有看出来，不同角度 θ，对应的 A 点坐标 $(x，y)$ 都不一样？”

“对！单位圆上的每一点，都对应一个 θ，而不同的 θ 对应的 A 点坐标也不一样。”小平很快就看出了这个特征。

“在图 8.2（见次页）中，$\overline{OA}=1$，表示 A 点位于单位圆上，但为了简化图形，单位圆并未出现在图中。假如 $0°<\theta<90°$，则 A 点位于第一象限，而 A 点坐标 $(x，y)$ 中 $x>0$ 且 $y>0$。我们由 A 点作一条垂线到 x 轴，交点为 B，请问 B 点的坐标是什么？”

小平回答：“这很简单，B 点坐标为 $(x，0)$，因为它的 x 坐标跟 A 点相同，而 y 坐标为 0。”

“你的坐标观念很清楚！从任一坐标点 $(x，y)$ 作垂线到 x 轴，交点坐标一定是 $(x，0)$，这是直角坐标的基本概念。”大

M想了一下，继续说，"你有没有发觉，原点 O 和 A、B 两点，刚好构成一个直角三角形 $\triangle OAB$?"

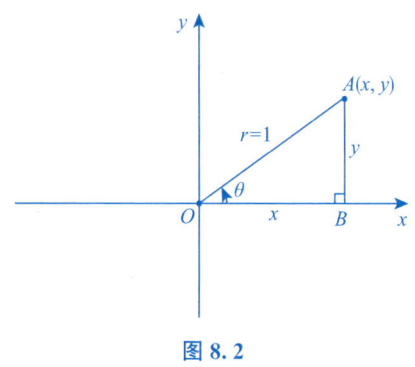

图 8.2

"对耶，它的斜边长 $\overline{OA}=r=1$，而角 θ 的邻边长 $\overline{OB}=x$，对边长 $\overline{AB}=y$。"小平很快回答。

"很好！我们将三角形 $\triangle OAB$，视为 A 点在第一象限对应的直角三角形，它的边长由 A 点坐标 (x, y) 所决定，即角 θ 的邻边长等于 A 点的 x 坐标，而对边长等于 A 点的 y 坐标。"

"为什么要把三角形 $\triangle OAB$，看成 A 点在第一象限对应的直角三角形呢？"小平问。

"待会儿你就会明白，直角三角形 $\triangle OAB$ 和广义三角函数关系密切。"大 M 继续说，"如图 8.3（见次页），假如 $90°<\theta<180°$，则 A 点位于第二象限，而 A 点坐标 (x, y) 中 $x<0$ 且 $y>0$。我们同样由 A 点作一条垂线到 x 轴，交点标示为 B，那么 B 点的坐标是什么？"

"坐标还是 $(x, 0)$，只是现在 x 值为负值。"小平迅速回答。

"你有没有发觉，原点和 A、B 两点，同样构成一个直角三角形△OAB?"

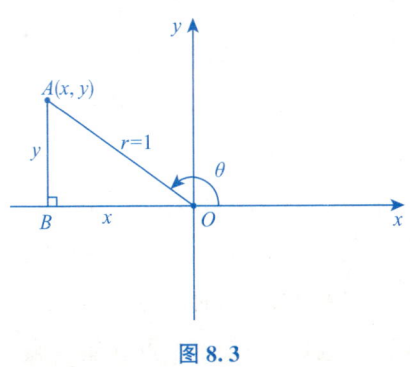

图 **8.3**

"这很容易看出来，它的三个边长是 $\overline{OA}=r=1$，$\overline{AB}=y$，但 $\overline{OB}=|x|$，因为 x 值是负值。"小平回答。

"从这里开始，是数学家和一般人不同的地方。在图 8.3 中，一般人会将△OAB 的边长 $\overline{OB}$ 视为正数，即 $\overline{OB}=|x|$，但数学家将 $\overline{OB}$ 视为负数，即 $\overline{OB}=x$，而 $x<0$。当然，实际三角形的边长不可能为负值，所以，△OAB 可视为 A 点在第二象限对应的'**虚拟直角三角形**'。"

"这个说法很奇怪，我不太能接受……"小平一时难以接受虚拟直角三角形的概念。

"一开始的确不容易接受，因为边长为负值的直角三角形，并不存在于实际的世界中，就像不可能有内角大于 90°的直角三角形一样。"大 M 可以理解小平难以接受的原因，"但很快你会明白，虚拟直角三角形的概念，让我们能用类似锐角三角函数的概念，来定义广义三角函数，而不需要另外创造新的定义。"

"为什么?"小平还是不解。

"现在可能不是回答这个问题的好时机，等一下再说明好吗?"大 M 认为这时候不容易解释清楚。

"好吧，我就暂时接受虚拟直角三角形的概念，等一下再了解原因。"小平勉强接受。

"接下来，如图 8.4（见次页），假如 $180°<\theta<270°$，则 A 点位于第三象限，此时 A 点坐标 (x, y) 中 $x<0$ 且 $y<0$。我们同样由 A 点作一条垂线到 x 轴，交点 B 的坐标还是 $(x, 0)$。我们将直角三角形 $\triangle OAB$，视为 A 点在第三象限对应的虚拟直角三角形，三个边长分别为 $\overline{OA}=r=1$，$\overline{OB}=x$，$\overline{AB}=y$。由于 x、y 皆小于 0，所以 AB 和 OB 皆为负值。

"最后，如图 8.5（见次页），假如 $270°<\theta<360°$，则 A 点位于第四象限，此时 A 点坐标 (x, y) 中 $x>0$ 且 $y<0$。我们由 A 点作一条垂线到 x 轴，交点 B 的坐标为 $(x, 0)$，而 $\triangle OAB$ 视为 A 点在第四象限对应的虚拟直角三角形，三个边长还是 $\overline{OA}=r=1$，$\overline{OB}=x$，$\overline{AB}=y$。由于 $y<0$，所以 $\overline{AB}$ 为负值。"

"依照你的说明，不管 A 点位于哪一个象限，皆对应一个特定的直角三角形 $\triangle OAB$，它的边长由 A 点的坐标决定，即 $\overline{OA}=r=1$，$\overline{OB}=x$，$\overline{AB}=y$，其中 $\overline{OA}$ 永远等于 1，但 $\overline{AB}$ 和 $\overline{OB}$，在不同象限可能为正值或负值。"小平做了一些整理。

"你的思路很清楚，这个对应是广义三角函数的主要基础。

数学家发现：

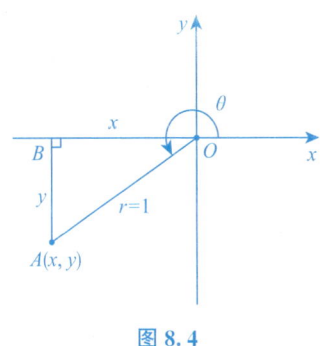

图 8.4

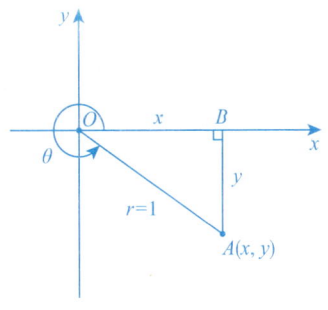

图 8.5

  1. 单位圆上，每一个旋转角度 θ 皆对应一个特定 A 点坐标 $(x，y)$。

  2. 每一 A 点坐标 $(x，y)$，又对应一个特定的直角三角形 $\triangle OAB$。

因此，数学家便将单位圆上的角度 θ、对应的 A 点坐标和直角三角形 $\triangle OAB$ 这三者联结起来，成为广义三角函数的基础。"

  "所以，角度 θ、对应的 A 点坐标和直角三角形 $\triangle OAB$，是广义三角函数的核心观念？"小平归纳道。

  "没错，假如能将它们的关系想清楚，广义三角函数就变得很简单。例如：

  ● 图 8.6（见次页）中，$\theta = 60°$，对应的 A 点坐标为 $\left(\dfrac{1}{2}, \dfrac{\sqrt{3}}{2}\right)$，

而直角三角形 $\triangle OAB$ 的边长 $\overline{OA} = 1$，$\overline{OB} = \dfrac{1}{2}$，$\overline{AB} = \dfrac{\sqrt{3}}{2}$

● 图 8.7 中，$\theta = 225°$，对应的 A 点坐标为 $\left(-\dfrac{1}{\sqrt{2}},\ -\dfrac{1}{\sqrt{2}}\right)$，

而直角三角形 $\triangle OAB$ 的边长 $\overline{OA} = 1$，$\overline{OB} = -\dfrac{1}{\sqrt{2}}$，$\overline{AB} = -\dfrac{1}{\sqrt{2}}$

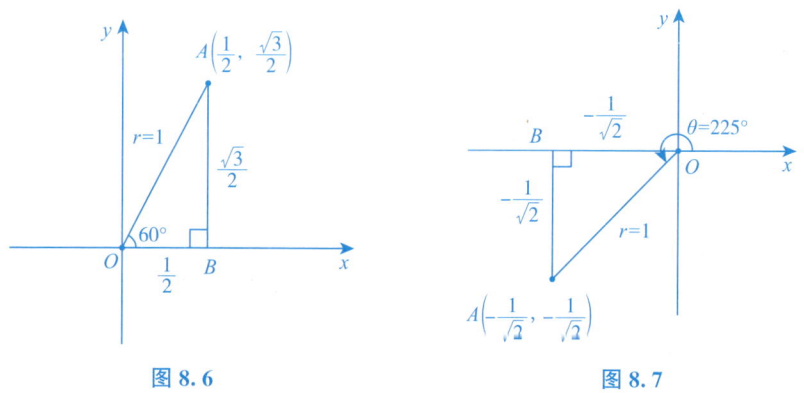

图 8.6　　　　　　　　　　　　　图 8.7

　　"由于在 $0° \leqslant \theta \leqslant 360°$ 的范围内，每个角度 θ，皆对应特定的 A 点坐标 (x, y) 及直角三角形 $\triangle OAB$，不论 θ 位于任何象限，数学家皆以 $\overline{OA} = 1$ 为斜边，$\overline{OB} = x$ 为邻边，$\overline{AB} = y$ 为对边，并以直角三角形的概念，定义广义三角函数如下：

$$\sin\theta = \frac{对边}{斜边} = \frac{\overline{AB}}{\overline{OA}} = y \qquad\qquad (8.1)$$

$$\cos\theta = \frac{邻边}{斜边} = \frac{\overline{OB}}{\overline{OA}} = x \qquad\qquad (8.2)$$

$$\tan\theta = \frac{对边}{邻边} = \frac{\overline{AB}}{\overline{OB}} = \frac{y}{x} \qquad\qquad (8.3)$$

$$\cot\theta = \frac{1}{\tan\theta} = \frac{x}{y} \tag{8.4}$$

$$\sec\theta = \frac{1}{\cos\theta} = \frac{1}{x} \tag{8.5}$$

$$\csc\theta = \frac{1}{\sin\theta} = \frac{1}{y} \tag{8.6}$$

因为 x、y 有正有负，所以广义三角函数也有了正负值，成为更完整的函数。"

"所以，引入虚拟直角三角形的概念，是为了将以往锐角三角函数的定义，直接套用在广义三角函数上吗？"小平问。

"完全正确！这是数学家发挥高度想象力的结晶，使得锐角三角函数自然扩展至广义三角函数，我们所需要的，只是接受虚拟直角三角形的概念就可以了。"

"这有什么用呢？"小平还是不理解。

"因为要用三角函数处理复杂的几何问题，或应用在科学及工程上，引入负数是必要的，而借由直角坐标及单位圆，广义三角函数自然引入负数。虽然一开始不太容易接受，但以后你就会明白，这是天才的想法，因为它大幅度地扩展三角函数的应用范围，不再局限于三角形的边角关系。"大 M 试着说明，不过这时候要小平理解并不容易。

"我暂时接受你的说法，到后面我会再思考广义三角函数引入负数后，到底有什么好处。"小平说。

"这个态度很好，很快你就能体会它的用处。"大 M 接着说，"现在，我们由第一象限开始，一步一步学习广义三角函数。在前面的图 8.2 中，$0° < \theta < 90°$，A 点位于第一象限，坐标为 (x, y)，三角形 $\triangle OAB$ 斜边长 $\overline{OA} = 1$，邻边长 $\overline{OB} = x$，对边长 $\overline{AB} = y$，其中 x、y 皆为正数。以下，我们仅说明 $\sin\theta$、$\cos\theta$ 和 $\tan\theta$ 三个函数，其余三个函数，由倒数关系就可以得知。

"由广义三角函数的定义，我们得到

$$\sin\theta = y$$

$$\cos\theta = x$$

$$\tan\theta = \frac{y}{x}$$

所以这三个函数，完全由 A 点坐标所决定。

例 1，$\theta = 30°$ 对应的 A 点坐标 $\left(x = \frac{\sqrt{3}}{2},\ y = \frac{1}{2} \right)$，则对应的直角三角形如图 8.8，因此

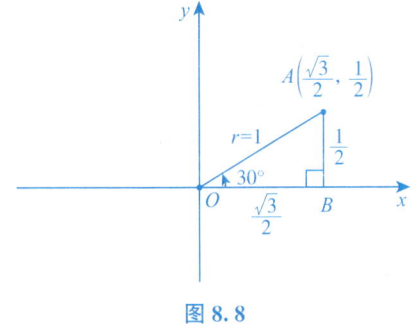

图 8.8

$$\sin\theta = y = \frac{1}{2}$$

$$\cos\theta = x = \frac{\sqrt{3}}{2}$$

$$\tan\theta = \frac{y}{x} = \frac{1}{\sqrt{3}}$$

例 2：$\theta = 45°$ 对应的 A 点坐标 $\left(x = \dfrac{1}{\sqrt{2}},\ y = \dfrac{1}{\sqrt{2}}\right)$，则对应的直角

三角形如图 8.9，所以得到

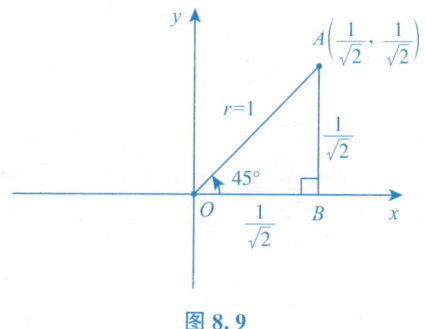

图 8.9

$$\sin\theta = y = \frac{1}{\sqrt{2}}$$

$$\cos\theta = x = \frac{1}{\sqrt{2}}$$

$$\tan\theta = \frac{y}{x} = 1$$

你有没有发现，广义三角函数在 $0° < \theta < 90°$ 范围内，与之前所学的锐角三角函数完全相同，即广义三角函数涵盖锐角三角函数。"

"我注意到了，所以在 $0°<\theta<90°$ 范围内，之前的概念都不需要修正？"小平问。

"完全正确！仔细想想，广义三角函数虽然定义在单位圆及直角坐标上，但还是基于直角三角形的概念，所以在第一象限，两者完全相同。

"在第一象限，有一个特别的角度，是以前没有学过的，即 $\theta=90°$。当 $\theta=90°$ 时，图 8.2 中的直角三角形，已经退化成一条线（请发挥想象力，想象 θ 逼近 $90°$ 的情况，例如 $\theta=89.9°$），但此时广义三角函数的定义不变。当 $\theta=90°$ 时，对应的 A 点坐标 $(x, y)=(0, 1)$，因此

$$\sin\theta=y=1$$

$$\cos\theta=x=0$$

$$\tan\theta=\frac{y}{x}=\frac{1}{0} \text{（无意义）}$$

$$\cot\theta=\frac{x}{y}=\frac{0}{1}=0$$

$$\sec\theta=\frac{1}{x}=\frac{1}{0} \text{（无意义）}$$

$$\csc\theta=\frac{1}{y}=1$$

这里我们开始看到广义三角函数与锐角三角函数的差别，不过，只要把握它的定义，其实很容易想象 $\theta=90°$ 的情形。"

"我可以接受，只要用心想象图 8.2 当 θ 逼近 $90°$ 的情形就可以了。"小平现在会由图形理解概念了，所以觉得广义三角函

数并不难。

"接下来进入第二象限，90°＜θ＜180°。如图 8.3，A 点的坐标（x，y）中 x＜0，y＞0，但广义三角函数的定义不变，所以开始有负值出现

$$\sin\theta = y > 0$$

$$\cos\theta = x < 0$$

$$\tan\theta = \frac{y}{x} < 0$$

例 3：θ＝120°对应的 A 点坐标为 $\left(x = -\frac{1}{2}, \ y = \frac{\sqrt{3}}{2}\right)$，则对应的直角三角形如图 8.10（见次页），因此

$$\sin\theta = y = \frac{\sqrt{3}}{2}, \qquad \cos\theta = x = -\frac{1}{2}$$

$$\tan\theta = \frac{y}{x} = -\sqrt{3}$$

例 4：θ＝135°对应的 A 点坐标为 $\left(x = -\frac{1}{\sqrt{2}}, \ y = \frac{1}{\sqrt{2}}\right)$，则对应的直角三角形如图 8.11（见次页），我们得到

$$\sin\theta = y = \frac{1}{\sqrt{2}}$$

$$\cos\theta = x = -\frac{1}{\sqrt{2}}$$

$$\tan\theta=\frac{y}{x}=-1$$

所以当 $90°<\theta<180°$ 时，$\sin\theta$ 为正值，而 $\cos\theta$ 和 $\tan\theta$ 为负值。

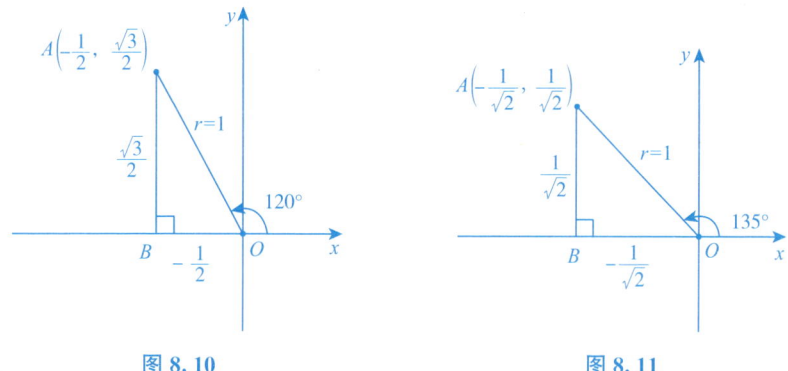

图 8.10   图 8.11

第二象限有一个特别的角度，即 $\theta=180°$，此时 A 点的坐标为 $(x=-1,\ y=0)$，而对应的三角函数为

$$\sin\theta=y=0, \qquad \cot\theta=\frac{x}{y}=\frac{-1}{0}\text{（无意义）}$$

$$\cos\theta=x=-1, \qquad \sec\theta=\frac{1}{x}=-1$$

$$\tan\theta=\frac{y}{x}=0, \qquad \csc\theta=\frac{1}{y}=\frac{1}{0}\text{（无意义）。}"$$

"这不难，只要想象图 8.3，当 θ 逼近 $180°$ 的情形就可以了。"小平回答得很快。

大 M 接着说："如图 8.4，我们继续来到第三象限，对应 $180°<\theta<270°$，此时 A 点的坐标为 $(x,\ y)$，而 $x<0,\ y<0$。

由（8.1）式～（8.3）式的定义，可以得到

$$\sin\theta=y<0$$

$$\cos\theta=x<0$$

$$\tan\theta=\frac{y}{x}>0$$

例 5：$\theta=210°$ 对应的 A 点坐标为 $\left(x=-\frac{\sqrt{3}}{2},\ y=-\frac{1}{2}\right)$，则对应的直角三角形如图 8.12（见次页），由定义得知

$$\sin\theta=y=-\frac{1}{2}$$

$$\cos\theta=x=-\frac{\sqrt{3}}{2}$$

$$\tan\theta=\frac{y}{x}=\frac{1}{\sqrt{3}}$$

例 6：$\theta=225°$ 对应的 A 点坐标为 $\left(x=-\frac{1}{\sqrt{2}},\ y=-\frac{1}{\sqrt{2}}\right)$，则对应的直角三角形如图 8.13（见次页），因此

$$\sin\theta=y=-\frac{1}{\sqrt{2}}$$

$$\cos\theta=x=-\frac{1}{\sqrt{2}}$$

$$\tan\theta=\frac{y}{x}=1$$

所以，在180°＜θ＜270°的区间，tanθ为正值，而sinθ和cosθ均为负值。

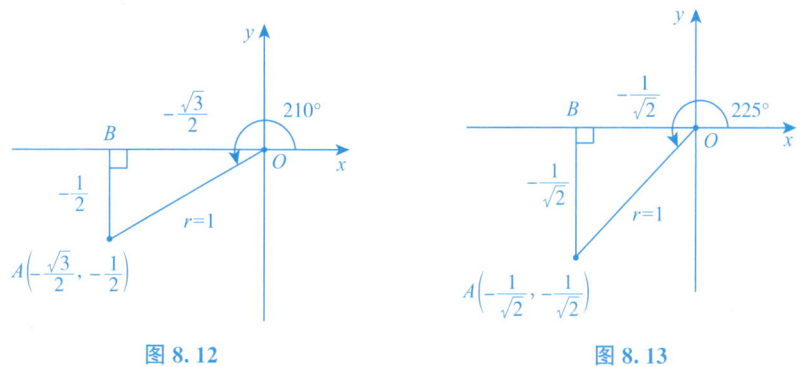

图 8.12   图 8.13

第三象限有一个特别角度，就是θ＝270°，对应的坐标为（$x=0$，$y=-1$），因此

$$\sin\theta=y=-1, \qquad\qquad \cot\theta=\frac{x}{y}=0$$

$$\cos\theta=x=0, \qquad\qquad \sec\theta=\frac{1}{x}=\frac{1}{0}\ （无意义）$$

$$\tan\theta=\frac{y}{x}=\frac{-1}{0}\ （无意义）, \qquad \csc\theta=\frac{1}{y}=-1$$

由以上说明，你可以看出θ对应的三角函数，随不同象限而不断变化。"

"没错，例如sinθ在第一及第二象限为正数，而到了第三象限则变成负数，而cosθ在第一象限为正数，而在第二及第三象限变成负数。"小平也看出了三角函数在不同象限呈规律的变化。

"你的观察很敏锐，这对学好数学很有帮助。现在，我们来到第四象限，对应的角度为 $270° < \theta < 360°$。图 8.5 中，θ 对应的虚拟直角三角形 $\triangle OAB$ 的邻边长 $x > 0$，对边长 $y < 0$，而对应的三角函数为

$$\sin\theta = y < 0$$

$$\cos\theta = x > 0$$

$$\tan\theta = \frac{y}{x} < 0$$

例 7：$\theta = 300°$ 对应的 A 点坐标为 $\left(x = \frac{1}{2},\ y = -\frac{\sqrt{3}}{2}\right)$，则对应的直角三角形如图 8.14（见次页），因此

$$\sin\theta = y = -\frac{\sqrt{3}}{2}$$

$$\cos\theta = x = \frac{1}{2}$$

$$\tan\theta = \frac{y}{x} = -\sqrt{3}$$

例 8：$\theta = 315°$ 对应的 A 点坐标为 $\left(x = \frac{1}{\sqrt{2}},\ y = -\frac{1}{\sqrt{2}}\right)$，则对应的直角三角形如图 8.15（见次页），我们就得到

$$\sin\theta = y = -\frac{1}{\sqrt{2}}$$

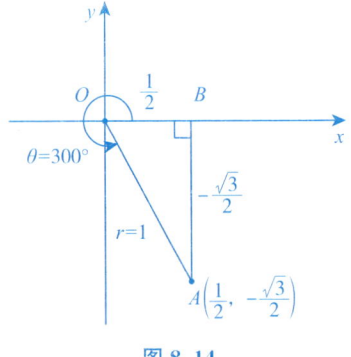

图 8.14

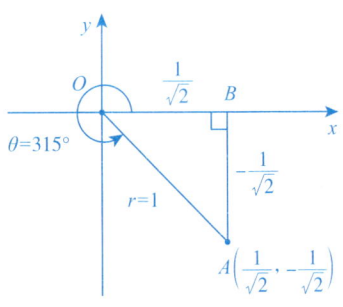

图 8.15

$$\cos\theta = x = \frac{1}{\sqrt{2}}$$

$$\tan\theta = \frac{y}{x} = -1$$

故在 $270° < \theta < 360°$ 的区间，$\cos\theta$ 为正值，而 $\sin\theta$ 和 $\tan\theta$ 为负值。

最后，当 $\theta = 360° = 0°$，对应的坐标为（$x = 1$，$y = 0$），它的三角函数分别为

$$\sin\theta = y = 0$$

$$\cos\theta = x = 1$$

$$\tan\theta = \frac{y}{x} = 0$$

$$\cot\theta = \frac{x}{y} = \frac{1}{0} \quad （无意义）$$

$$\sec\theta = \frac{1}{x} = 1$$

$$\csc\theta=\frac{1}{y}=\frac{1}{0}\ （无意义）。"$$

"到了第四象限，我好像越来越能接受有正有负的三角函数了。"小平说出自己的感觉。

"这很好，表示你能进入状态。其实，只要想清楚图 8.2～图 8.5 的意义，配合四个象限坐标 (x, y) 的正负变化，广义三角函数并不难理解。"大 M 再次强调图形的重要性。

"我大致能掌握广义三角函数了，但还是觉得怪怪的……"小平感觉观念还不是很清楚。

"这很正常，你必须对图 8.2～图 8.5 仔细研究，并思考角度 θ、对应的 A 点坐标 (x, y) 和直角三角形 $\triangle OAB$ 这三者的关系，观念才会慢慢由模糊转为清晰；另外，以下的例题可以帮助理解。

例 9：假设 $90°<\theta<180°$，若角度 θ 在单位圆上对应的 A 点坐标为 (x, y) 且 $y=\frac{1}{3}$，求 $\cos\theta$ 及 $\tan\theta$。

解析：因为 $90°<\theta<180°$，故 θ 位于第二象限。由于 (x, y) 位于单位圆上，因此

$$x^2+y^2=1 \ \Rightarrow \ |x|=\sqrt{1-y^2}=\sqrt{1-\left(\frac{1}{3}\right)^2}=\frac{2\sqrt{2}}{3}$$

由于 θ 位于第二象限，x 为负值，故 $x=-\frac{2\sqrt{2}}{3}$，而 θ 对应的虚拟直角三角形如图 8.16（见次页），因此由定义能得到

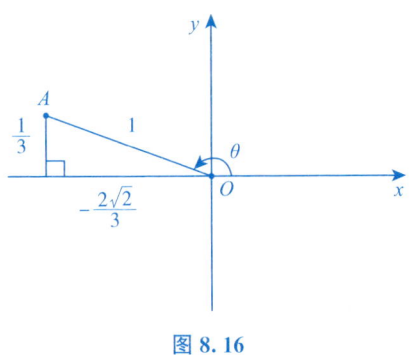

图 8.16

$$\cos\theta=x=-\frac{2\sqrt{2}}{3}, \qquad \tan\theta=\frac{y}{x}=-\frac{1}{2\sqrt{2}}$$

例 10：假设 $270°<\theta<360°$，若 θ 在单位圆上对应的 A 点坐标为 (x, y) 并且 $|x|=2|y|$，求 $\cot\theta$ 及 $\sec\theta$。

解析：由于 (x, y) 位于单位圆上且 $|x|=2|y|$，因此

$$x^2+y^2=1 \ \Rightarrow \ 4y^2+y^2=1 \ \Rightarrow \ |y|=\frac{1}{\sqrt{5}}$$

$$|x|=2|y|=\frac{2}{\sqrt{5}}$$

因为 $270°<\theta<360°$，θ 位于第四象限（$x>0$，$y<0$），故 $x=\frac{2}{\sqrt{5}}$，$y=-\frac{1}{\sqrt{5}}$，而 θ 对应的虚拟直角三角形如图 8.17（见次页）。因此，由定义得到

$$\cot\theta=\frac{x}{y}=-2, \qquad \sec\theta=\frac{1}{x}=\frac{\sqrt{5}}{2}$$

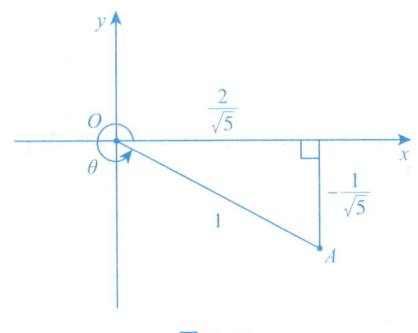

图 8.17

例 11：假设 $\cos\theta = \dfrac{2}{5}$ 且 θ 位于第四象限，求其余五个三角函数。

解析：因为 θ 位于第四象限且 $\cos\theta = \dfrac{2}{5}$，因此对应的虚拟直角

三角形如图 8.18，

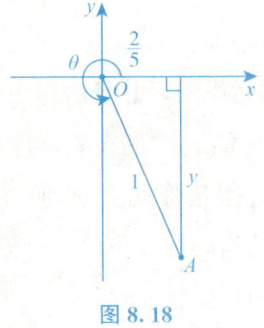

图 8.18

其中斜边长 $r = 1$，邻边长 $x = \dfrac{2}{5}$，而对边长为

$$y = -\sqrt{1-x^2} = -\sqrt{1-\left(\frac{2}{5}\right)^2} = -\frac{\sqrt{21}}{5}$$

因此，由定义就可以推知其余五个三角函数如下

$$\sin\theta = -\frac{\sqrt{21}}{5}$$

$$\tan\theta = -\frac{\sqrt{21}}{2}, \qquad \cot\theta = -\frac{2}{\sqrt{21}}$$

$$\sec\theta = \frac{5}{2}, \qquad \csc\theta = -\frac{5}{\sqrt{21}}$$

所以，只要知道任一个三角函数及 θ 所在的象限，就可以得知其余五个三角函数。"

"经这几个例题的说明后，的确比较容易理解广义三角函数，虽然还是有点怪，不过再花点时间思考后，应该会更清楚一些。"小平开始有信心了。

"对，假如能花时间作图，并且边作图边思考，很快就能理解它的含义。"大 M 接着说，"现在我再度说明，为何如此定义广义三角函数。首先，很快你就会学到，广义三角函数方便我们处理 $\theta > 90°$ 的各种几何问题，可以扩展三角函数的应用范围，而不再局限于锐角三角形。

"其次，利用广义三角函数，可以简明描述旋转现象。例如一颗球沿着单位圆旋转，它的轨迹对应的直角坐标为 (x, y)。假设 (x, y) 对应的角度为 θ，如图 8.19（见次页），因为 $\sin\theta = y$，$\cos\theta = x$，所以 (x, y) 可以用三角函数表示为

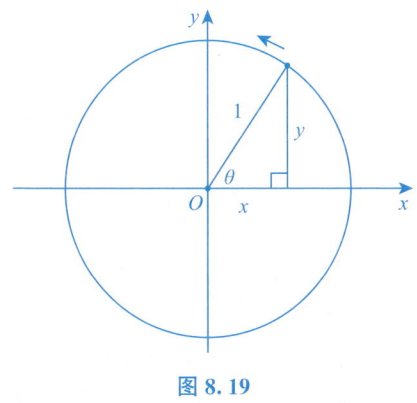

图 8.19

$$(x,\ y) = (\cos\theta,\ \sin\theta)$$

因此仅需一个变量 θ，就可以描述旋转的轨迹。此外，以（$\cos\theta$，$\sin\theta$）表示比（x，y）更具物理意义，因为由 θ，我们可以清楚知道现在转了几度，而由（x，y）却不容易看出来。（注：后面会学到另一个坐标系统，称为'极坐标'，便是基于这个概念发展出来的。）

　　"在各种科学及工程领域上，广义三角函数是非常有用的数学工具。例如在电机工程里，就常利用三角函数描述电磁波的行进；在天文物理中，常以三角函数描述天体的运行；另外，高中物理也会应用三角函数，处理大炮仰角及射程之间的关系。以上这些问题，都牵涉正负角度与正负数值变化，没有广义三角函数是无法达成的。"

　　"虽然还是不太能领会，不过隐约感觉到广义三角函数的用处大，我会努力将它学好。"小平响应大 M 的说明。

　　"我相信你一定可以办得到。"大 M 带着鼓励的语气，结束了这漫长的一堂课。

附记：广义三角函数，必须定义在单位圆上吗？

"广义三角函数，一定要定义在单位圆上吗？我记得老罩好像不是这样定义的……"小平问。

"没错，广义三角函数不一定要定义在单位圆上。"大 M 接着说，"但是单位圆提供一个很好的思考平台，使我们很容易将角度与三角函数结合在一起，这是通常在单位圆上定义广义三角函数的原因。"

"那么还有别的定义方法吗？"

"例如图 8.20（见次页）中，P 点是平面上的任一点，坐标为 (x, y)，则 $\overline{OP}$ 的长度为

$$\sqrt{(x-0)^2 + (y-0)^2} = \sqrt{x^2 + y^2} = r$$

为简单起见，我们假定 P 点位于第一象限，并由 P 点作一条垂线到 x 轴，交点为 Q，则 Q 点坐标为 $(x, 0)$。此时原点 O 和

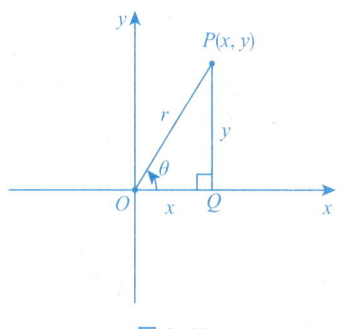

图 8.20

P、Q 两点，刚好构成一个直角三角形 $\triangle OPQ$，它的斜边长 $\overline{OP}=r$，而角 θ 的邻边长 $\overline{OQ}=x$，对边长 $\overline{PQ}=y$。我们将三角形 $\triangle OPQ$ 视为 P 点对应的直角三角形，而对应的三角函数定义为

$$\sin\theta = \frac{y}{r} \tag{A1}$$

$$\cos\theta = \frac{x}{r} \tag{A2}$$

$$\tan\theta = \frac{\sin\theta}{\cos\theta} = \frac{y}{x} \tag{A3}$$

$$\cot\theta = \frac{1}{\tan\theta} = \frac{x}{y} \tag{A4}$$

$$\sec\theta = \frac{1}{\cos\theta} = \frac{r}{x} \tag{A5}$$

$$\csc\theta = \frac{1}{\sin\theta} = \frac{r}{y} \tag{A6}$$

在（A1）式～（A6）式中，r 可以是任何正数，即 P 点不一定位于单位圆上，但是由 相似三角形 的概念，我们知道（A1）式～（A6）式所定义的三角函数，只与角度 θ 有关，而与 r 的大小无关。因此，这个定义与在单位圆上（$r=1$）定义的结果完全相同。"（注：P 点在其他象限的情况亦同。）

"所以，只要将 P 点在单位圆上（$r=1$）的定义想清楚，就可以推广至 r 等于任何值的情况了吗？"小平问。

"没错！记得我曾说过'要尽量从不同的观点思考问题'，当你能将单位圆上的定义与（A1）式～（A6）式的定义两者融会贯通时，就能悠游自在地处理任何问题了。"

第 **9** 堂课
负角三角函数

"前一堂课，很辛苦吧！"大 M 微笑着说。

"还好啦，只是脑细胞阵亡几亿个而已！"小平轻松回答。

"这一堂课比较简单，让你喘一口气。"

"好啊，我的确需要轻松一下。"

"老罩现在上到哪个单元啦？"大 M 请小平帮忙，看看老罩的上课内容。

小平几乎忘了自己是和大 M 坐在教室的屋梁上，底下老罩还在滔滔不绝地讲解三角函数。奇怪的是，他和大 M 已经上了这么多堂课，老罩却一堂课都没上完，更奇怪的是，小平自己也不觉得这有什么奇怪。

"老罩上的好像是复数的极式……"小平眯着眼睛望着黑板喃喃地说。

"我想我们应该可以追上他的进度。"大 M 看了看手表，接着说，"在前一堂课，我们学习了 $0° \leqslant \theta \leqslant 360°$ 的三角函数，现

在我们来探讨 θ 为负角的情形。如图 9.1，我们在单位圆上由坐标点（1，0）出发，依逆时针方向旋转一个角度 θ，而 $0° < \theta < 90°$，故对应的坐标点位于第一象限，坐标为（a，b）。假如我们以顺时针方向旋转同样的角度，则旋转角度为 $-\theta$，则对应的坐标点位于第四象限，坐标为（a，$-b$）。"

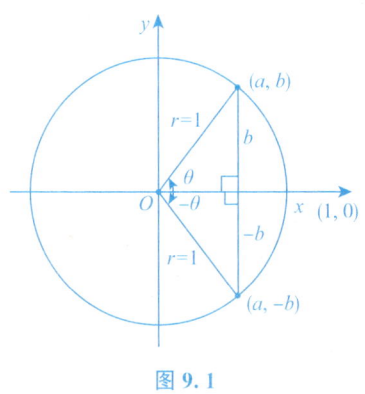

图 9.1

"嗯，由图中很容易看出 θ 和 $-\theta$ 对应的坐标点之间的关系。"小平回答。

"当旋转角度为 θ 时，对应坐标为（a，b），由广义三角函数的定义，我们会得到以下的结果：

$$\sin\theta = \frac{b}{r} = b \qquad (9.1)$$

$$\cos\theta = \frac{a}{r} = a \qquad (9.2)$$

$$\tan\theta = \frac{b}{a} \qquad (9.3)$$

$$\cot\theta = \frac{1}{\tan\theta} = \frac{a}{b} \tag{9.4}$$

$$\sec\theta = \frac{1}{\cos\theta} = \frac{1}{a} \tag{9.5}$$

$$\csc\theta = \frac{1}{\sin\theta} = \frac{1}{b} \tag{9.6}$$

当旋转角度为 $-\theta$ 时，对应坐标为 $(a，-b)$，同样可由定义得到

$$\sin(-\theta) = \frac{-b}{r} = -b \tag{9.7}$$

$$\cos(-\theta) = \frac{a}{r} = a \tag{9.8}$$

$$\tan(-\theta) = -\frac{b}{a} \tag{9.9}$$

$$\cot(-\theta) = \frac{1}{\tan(-\theta)} = -\frac{a}{b} \tag{9.10}$$

$$\sec(-\theta) = \frac{1}{\cos(-\theta)} = \frac{1}{a} \tag{9.11}$$

$$\csc(-\theta) = \frac{1}{\sin(-\theta)} = -\frac{1}{b} \tag{9.12}$$

比较一下 (9.1) 式～(9.6) 式和 (9.7) 式～(9.12) 式，我们可以归纳出以下这些等式：

$$\sin(-\theta) = -\sin\theta \tag{9.13}$$

$$\cos(-\theta) = \cos\theta \tag{9.14}$$

$$\tan(-\theta) = -\tan\theta \tag{9.15}$$

$$\cot(-\theta) = -\cot\theta \qquad (9.16)$$

$$\sec(-\theta) = \sec\theta \qquad (9.17)$$

$$\csc(-\theta) = -\csc\theta \qquad (9.18)$$

（9.13）式～（9.18）式，即所谓的'负角公式'。"

"你的说明我可以理解，但是这么多公式，让人眼花缭乱，怎么'背'得下来？"每次看到一堆公式，小平都有点儿沮丧。

"不用怕，数学不是用背的！教你一个快捷方式，就是先将图 9.1 想清楚，然后印在脑海里，这样负角公式完全不必背，就可以牢牢记住。"

"真的吗？我试试看……"小平花几分钟的时间，认真将图 9.1 想清楚，果然利用广义三角函数的定义，就可以将（9.13）式～（9.18）式写出来，完全不必背。（各位读者不妨试着做做看。）

"我还有一个问题：图 9.1 是因为 θ 位于第一象限，所以很容易得到 θ 和 $-\theta$ 的对应关系，假如 θ 不在第一象限，负角公式仍然成立吗？"小平继续问。

"这个问题很好！其实，负角公式对任何角度皆成立。因为不论 θ 位于任何象限，若 θ 对应的坐标为 (a, b)，则 $-\theta$ 对应的坐标必然为 $(a, -b)$，所以负角公式仍然成立。"

"你能不能举例说明？"

"例如 $\theta = 120°$ 位于第二象限，它对应的负角为 $-\theta = -120°$。如图 9.2（见次页），θ 和 $-\theta$ 在单位圆上对应的坐标点，分别为 $\left(-\dfrac{1}{2}, \dfrac{\sqrt{3}}{2}\right)$ 和 $\left(-\dfrac{1}{2}, -\dfrac{\sqrt{3}}{2}\right)$。

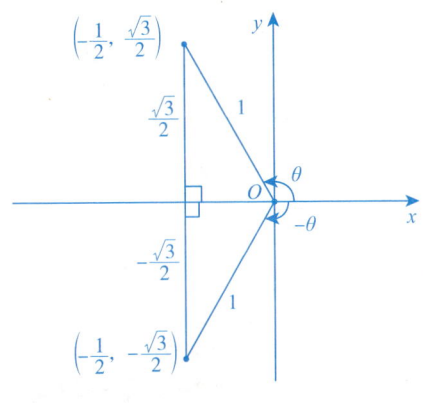

图 9.2

由广义三角函数的定义，会得到 $\theta=120°$ 对应的三角函数为

$$\sin 120°=\frac{\sqrt{3}}{2}, \qquad \cos 120°=-\frac{1}{2}$$

$$\tan 120°=-\sqrt{3}, \qquad \cot 120°=-\frac{1}{\sqrt{3}}$$

$$\sec 120°=-2, \qquad \csc 120°=\frac{2}{\sqrt{3}}$$

另一方面，$\theta=-120°$ 对应的三角函数为

$$\sin(-120°)=-\frac{\sqrt{3}}{2}, \qquad \cos(-120°)=-\frac{1}{2}$$

$$\tan(-120°)=\sqrt{3}, \qquad \cot(-120°)=\frac{1}{\sqrt{3}}$$

$$\sec(-120°)=-2, \qquad \csc(-120°)=-\frac{2}{\sqrt{3}}$$

因此

$$\sin(-\theta) = -\sin\theta$$
$$\cos(-\theta) = \cos\theta$$
$$\tan(-\theta) = -\tan\theta$$
$$\cot(-\theta) = -\cot\theta$$
$$\sec(-\theta) = \sec\theta$$
$$\csc(-\theta) = -\csc\theta$$

以上结果，和 θ 位于第一象限的情况完全相同。所以不管 θ 位于任何象限，负角公式都成立。"

"可是 θ 位于其他象限的情形，却不像位于第一象限那么容易懂。"小平回答。

"没错，你抓到重点了！"大 M 语带赞许，"三角函数的特点是：

三角函数的所有公式，皆适用于四个象限。

但是，当 θ 位于第一象限时，最容易理解，这也是为什么教科书上总是以 $0° < \theta < 90°$ 来讲解，之后再推广至所有的角度。"

"你是说，只要将 θ 位于第一象限的关系式想清楚，就可以大胆推广至各种角度？"

"正是如此！"大 M 语气坚定。

"可是我还是有点怀疑……"小平不是很确定。

　　"这个态度很好，不轻易接受定理定律，是学好数学的基础。我建议你自行用例子来验证，确定一下负角关系适用于所有角度。"大 M 回答。

　　"好，这件事我一定会做到!"小平决定自我挑战一番。

附记：如何熟悉广义三角函数？

"我觉得广义三角函数远比锐角三角函数复杂，有没有什么方法，可以很快熟悉这么复杂的东西？"小平问。

"是有一个方法，不过要花点时间和耐心……"大M回答。

"快告诉我，是什么方法？"小平有点急切。

大M说："和锐角三角函数一样，广义三角函数有几个特别的角度以后会不断用到，这些特别角包括：

第一象限：$\theta = 30°$，$45°$，$60°$，$90°$

第二象限：$\theta = 120°$，$135°$，$150°$，$180°$

第三象限：$\theta = 210°$，$225°$，$240°$，$270°$

第四象限：$\theta = 300°$，$315°$，$330°$，$360°$（$0°$）

你必须将这些角度对应的坐标及（虚拟）直角三角形仔细作图，并将对应的三角函数一个一个写出来，例如：

● $\theta=150°$，对应的坐标及直角三角形如图 9.3，而根据定义，可得到对应的六个三角函数为

$$\sin150°=\frac{1}{2}, \qquad \cos150°=-\frac{\sqrt{3}}{2}$$

$$\tan150°=-\frac{1}{\sqrt{3}}, \qquad \cot150°=-\sqrt{3}$$

$$\sec150°=-\frac{2}{\sqrt{3}}, \qquad \csc150°=2$$

● $\theta=225°$，对应的坐标及直角三角形如图 9.4，根据定义，可以得到对应的三角函数为

$$\sin225°=-\frac{1}{\sqrt{2}}, \qquad \cos225°=-\frac{1}{\sqrt{2}}$$

$$\tan225°=1, \qquad \cot225°=1$$

$$\sec225°=-\sqrt{2}, \qquad \csc225°=-\sqrt{2}$$

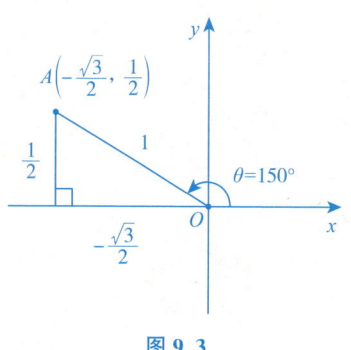

图 9.3

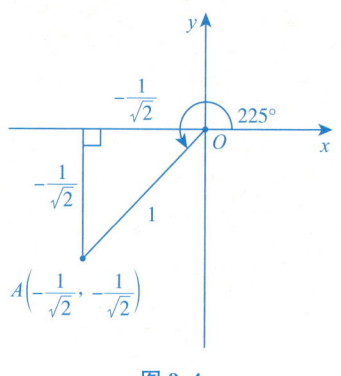

图 9.4

若能好好作图并列出对应的三角函数，你一定能在短时间内熟悉广义三角函数。"

"为什么?"小平问。

"因为画完图之后，你会熟悉不同角度对应的坐标及直角三角形，并领会三角函数在不同象限的变化，这样你就不会再感觉到心虚了。"

"好，我会努力的，希望能在短时间内熟悉广义三角函数。"小平愉快地回答。

补角关系

　　"为什么我的好朋友阿杰可以轻松地在数学上拿高分，而我总是在及格边缘徘徊……"小平不解地问。

　　"你什么球打得最好？"大M反问小平。

　　"篮球，现在是班队的主力射手呢！"

　　"阿杰篮球打得怎样？"

　　"超烂的！连上篮都不会……"小平想起阿杰蹩脚的上篮动作，就忍不住发笑。

　　"你什么时候开始打篮球的？"

　　"小学三年级参加篮球夏令营之后，就一直打到现在……"

　　"换句话说，你已经累积七八年的打球经验了？"

　　"没错，而且还会继续打下去，因为篮球实在很有趣。"其实，篮球场不仅是小平发泄精力的地方，在内心深处，这也是他逃避课业挫折的地方。

　　"你有没有想过，阿杰看你打篮球，就像你看他学数学，他心里一定羡慕你能轻松上篮得分，就像你羡慕他轻松在数学上得高分一样。在篮球上，你已经累积七八年的功力，所以轻松自如，而阿杰可能从小学三年级开始，就知道怎么学数学，也累积了七八年的功力，当然比你强多了。"

"可是，我也花了时间学数学啊！却总是学不好。"小平有点懊恼。

"因为方法不对！你的观念模模糊糊，考完试不久就忘了，知识并没有累积！就像阿杰打篮球一样，偶尔上场混一下，球技当然永远无法提升。"大M接着问，"假如阿杰现在决定好好打篮球，你认为他有没有机会打得跟你一样好？"

"这小子还有点运动细胞，好好打三四个月的话，大概就不是很差了，一年后，可能就跟我一样。"小平对阿杰还算了解，估计他应该做得到。

"记得这句话，好好学数学的话，三四个月后，你大概就不是很差了，一年后，可能就跟阿杰一样，甚至超越他！"

"我会朝这个方向努力的！"小平开始有了信心，问，"我已经了解了广义三角函数的定义，能不能告诉我它的应用？"

"别急。"大M缓缓地回答，"还得先熟悉广义三角函数的几个基本特性，才能有效地处理问题。"

"广义三角函数有哪些基本特性呢?"

"除了负角关系外，另一个是补角关系。假如 θ_1 位于第一象限，$0° < \theta_1 < 90°$，则它有两个补角分别为 $\theta_2 = 180° - \theta_1$ 和 $\theta_3 = 180° + \theta_1$，其中 θ_2 位于第二象限，θ_3 位于第三象限。例如 $\theta_1 = 30°$，则

$$\theta_2 = 180° - \theta_1 = 150°$$
$$\theta_3 = 180° + \theta_1 = 210°$$

补角关系让我们由 θ_1 的三角函数，能直接推知 θ_2 和 θ_3 对应的三角函数。假如已知 $\sin\theta_1 = \dfrac{1}{2}$，则

$$\sin\theta_2 = \sin\theta_1 = \frac{1}{2}$$

$$\sin\theta_3 = -\sin\theta_1 = -\frac{1}{2}$$

所以补角关系很有用。"

"为何存在这样的关系？"小平问。

"补角关系其实很简单，假设 θ_1 位于第一象限，在单位圆上对应的坐标为 $(a，b)$，而对应的直角三角形如图 10.1（见次页）所示。由于 $\theta_2 = 180° - \theta_1$，它对应的坐标应为 $(-a，b)$，对应的虚拟直角三角形则如图 10.2（见次页）所示（道理很简单，请读者自行想清楚）。

"另一方面，$\theta_3 = 180° + \theta_1$，它对应的坐标应是 $(-a，-b)$，而对应的虚拟直角三角形则如图 10.3（见次页）。由图 10.1～图 10.3，我们马上能得到以下的关系式：

$$\sin\theta_1 = b$$
$$\sin\theta_2 = b \quad \Rightarrow \quad \sin\theta_1 = \sin\theta_2 = -\sin\theta_3$$
$$\sin\theta_3 = -b$$

所以补角关系很简单。"

"我明白了，因为 θ_1 和 θ_2、θ_3 的对应坐标之间有特定的关

系，所以会得到补角关系，道理就跟负角关系一样。"小平理解图 10.1～图 10.3 之后，恍然大悟。

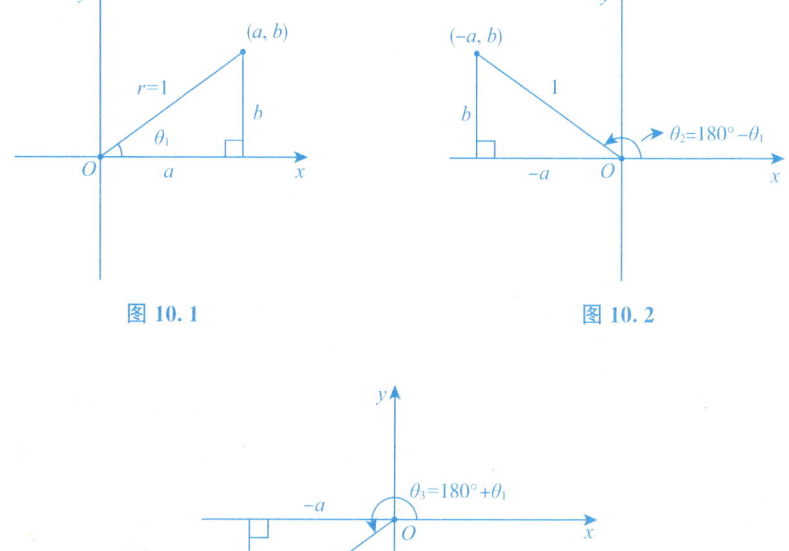

图 10.1   图 10.2

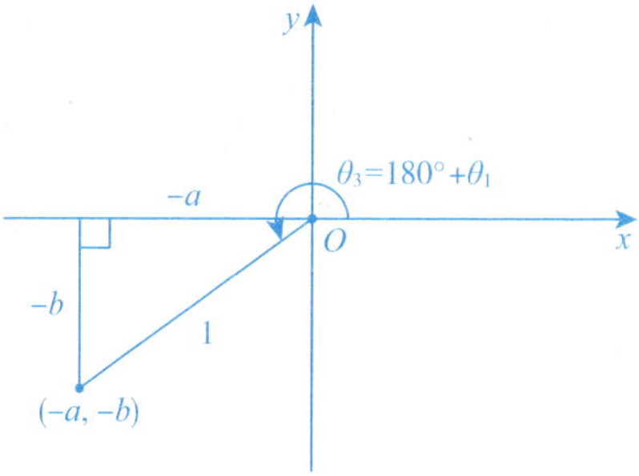

图 10.3

"没错！"大 M 微笑着回答。

"只有 $\sin\theta$ 有补角关系吗？其他五个三角函数，是不是也有补角关系？"小平问。

"不仅 $\sin\theta$，其他各个三角函数也存在补角关系，由图 10.1～图 10.3，很容易得到以下的关系式：

$$\cos\theta_1 = a \quad \Rightarrow \quad \cos\theta_2 = -a = -\cos\theta_1$$

$$\cos\theta_3 = -a = -\cos\theta_1$$

$$\tan\theta_1 = \frac{b}{a}$$

$$\tan\theta_2 = \frac{b}{-a} = -\tan\theta_1$$

$$\tan\theta_3 = \frac{-b}{-a} = \frac{b}{a} = \tan\theta_1$$

（其余类推）

所以，补角关系存在于所有的三角函数中，只是形式略有差异。"大 M 简单地说明补角关系，接着补上一句，"和学习负角关系一样，你只要将图 10.1～图 10.3 在脑袋里仔细想清楚，就完全不需要背公式了。"

"我试试看……"小平认真地将图 10.1～图 10.3 想清楚，果然轻松地将另外三个补角关系很自然地写了出来：

$$\cot\theta_1 = \frac{a}{b}$$

$$\cot\theta_2 = \frac{-a}{b} = -\cot\theta_1$$

$$\cot\theta_3 = \frac{-a}{-b} = \frac{a}{b} = \cot\theta_1$$

$$\sec\theta_1 = \frac{1}{a}$$

$$\sec\theta_2 = \frac{1}{-a} = -\sec\theta_1$$

$$\sec\theta_3 = \frac{1}{-a} = -\sec\theta_1$$

$$\csc\theta_1 = \frac{1}{b}$$

$$\csc\theta_2 = \frac{1}{b} = \csc\theta_1$$

$$\csc\theta_3 = \frac{1}{-b} = -\csc\theta_1$$

"补角关系很简单嘛!"写完之后，小平高兴地说。

"对，不管任何事情，想清楚之后就很简单。最后，跟负角公式一样，不管 θ_1 位于任何象限，补角关系皆成立。例如，$\theta_1 = 120°$ 位于第二象限，则它的两个补角分别为

$$\theta_0 = 180° - \theta_1 = 60°$$

$$\theta_3 = 180° + \theta_1 = 300°$$

因此

$$\sin\theta_1 = \frac{\sqrt{3}}{2}$$

$$\sin\theta_2 = \frac{\sqrt{3}}{2} = \sin\theta_1$$

$$\sin\theta_3 = -\frac{\sqrt{3}}{2} = -\sin\theta_1$$

这个结果，和 θ_1 位于第一象限的情况完全相同。"

"所以跟负角关系一样，只要将 θ 位于第一象限的关系式想清楚，就可以大胆推广至所有角度了吗?"

"没错，正是如此！"大 M 接着问小平，"你认为补角关系能带给我们什么好处？"

"大概是能够从一个已知角度的三角函数，求出另外两个角度的三角函数吧！"

"没错！补角关系能扩展我们的自由度，由已知角度的三角函数，得到未知角度的三角函数。举例来说，假如 θ_1 位于第一象限且 $\sin\theta_1 = \dfrac{1}{4}$，利用这个条件，就可以得到它的两个补角 $\theta_2 = 180° - \theta_1$、$\theta_3 = 180° + \theta_1$ 所对应的所有三角函数。首先，因为 $\sin^2\theta_1 + \cos^2\theta_1 = 1$，所以

$$|\cos\theta_1| = \sqrt{1 - \sin^2\theta_1} = \frac{\sqrt{15}}{4}$$

由于 θ_1 位于第一象限，故 $\cos\theta_1 = \dfrac{\sqrt{15}}{4}$。假如 θ_1 在单位圆上对应的坐标为 (a, b)，则

$$a = \cos\theta_1 = \frac{\sqrt{15}}{4}, \qquad b = \sin\theta_1 = \frac{1}{4}$$

故 θ_1 对应的坐标为 $\left(\dfrac{\sqrt{15}}{4}, \dfrac{1}{4}\right)$。

有了 θ_1 对应的坐标后，我们马上得到 $\theta_2 = 180° - \theta_1$ 对应的坐标及虚拟直角三角形，如图 10.4（见次页）。因此，θ_2 对应的三角函数为

$$\sin\theta_2 = \frac{1}{4}, \qquad \cos\theta_2 = -\frac{\sqrt{15}}{4}$$

$$\tan\theta_2 = -\frac{1}{\sqrt{15}} \qquad\qquad （其余类推）$$

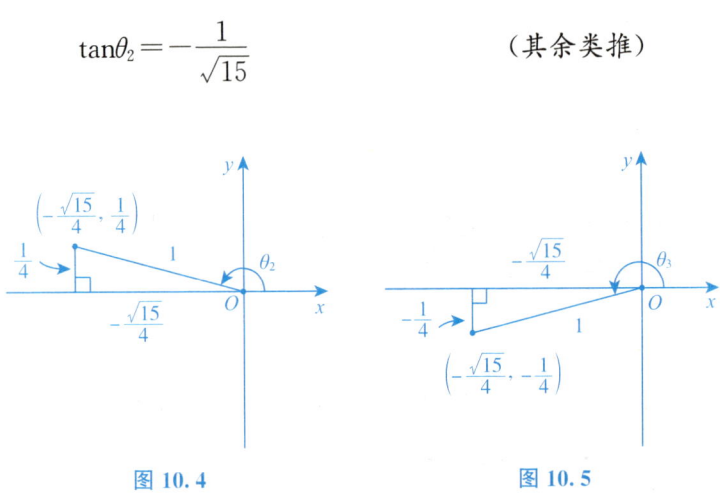

图 10.4　　　　　　　　　　图 10.5

另外，$\theta_3 = 180° + \theta_1$，对应的坐标及虚拟直角三角形如图 10.5，因此 θ_3 对应的三角函数为

$$\sin\theta_3 = -\frac{1}{4}, \qquad\qquad \cos\theta_3 = -\frac{\sqrt{15}}{4}$$

$$\tan\theta_3 = \frac{1}{\sqrt{15}} \qquad （其余类推）。"$$

"虽然还不很熟悉，但我会努力将图 10.1～图 10.3 想清楚，这样的话，补角关系就驾轻就熟了。"小平开始觉得补角关系并不难。

"好好学的话，我想在三角函数这个单元，你有可能达到和阿杰同样的理解程度；继续努力的话，说不定可以超越他。"大M 带着鼓励的语气结束了这一堂课。

★★★★★

小平想起大 M 曾经说过，开窍前和开窍后，最大的差别是能够掌握公式、定理、图形及运算，而不是被它们追着跑。现在虽然还无法完全掌握三角函数，但小平觉得自己已经将颓势慢慢扭转过来，至少被公式定理追着跑的感觉渐渐消失了，取而代之的是慢慢建立起来的一点自信心。

小平突然想起以前打过的一场班级篮球赛，一开始小平的队伍被敌队压着打，打得几乎抬不起头来，结果以悬殊的比分结束上半场，当时队友心里想，这场球输定了。

可是在中场休息的时候，他们聚在一起检讨得失，决定改变战术，希望情况会有所改变。没想到在下半场，情况居然完全改观，双方比分一分一分拉近，最后竟然反败为胜。终场时，大家兴奋地抱在一起，这成为记忆中难以磨灭的一场球赛。

"不管结果如何，我一定要好好打'数学'这场球！"小平暗自勉励自己。

余角关系

"除了负角与补角关系，还有其他关系要学吗?"小平问。

"还有一个关系你必须清楚，那就是余角关系。"大 M 望着小平，简单地回答。

"余角关系? 这不是在锐角三角函数就学过了吗?"小平记得在第 4 堂课曾学过。

"没错，不过当时仅限于 $0°<\theta<90°$，现在要学的是广义三角函数的余角关系。"大 M 解释两者的不同。

"余角关系和补角关系一样简单吗?"小平花时间将补角关系理解清楚后，现在觉得补角关系很简单。

"余角关系稍微复杂一点，不过想清楚了也很简单。现在，我们就来学习余角关系。假定 $0°<\theta<90°$，即 θ 位于第一象限，则它有四个余角，分别为

$$\phi_1=90°-\theta \quad \text{（第一象限）}$$

$$\phi_2 = 90° + \theta \qquad (第二象限)$$

$$\phi_3 = 270° - \theta \qquad (第三象限)$$

$$\phi_4 = 270° + \theta \qquad (第四象限)$$

如图 11.1，四个余角分别位于四个象限，在单位圆上对应坐标点分别为 A_1、A_2、A_3 和 A_4。"

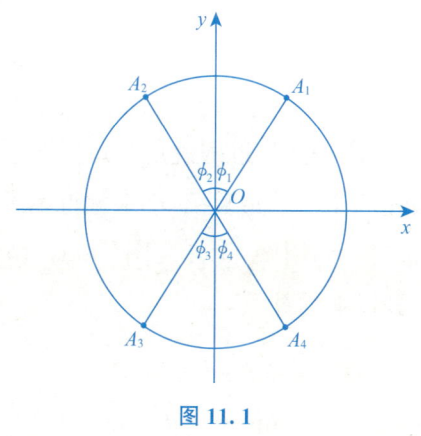

图 11.1

"原来余角有四个，难怪你说余角关系比较复杂。"

"我们先由第一个余角 ϕ_1 学起。图 11.2（见次页）中，假定 θ 在单位圆上对应 A 点坐标为 (a, b)，则对应直角三角形中，θ 的邻边长为 a，对边长为 b。要特别注意的是，直角三角形的另一个内角为 $\phi_1 = 90° - \theta$，它的邻边长为 b，对边长为 a。

"接着，假如 A_1 是 ϕ_1 在单位圆上对应的坐标点，由于 ϕ_1 的邻边长为 b，对边长为 a，故 A_1 的坐标为 (b, a)，而对应的直角三角形如图 11.3（见次页）。"

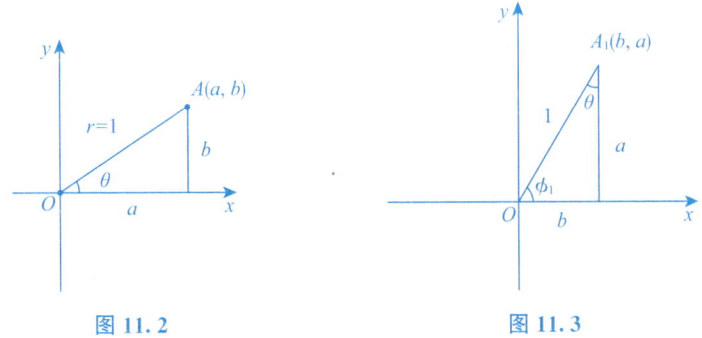

图 11.2　　　　　　　　　图 11.3

"这不难明白，由以前学过的锐角三角形的余角关系，就可以求出 ϕ_1 对应直角三角形的边长。"小平觉得不难。

"你理解得很好。利用图 11.2 及图 11.3，由广义三角函数的定义，便能得到以下的关系：

$$\sin\phi_1 = a = \cos\theta$$
$$\Rightarrow \sin(90°-\theta) = \cos\theta \tag{11.1}$$
$$\cos\phi_1 = b = \sin\theta$$
$$\Rightarrow \cos(90°-\theta) = \sin\theta \tag{11.2}$$

同理可得

$$\tan(90°-\theta) = \cot\theta \tag{11.3}$$
$$\cot(90°-\theta) = \tan\theta \tag{11.4}$$
$$\sec(90°-\theta) = \csc\theta \tag{11.5}$$
$$\csc(90°-\theta) = \sec\theta \tag{11.6}$$

（11.1）式～（11.6）式即 θ 和 ϕ_1 的关系式，其实这些关系在锐

角三角函数已经学过，此处再复习一次。"

"我觉得余角关系并不难，只要想清楚图 11.2 和图 11.3 的对应关系就好了。"小平逐渐能借由图形而非公式来思考，因此问题反而变简单了。

"接着，我们来看第二个余角 $\phi_2 = 90° + \theta$。由前面的图 11.1，可以看出 A_2 和 A_1 对称于 y 轴，若 A_1 的坐标为 (b, a)，则 A_2 的坐标为 $(-b, a)$，因此 A_2 对应的直角三角形如图 11.4。由图 11.2 和图 11.4，我们可以得到以下的关系式：

$$\sin\phi_2 = a = \cos\theta$$
$$\Rightarrow \sin(90° + \theta) = \cos\theta \tag{11.7}$$
$$\cos\phi_2 = -b = -\sin\theta$$
$$\Rightarrow \cos(90° + \theta) = -\sin\theta \tag{11.8}$$

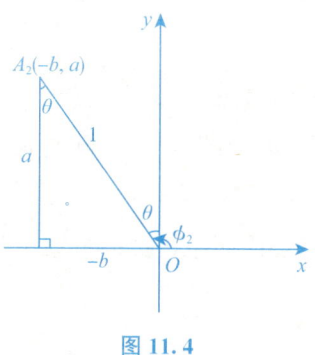

图 11.4

同理可证

$$\tan(90° + \theta) = -\cot\theta \tag{11.9}$$

$$\cot(90°+\theta)=-\tan\theta \qquad (11.10)$$

$$\sec(90°+\theta)=-\csc\theta \qquad (11.11)$$

$$\csc(90°+\theta)=\sec\theta \qquad (11.12)$$

(11.7) 式～(11.12) 式，即 θ 和第二个余角 ϕ_2 之间的关系式。"

小平说："跟前面的道理一样，只要将 θ 和 ϕ_2 对应坐标之间的关系想清楚就好了，完全不必背！"

"对，余角公式不需要背，不过一流的学生通常会反复推导公式并思考图形的意义，往往不必背公式，就自然将它们记在脑海里，这是你可以学习的地方。"大 M 提醒小平，单单理解还不够，必须再进一步自然而然地将图形及公式记下来，才算完成学习。

"你是说我要多思考图 11.2～图 11.4 的对应关系，并且花时间推导 (11.1) 式～(11.12) 式，然后把它们自然记下来？"小平问。

"没错！这样的话，你会进步得很快。"

"好，我会照着你的话做。"小平肯定地回答。

"余角虽然有四个，不过，(11.1) 式～(11.12) 式是最常用的余角公式。为了加深印象，我们举例说明。

例 1：假设 θ 位于第一象限并且 $\sin\theta=\dfrac{2}{3}$，求它的两个余角 $\phi_1=90°-\theta$ 及 $\phi_2=90°+\theta$ 对应的所有三角函数。

解析：首先，由 $\sin^2\theta+\cos^2\theta=1$，我们得到

$$|\cos\theta| = \sqrt{1-\sin^2\theta} = \frac{\sqrt5}{3}$$

因为 θ 位于第一象限，所以 $\cos\theta = \frac{\sqrt5}{3}$。假如 θ 在单位圆上对应的坐标为 (a, b)，则

$$a = \cos\theta = \frac{\sqrt5}{3}, \qquad b = \sin\theta = \frac{2}{3}$$

接着，我们可以由两个方法，得知 ϕ_1 对应的三角函数。第一个方法是直接代（11.1）~（11.6）的公式即可（省略）。而第二个方法，是先找出 ϕ_1 对应的坐标为

$$(b, a) = \left(\frac{2}{3}, \frac{\sqrt5}{3}\right)$$

故 ϕ_1 对应的直角三角形如图 11.5（见次页）所示，因此由定义会得到

$$\sin\phi_1 = \frac{\sqrt5}{3}, \qquad \cos\phi_1 = \frac{2}{3}$$

$$\tan\theta_1 = \frac{\sqrt5}{2} \qquad （其余类推）$$

另一方面，由于 ϕ_2 对应的坐标与 ϕ_1 对称于 y 轴，因此 ϕ_2 对应的坐标为

$$(-b, a) = \left(-\frac{2}{3}, \frac{\sqrt5}{3}\right)$$

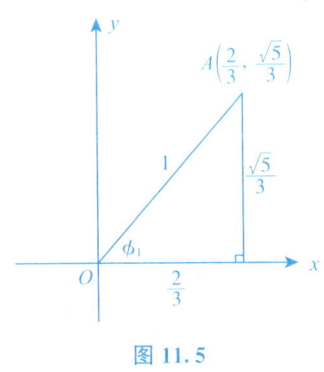

图 11.5

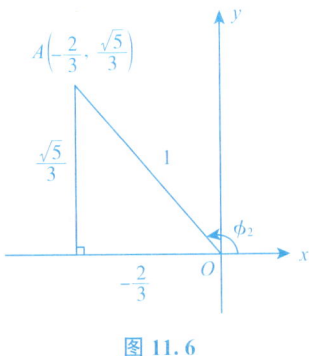

图 11.6

所以 ϕ_2 对应的直角三角形如图 11.6，因此

$$\sin\phi_2=\frac{\sqrt{5}}{3}, \qquad \cos\phi_2=-\frac{2}{3}$$

$$\tan\phi_2=-\frac{\sqrt{5}}{2} \qquad （其余类推）。''$$

"这不难，先利用 θ 的坐标得到 ϕ_1 对应的坐标，再由 ϕ_1 推导出 ϕ_2 对应的坐标，自然能知道它们对应的三角函数。"小平回答得很有信心。

"最后，我们来说明另外两个余角关系（$\phi_3=270°-\theta$ 和 $\phi_4=270°+\theta$）。假定 θ 在单位圆上对应 A 点的坐标为（a，b），则 ϕ_1 对应的 A_1 点坐标为（b，a）。回到图 11.1，由于 A_3 和 A_1 对称于原点，故 A_3 的坐标为（$-b$，$-a$），而对应的直角三角形如图 11.7（见次页）。由图 11.2 和图 11.7，并根据定义，就得到以下的关系式：

$$\sin\phi_3=-a=-\cos\theta$$

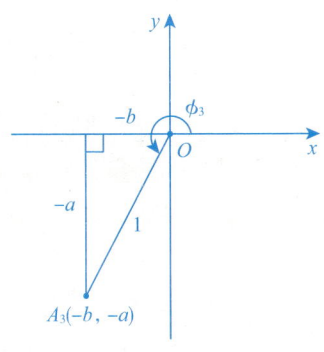

图 **11.7**

$$\Rightarrow \sin(270° - \theta) = -\cos\theta \tag{11.13}$$

$$\cos\phi_3 = -b = -\sin\theta$$

$$\Rightarrow \cos(270° - \theta) = -\sin\theta \tag{11.14}$$

$$\tan\phi_3 = \frac{-a}{-b} = \frac{a}{b} = \cot\theta$$

$$\Rightarrow \tan(270° - \theta) = \cot\theta \tag{11.15}$$

（其余类推）

另外，A_4 和 A_1 对称于 x 轴，所以 A_4 的坐标为（b，$-a$），对应的直角三角形如图 11.8（见次页）。由图 11.2 和图 11.8 及定义，就得到以下的关系式：

$$\sin\phi_4 = -a = -\cos\theta$$

$$\Rightarrow \quad \sin(270° + \theta) = -\cos\theta \tag{11.16}$$

$$\cos\phi_4 = b = \sin\theta$$

$$\Rightarrow \quad \cos(270° + \theta) = \sin\theta \tag{11.17}$$

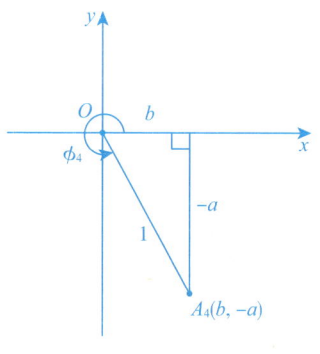

图 11.8

$$\tan\phi_4 = \frac{-a}{b} = -\cot\theta$$

$$\Rightarrow \quad \tan(270°+\theta) = -\cot\theta \qquad (11.18)$$

（其余类推）。"

小平说："我明白了，假如 θ 位于第一象限，那么它的四个余角就分别为

$$\phi_1 = 90°-\theta \quad （第一象限）$$

$$\phi_2 = 90°+\theta \quad （第二象限）$$

$$\phi_3 = 270°-\theta \quad （第三象限）$$

$$\phi_4 = 270°+\theta \quad （第四象限）$$

若 θ 在单位圆上对应的坐标为 (a, b)，四个余角对应的坐标就是

$$\phi_1 \Rightarrow (b, a)$$

$$\phi_2 \Rightarrow (-b, a)$$

$$\phi_3 \Rightarrow (-b, \ -a)$$

$$\phi_4 \Rightarrow (b, \ -a)$$

只要清楚它们之间的坐标关系，自然就能得到余角公式。"

"没错，你的理解完全正确！"大 M 对小平越来越有信心，"就像负角与补角关系一样，余角关系可以更进一步扩展我们的自由度。例如，已知 $\sin\theta$ 及 θ 所在的象限，就可以由负角与补角关系，推知另外三个角度的所有三角函数，再由余角关系，就可以进一步推知四个余角的所有三角函数。"

"所以由 $\sin\theta$ 及 θ 所在的象限，就能推知另外七个角度的所有三角函数！"小平说。

"没错！"大 M 微笑响应。

"还能推知其他角度的三角函数吗?"小平继续追问下去。

"可以！接下来你还会学到，利用'倍角公式'，可以推知 2θ 对应的三角函数，之后还可以推知 3θ、4θ、5θ 等角度对应的三角函数。"

"所以任何一个三角函数（例如 $\sin\theta$），都像一个窗口，引领我们进入一个广阔的世界！"小平有感而发。

"你说得很好，这句话像是数学家说的。"大 M 对小平的进步感到高兴，"你现在已经慢慢能体会数学的内涵，不再只是背公式解题目了……"

"我还有一个问题：假如 θ 不在第一象限，余角关系还会成立吗?"

"不管 θ 在哪个象限，余角关系都成立！只要将 θ 位于第一象限的对应关系想清楚，就可以大胆应用至所有角度。"

小平继续问："之前学到的负角与补角关系，它们和余角关系有没有什么关联？"

"嗯，这个问题非常好！它们之间的确有很大的关联。我们知道 θ 的四个余角分别为

$$\phi_1 = 90° - \theta$$
$$\phi_2 = 90° + \theta$$
$$\phi_3 = 270° - \theta$$
$$\phi_4 = 270° + \theta$$

因此

$$180° - \phi_1 = 180° - (90° - \theta) = 90° + \theta = \phi_2$$
$$\Rightarrow \phi_2 - 180° = -\phi_1$$
$$180° + \phi_1 = 180° + (90° - \theta) = 270° - \theta = \phi_3$$
$$\Rightarrow \phi_3 = 180° + \phi_1$$

所以，ϕ_2 和 ϕ_3 其实是 ϕ_1 的两个补角。另一方面

$$360° - \phi_1 = 360° - (90° - \theta) = 270° + \theta = \phi_4$$
$$\Rightarrow \phi_4 = 360° - \phi_1 = -\phi_1$$

故 ϕ_4 其实是 ϕ_1 的负角。因此，假如已知 ϕ_1 对应的坐标，那么利用负角及补角关系，也可以得到 ϕ_2、ϕ_3 和 ϕ_4 对应的三角函数。"

"学到这里，我现在对负角、补角及余角关系，感觉又不一样了！"小平有所领悟。

大 M 接着说："在第 6 堂课，你了解了广义角的由来，接

着在第 7 到第 11 堂课，又学习了以下的核心知识：

● 广义角
● 正负角互换与同界角
● 角度 θ、对应的 A 点坐标及虚拟直角三角形之间的关系
● 广义三角函数
● 负角公式
● 特别角对应的三角函数
● 补角关系
● 余角关系

假如你能好好建构这些核心知识，后面学习新单元时，不仅不会感到心虚，而且还会很有信心！"

"经过一段时间的思考和练习，现在我对这些知识越来越熟悉了，我有信心学习后续的单元。"小平带着腼腆的笑容回答。

上完 11 堂课之后，小平感觉自己有点不一样了，他学会由图形去理解原理及公式，也会用图形处理问题，逐渐脱离以往背公式记题型的学习模式，同时思维也变得灵活，能多方面思考问题，而不再局限于固定的做法。虽然漫长的路目前只走了一半，但小平逐渐有了信心，相信最后终能破茧而出……

part C

三角形边角关系

part C

第 **12** 堂课
三角形面积

　　"我一直搞不懂，为什么大多数人觉得很难的数学，却有少数人觉得简单?"小平突然问大 M。

　　"你提到'难'这个字，那你能解释什么是'难'吗?"大 M 转过身来问小平。

　　"……这好像有点难回答……"小平想了一会儿说，"我认为想很久还不懂的事，就是难。"

　　"其实'难'可以分为两种，第一种是'真正的难'，它的难在于知识概念非常抽象，背后的逻辑相当隐晦，需要非常深入的思考，才能够理解。在高等数学里，有些定理观念是属于这一类型，它们真的很难，一般人很难理解。不过，在高中阶段所学习的数学，观念都很直接，逻辑也很简单，所以都不属于这一类型，换句话说，高中阶段并没有真正难的数学。"

　　"那么第二种'难'是什么呢?"小平对这个问题很感兴趣。

　　"一般高中生所谓的难，其实是'不熟悉的难'，即所要学

156

的概念本身并不难，但由于不熟悉它背后的运作逻辑，所以让人感觉难。大多数人都有这样的经验：小学六年级的时候，回头看四年级的分数运算，会觉得很简单，但在四年级的时候，学起来并不容易；同样你现在回头看以前学过的二元一次方程式，会觉得很简单，但当时可能伤透脑筋。为什么呢？因为小学六年级已经熟悉分数的运算逻辑，而你现在已经熟悉未知数的概念，所以就不觉得难了。"

"你的意思是：我们所谓的难，只是因为不熟悉，而不是真的难？"

"对，就像我们因为不熟悉某些原始部落的习俗，会认为他们的生活方式难以理解。假如有位人类学家加以说明，你熟悉他们的习俗之后，你不但不觉得奇怪，甚至会认为，像我们这种大量耗费自然资源的生活方式，才真的难以理解呢！"大 M 回答。

"好像真的是这样，熟悉一件事情之后就不觉得难。可是，在第一次学新单元的时候，怎么可能熟悉？"

"你抓到重点了！"大 M 语带赞许，"刚刚的说明是希望你了解，高中阶段的数学本质上都不难，所以心理上不要害怕，你一定可以懂，而且懂得透彻。其次，就是你说的，第一次学新单元的时候，怎么可能熟悉？这才是难处所在。大多数人觉得数学难，是因为无法很快熟悉新单元的运作逻辑，但考试题目已经接踵而至，所以就觉得难。若能在短时间内熟悉新单元的运作逻辑，便可以克服数学这道难题。"

"你的话有点道理，但每次学新单元的时候，我都很努力想要熟悉呀，但就是不懂……"小平想到自己的学习经验，就感到有点儿沮丧。

"其实很多人都和你一样，所以不要灰心。"大 M 试着安慰小平，"如何在短时间内熟悉数学的运作逻辑呢?

方法只有一个，就是手脑并用。

譬如学三角函数时，你必须勤用双手作图及推导公式，同时动脑筋思考公式与图形间的关系。很多人认为数学是一门数字的学科，这其实是很大的错误，图形在数学里扮演的角色，和数字一样重要，两者结合，才能使数学成为漂亮且完备的学科，所以，

要精通数学，必须同时熟悉图形与数字。

以第 9 堂课刚学过的负角公式为例，你应该好好画图 9.1，并且思考负角公式的意义，多画几回、多想几遍之后，图 9.1 就自然印在脑海里了，而负角公式也不必背，就自然而然存在心中了。"大 M 慢慢阐述他的观点。

"可是，我以前努力背公式记题型，不也是很快就熟悉新单元了吗?"小平紧接着问。

"注意，我说的是熟悉新单元'背后的运作逻辑'，而不是熟悉新单元的'表面公式'。背公式记题型，不可能让你熟悉数学的运作逻辑，而这些运作逻辑才是真正的重点，也是你应该投注时间去建立的核心知识框架。"

"你说得没错，背公式记题型的学习方式，让我觉得心虚，感觉就像踏在浮板上，随时可能掉到海里似的。"

"你的比喻很好，谁都不喜欢踏在浮板上的感觉。当你能手脑并用，借着作图和推导公式熟悉每一个单元的运作逻辑，感觉就会变成像踏在石阶上，不仅稳固，还步步高升呢！"

"我明白你的观点，就是在心理上不要害怕数学，因为它的本质不难，接着只要手脑并用，就能在短时间内熟悉新单元的运作逻辑，一旦做得到，数学就不难了。"

"完全正确，希望你好好走下去，你一定办得到。"

"这堂课要上什么？"小平接着问。

"之前，我们学习广义三角函数的特性，从这堂课开始，我们会进入一个新单元，学习如何利用广义三角函数，来处理三角形和多边形的边角关系。"

"终于开始学广义三角函数的应用了！"小平有点兴奋。

"我们由最简单的应用谈起。你应该记得，所有多边形都能由三角形组合而成，例如图 12.1 的五边形，可以由三个三角形组合而成。"

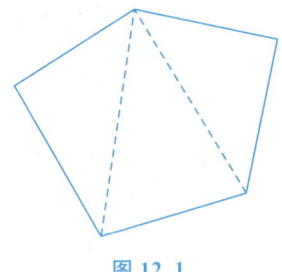

图 12.1

"对，画了图就很容易看出来。"小平随即回答。

"我也曾说过，任何三角形都可以由直角三角形组成，因此，任何多边形的边长、角度及面积，都可以借由直角三角形求得。"

"没错！"

"先问你一个问题：三角形的面积怎么算？"

"当然知道是 $\frac{1}{2}$ 底×高，我小学就会了。"小平觉得这个问题似乎太简单了。

"好，但假如像图 12.2，你只知道 $\triangle ABC$ 的两个边长分别为 a 和 b 及它们的夹角 θ，那么三角形面积怎么算？"

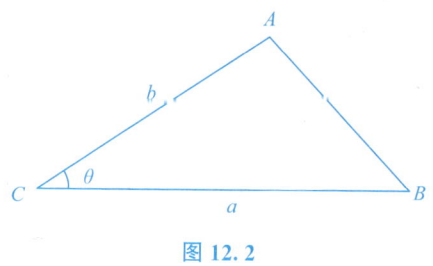

图 12.2

"……"小平一时不知道如何作答。

"其实也很简单，如图 12.3（见次页），我们由 $\angle A$ 作一条垂线，则高度为 $h = b \cdot \sin\theta$，故三角形的面积 A 为

$$A = \frac{1}{2}ah = \frac{1}{2}ab\sin\theta \qquad (12.1)$$

（12.1）式告诉我们，只要知道三角形任意两个边长与它们的夹角，就可以算出面积。"

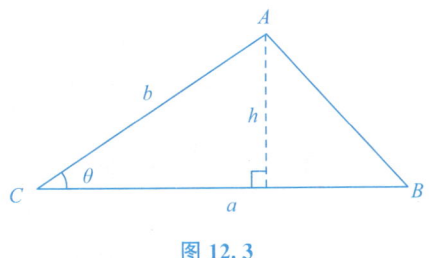

图 12.3

"不管 $\theta < 90°$ 或 $\theta > 90°$ 都成立吗?"小平问。

"都成立,不过我建议你自己画一个 $\theta > 90°$ 的三角形,进行同样的证明。记得刚刚讲的,要手脑并用!"大 M 鼓励小平自己试着证明,才能真正理解。

于是,小平画了一个 $\theta > 90°$ 的三角形,果然很容易就证明三角形面积等于 $\frac{1}{2}ab\sin\theta$。(建议读者不妨也自行证明。)

"(12.1)式可以应用到一些特别的三角形中,例如图 12.4,是一个边长为 a 的正三角形。

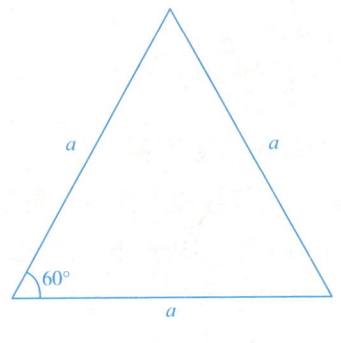

图 12.4

因为正三角形每个内角皆为 60°，因此面积等于

$$A = \frac{1}{2} \times a \times a \times \sin 60° = \frac{\sqrt{3}}{4} a^2$$

所以将（12.1）式想清楚，正三角形的面积公式不必背，就自然记在心中了。"

"我懂了，所以像图 12.5 的等腰三角形，两个腰的长度为 a，而夹角为 θ，面积就等于

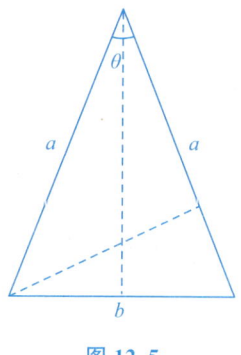

图 12.5

$$A = \frac{1}{2} \times a \times a \times \sin\theta = \frac{1}{2} a^2 \sin\theta$$

所以，等腰三角形的面积也很容易算。"

"很好，能够举一反三，代表你对三角形面积的观念很清楚。现在，我们将它应用到多边形上。图 12.6（见次页）是一个平行四边形，它的长边长为 a，短边长为 b，而夹角为 θ，你能算出它的面积吗？"大 M 问小平。

　　"这不难，只要如图 12.7 作一条辅助线，这个平行四边形就成为两个相同的三角形的组合，所以面积 A 为

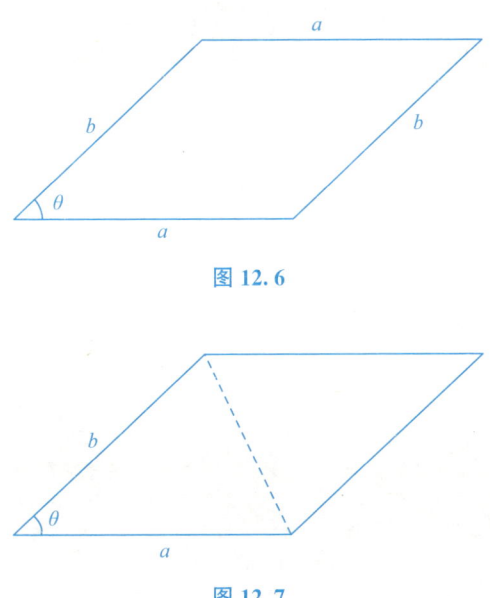

图 12.6

图 12.7

$$A = 2 \times \left(\frac{1}{2} ab\sin\theta \right) = ab\sin\theta。"$$

　　"你答得很好！"大 M 语带鼓励，"现在，我们应用到更难一点的四边形上，譬如图 12.8（见次页）的不规则四边形 $PQRS$。首先，你知道它的四个内角和等于几度吗？"

　　"这也不难，如图 12.9（见次页）作一条辅助线，就可以看出一个四边形能拆成两个三角形，它的四个内角和就等于两个三角形的内角和，所以是 $2 \times 180° = 360°$。"小平自信地回答。

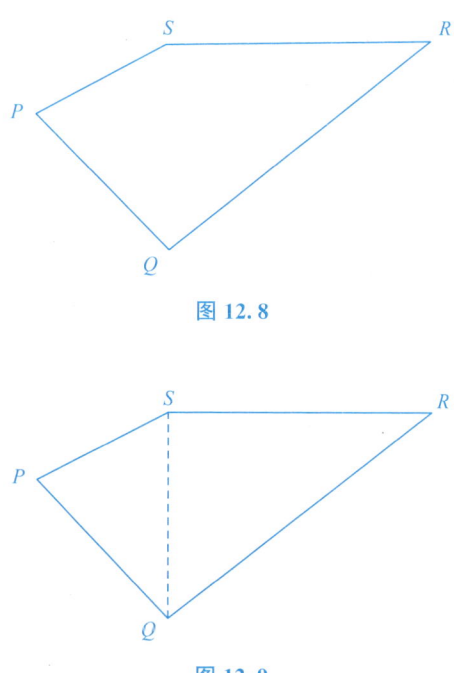

图 12.8

图 12.9

"没错，观念还是来自任何四边形，皆可以分解为两个三角形的组合。"

"以此类推，任何五边形，都可分解为三个三角形的组合，所以内角和为 $3 \times 180° = 540°$；任何六边形，都可分解为四个三角形的组合，所以内角和为 $4 \times 180° = 720°$；因此，任何 n 边形 $(n \geqslant 3)$，都可分解为 $(n-2)$ 个三角形的组合，所以它的内角和为 $(n-2) \times 180°$。"小平很快掌握到了核心概念。

"你很聪明，马上就能将结果推演到所有 n 边形。接下来，如图 12.10（见次页），已知四边形 $PQRS$ 的四个边长分别为 a、

b、c、d，而且 $\angle P=\alpha$，$\angle R=\theta$，那么它的面积等于多少?" 大 M 试着考小平。

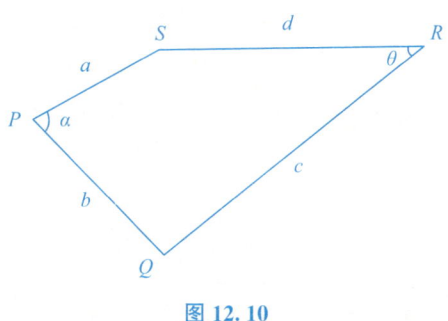

图 12.10

"这很简单，如图 12.11，利用一条辅助线，就知道四边形面积 A 等于

$$A=\frac{1}{2}ab\sin\alpha+\frac{1}{2}cd\sin\theta$$

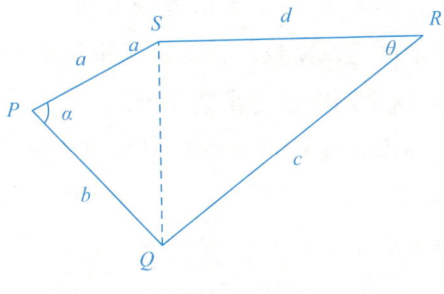

图 12.11

这个问题很简单。" 小平马上掌握了要领。

"现在，如图 12.12（见次页），同样已知 a、b、c、d，但

已知∠*P*=α，∠*S*=β，那么四边形的面积等于多少?"大 M 继续深入。

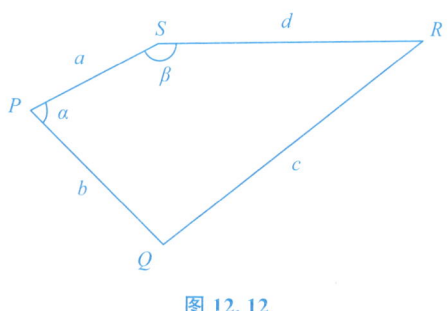

图 12.12

这个问题看起来似乎不难，但小平低头想了很久，最后不得不放弃。

大 M 安慰小平："这个问题并不简单，因为以你现在学到的观念，还无法处理这样的问题。"

"那还需要什么观念?"小平抬头问大 M。

"就是接下来两堂课要教的正弦定理和余弦定理，有了这两个定理当工具，这个问题就变得很简单。"

"太棒了，那你赶快教我正弦定理和余弦定理!"小平有点急切。

"不急，慢慢来……"大 M 微笑着说。

于是小平怀着期待的心情，等着学习正弦定理和余弦定理，一步一步深入三角函数的核心。

附记：缀补缺块

　　这段时期，小平借着和大 M 上课的时候，将公式、定理及图形的意义想清楚，之后再练习参考书上的题目，以找出认识上的盲点并熟悉题型变化。果然如大 M 说的，原先像浓雾一样模糊的观念，越来越清晰，而以前小平心中那种不安的感觉消失了，取而代之的是逐渐增强的信心。

　　小平自己并没有发觉，其实他已经渐渐养成了一个好习惯，就是会习惯性地思考：为何会有这个公式？它真正的意义是什么？它有什么用？而在他练习做题目时，也会习惯性地思考：这个题目和什么观念有关？是否有其他解法？哪一种做法最精准？……这个思考的习惯，使他越来越接近数学的本质，也渐渐能够掌控当前所学的数学知识点。当然，代价是花在思考上的时间增加了，不过与得到的收获相比，却是值得的。

　　但是，小平心中仍然有一个大问题没有解决……

　　"虽然，我逐渐可以掌控三角函数，但因为以前有很多观念没弄清楚，所以在练习做题目时，假如解题需要用到以前的观念，常常就会不知所措，遇到这种情形时，我该怎么办呢？"小平将自己的问题说出来，希望大 M 帮助他。

"这个问题是长期累积的结果，所以不可能在短期内解决，但是不用担心，只要照着我的话做，就会慢慢解决的。

"首先，三角函数很少用到其他单元的知识，所以从第 1 堂课到现在为止，假如你对所学到的知识都理解得很透彻的话，大部分的问题应该都可以处理。换句话说，就算以前的认识不清楚，考试成绩也应该不差才对。

"其次，做题目的时候，偶尔还是会用到以前学过的知识，例如以下的题目：

假如 $\sin\theta$ 和 $\cos\theta$ 是方程式 $5x^2+7x+m=0$ 的两个根，求 m 的值。

这个题目用到一元二次方程式的观念，假如你对一元二次方程式不清楚的话，怎么办呢？最好的方式，就是趁这个机会，花些时间将一元二次方程式的概念弄清楚，这是一劳永逸的做法……"

"可是在上课期间，学习新知识都来不及了，哪有时间复习以前学过的东西？"小平不经意打断大 M 的话。

"记得我说过，小学六年级时，回头看四年级的数学，会觉得很简单！所以，现在回头重新学以前学过的概念，例如一元二次方程式，也会觉得简单多了（详见这堂课的附录）。"

小平用心看了附录关于一元二次方程式的说明之后，开心地说："你说得对，以前觉得难的知识，现在已经不觉得那么难了。"

"现在，来谈谈你面临的真正问题——如何将以前不清楚的概念重新学好。解决这个问题的方法很简单，但时间可能需要拉得长，而且需要恒心及毅力去完成。

Step 1：

在学期中，用心将三角函数学好，并且借着这个机会建立正确的学习方法和思考习惯，训练你自己的头脑，体会知识的本质，并灵活应用来处理问题。有了好的学习方法和思考习惯，就能有效进行以下两个阶段的重新学习。

Step 2：

利用寒暑假期间，从初一上学期的数学课本重新学起，直到学完初三下学期的数学课本为止。假如你能以好的方式重新学这些课程，会发觉它们变得很简单，而且学到的概念会清晰地留在脑海里。不要担心总共六册的分量很多，因为你的程度已经不一样了，花两三个月的时间，一定可以重新学完。学完之后，会有一种脱胎换骨的感觉。

Step 3：

最后，再利用寒暑假期间，将三角函数内容之前学习过的高中数学，以相同的方式重新学习，这样就能将以前的缺块补齐。就像拼图一样，当你将一块块散落各处的图片慢慢组合起来，最后就会完成一幅美丽的图案。

假如你真能努力做到的话，我相信你的数学水平一定可以赶上阿杰，甚至超越他!"

大 M 带着鼓励的语气，结束了这段对话。

附录：一元二次方程式

假设 p、q 是一元二次方程式 $ax^2+bx+c=0$ 的两个根，其中 a、b、c 为任意实数，而 $a\neq0$。

Q1：它的根是什么呢？

我们可以将 $ax^2+bx+c=0$ 化简为

$$x^2+\frac{b}{a}x+\frac{c}{a}=0 \qquad (A1)$$

若 p、q 是 $ax^2+bx+c=0$ 的两个根，表示当 $x=p$ 或 $x=q$ 时，$ax^2+bx+c=0$。因此，$x^2+\frac{b}{a}x+\frac{c}{a}=0$ 可以分解为

$$(x-p)(x-q)=0 \qquad (A2)$$

Q2：系数 a、b、c 和两个根 p、q 之间，有何关系呢？

由于（A1）可以分解为（A2），所以它们代表相同的方程

式。我们可以将（A2）展开成为

$$(x-p)(x-q)=0 \Rightarrow x^2-(p+q)x+p \cdot q=0 \quad \text{（A3）}$$

比较一下（A3）和（A1），可以得到以下两个关系式：

$$p+q=-\frac{b}{a} \quad \text{（A4）}$$

$$p \cdot q=\frac{c}{a} \quad \text{（A5）}$$

（A4）和（A5），即系数 a、b、c 和两个根 p、q 之间的关系，称为"**根与系数关系式**"。这两个关系式，在三角函数的题目中常出现，请读者用心体会。

Q3：(p, q) 如何用 (a, b, c) 表示？

我们由（A2）出发，利用以下的推导，就可以求得两个根 p 及 q：

$$x^2+\frac{b}{a}x=-\frac{c}{a}$$

$$\Rightarrow x^2+\frac{b}{a}x+\left(\frac{b}{2a}\right)^2=-\frac{c}{a}+\left(\frac{b}{2a}\right)^2$$

$$\Rightarrow \left(x+\frac{b}{2a}\right)^2=\frac{b^2}{4a^2}-\frac{c}{a}=\frac{b^2-4ac}{4a^2}$$

$$\Rightarrow x+\frac{b}{2a}=\pm\sqrt{\frac{b^2-4ac}{4a^2}}=\pm\frac{\sqrt{b^2-4ac}}{2a}$$

$$\Rightarrow x=\frac{-b}{2a}\pm\frac{\sqrt{b^2-4ac}}{2a}=\frac{-b\pm\sqrt{b^2-4ac}}{2a}$$

$$\Rightarrow p = \frac{-b + \sqrt{b^2 - 4ac}}{2a}, \qquad q = \frac{-b - \sqrt{b^2 - 4ac}}{2a} \quad \text{(A6)}$$

（A6）是非常重要的式子，最好能记在脑海里，以后随时用得着。

Q4：什么是"判别式"？

由（A6）得知，假如 $b^2 - 4ac \geqslant 0$，则 p、q 皆为实数，即 $ax^2 + bx + c = 0$ 有实数根；反之，若 $b^2 - 4ac < 0$，则 $ax^2 + bx + c = 0$ 没有实数根。$\Delta = b^2 - 4ac$ 被称为"判别式"，用来判断 $ax^2 + bx + c = 0$ 是否有实数根。

以上（A4）和（A5）两个关系式，表示两个根与三个系数之间的比例关系，而（A6）则是两个根与三个系数之间的精确数值关系。把这三个式子想清楚之后，面对有关一元二次方程式的问题，就轻松自在了。

例：假如 $\sin\theta$ 和 $\cos\theta$ 是 $5x^2 + 7x + m = 0$ 的两个根，求 m 的值。

解析：由根与系数之间的关系，可以得知

$$\sin\theta + \cos\theta = -\frac{7}{5} \qquad \text{(B1)}$$

$$\sin\theta \cdot \cos\theta = \frac{m}{5} \qquad \text{(B2)}$$

将（B1）平方，则

$$(\sin\theta+\cos\theta)^2=\sin^2\theta+2\sin\theta\cdot\cos\theta+\cos^2\theta=\left(-\frac{7}{5}\right)^2$$

接着，利用 $\sin^2\theta+\cos^2\theta=1$ 的特性及（B2），就可以求得 m：

$$1+\frac{2m}{5}=\frac{49}{25} \quad \Rightarrow \quad m=\frac{12}{5}$$

的时候，用心思考新单元的内容，试着自己提出问题并解答，如果想不出答案，就在隔天请教同学或老师，这样就能渐渐领悟知识的本质。

"例如，当初学分数加法的时候，假如你能问自己：分数是什么？为什么要通分？难道一定要全部通分才能相加吗？有没有更好的方法？……当你找到这些问题的答案时，对分数的四则运算，一定有不同的认识。"大 M 接着说，"这个过程虽然比较辛苦，但得到的成就感，会让人回味无穷。"

"我明白你的意思了，以后我会善用零碎的时间，希望能掌握知识的本质。"小平肯定地回答。

大 M 带着鼓励说："只要你坚定去做，一定做得到。"

"这堂课，是不是要学上一堂课提到的正弦定理？"小平问。

"没错，图 13.1（见次页）是一个任意三角形，其中 a、b、c 为三个边长，而 $\angle A$、$\angle B$、$\angle C$ 分别为它们的对角。正弦定理告诉我们，三个边长 a、b、c 和它们的对角之间，存在特定的比例关系。"

"喔？"小平仔细聆听。

"正弦定理很简单，以图 13.1 为例，我们由 $\angle C$ 作一条垂线至它的对边，成为图 13.2（见次页）。假如垂线的长度为 h，则

$$h = a \cdot \sin B = b \cdot \sin A$$

$$\Rightarrow \frac{a}{\sin A} = \frac{b}{\sin B} \tag{13.1}$$

即边长 a 和它的对角取 sin 的比值，等于边长 b 和它的对角取

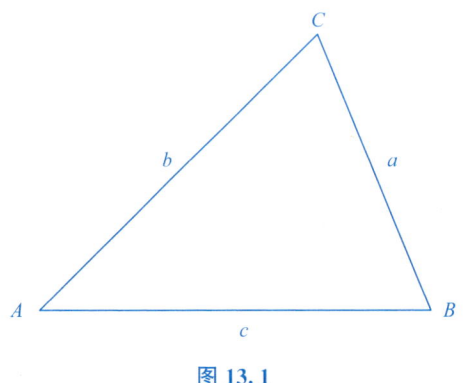

图 13.1

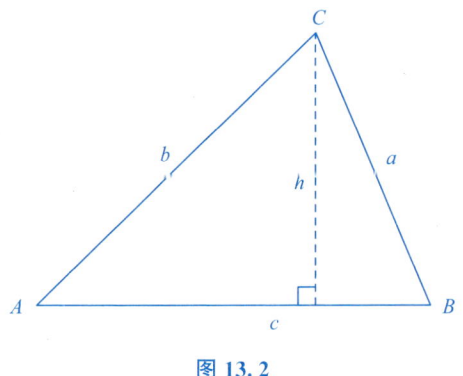

图 13.2

sin 的比值。同理，如图 13.3（见次页），我们由 $\angle A$ 作一条垂线至它的对边，假如垂线长度为 h'，则

$$h' = b \cdot \sin C = c \cdot \sin B$$

$$\Rightarrow \frac{b}{\sin B} = \frac{c}{\sin C} \qquad (13.2)$$

最后，结合（13.1）式和（13.2）式，便得到'正弦定理'：

$$\frac{a}{\sin A} = \frac{b}{\sin B} = \frac{c}{\sin C} \qquad (13.3)$$

（13.3）式告诉我们，三角形的边长及其对角之间，存在固定的比例关系，这个关系就由正弦定理来决定。"

"我知道了，以前学过'大角对大边'的概念，但是不晓得多大的角对应多大的边，有了正弦定理，一切就很清楚了!"

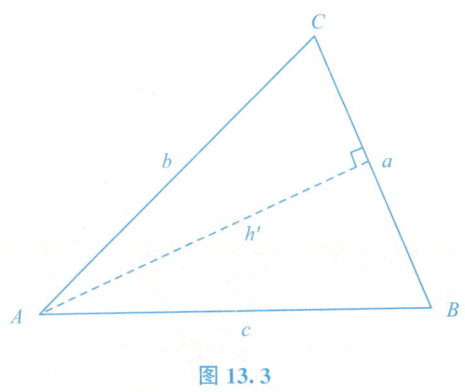

图 13.3

"很好，能将新观念联结到已有的观念，是非常好的学习方法。"

"你是说新的知识，最好能联结到已有的旧知识?"

"对，这会让你的知识基础更稳固，也更能灵活应用。"大 M 肯定地回答。

"好，我会记得的。现在可以告诉我如何应用正弦定理了吗?"

"以下我们用例子来说明，加深你对正弦定理的理解。

例 1：如图 13.4，已知 $\angle C = 30°$，$\angle B = 45°$ 及边长 $\overline{AC} = 10$，求 $\angle A$ 及 $\overline{BC}$ 和 $\overline{AB}$。$\left(\text{注：}\sin 105° = \dfrac{\sqrt{6} + \sqrt{2}}{4}。\right)$

解析：由于三角形内角和等于 180°，因此

$$\angle A = 180° - \angle B - \angle C = 105°$$

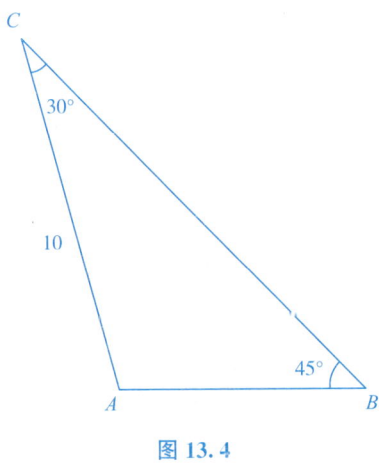

图 13.4

接着，利用正弦定理得到

$$\frac{\overline{AC}}{\sin B} = \frac{\overline{AB}}{\sin C} \quad \Rightarrow \quad \overline{AB} = 10 \times \frac{\sin 30°}{\sin 45°} = 5\sqrt{2}$$

$$\frac{\overline{AC}}{\sin B} = \frac{\overline{BC}}{\sin A} \quad \Rightarrow \quad \overline{BC} = 10 \times \frac{\sin 105°}{\sin 45°} = 5(\sqrt{3} + 1)$$

所以，在已知两个内角及一个边长的情形下，借着正弦定理，就可得知其余的边长及角度。"

　　"这个例题不难，不过我已经能看出正弦定理的用处了。"小平马上体会正弦定理的应用。

　　"这个例题之所以容易，关键在于利用'三角形内角和等于180°'的特性，接下来的例题和例1有点类似，但因为无法利用'内角和等于180°'的特性，所以比较难。

例2：$\triangle ABC$ 中，已知 $\angle A=30°$，$\overline{AB}=6\sqrt{2}$，$\overline{BC}=6$，求 $\angle B$、$\angle C$ 及 $\overline{AC}$。$\left(\text{注：} \sin105°=\dfrac{\sqrt{6}+\sqrt{2}}{4}, \sin15°=\dfrac{\sqrt{6}-\sqrt{2}}{4}。\right)$

解析：由于只知道一个内角，我们无法利用三个内角和为180°的关系式，故直接由正弦定理着手。因为 $\overline{AB}=6\sqrt{2}$，$\overline{BC}=6$，$\angle A=30°$，因此

$$\frac{\overline{AB}}{\sin C}=\frac{\overline{BC}}{\sin A} \ \Rightarrow \ \sin C=\frac{\overline{AB}}{\overline{BC}}\cdot\sin A=\frac{6\sqrt{2}}{6}\times\frac{1}{2}=\frac{1}{\sqrt{2}}$$

$\Rightarrow \angle C=45°$ 或 $135°$（两者都是可能的答案，需仔细分辨）

(1) 若 $\angle C=45°$，则 $\angle B=180°-\angle A-\angle C=105°$，而 $\overline{AC}$ 可由正弦定理得到

$$\frac{\overline{BC}}{\sin A}=\frac{\overline{AC}}{\sin B} \ \Rightarrow \ \overline{AC}=6\times\frac{\sin105°}{\sin30°}=3\left(\sqrt{6}+\sqrt{2}\right)$$

结果我们发觉 $\overline{AC}$ 是最大的边，而它对应的 $\angle B$ 也是最大角，故答案合理。

(2) 若 $\angle C=135°$，则 $\angle B=180°-\angle A-\angle C=15°$，而 $\overline{AC}$ 可由正弦定理得到

$$\frac{\overline{BC}}{\sin A}=\frac{\overline{AC}}{\sin B} \quad \Rightarrow \quad \overline{AC}=6\times\frac{\sin15^\circ}{\sin30^\circ}=3(\sqrt{6}-\sqrt{2})$$

由于 $\overline{AC}$ 长度小于 $\overline{AB}$ 及 $\overline{BC}$，且所对应的角度最小，故答案合理。因此，以上两个答案都正确。"

"你的推导似乎合理，但结果很奇怪，竟然出现了两个答案。"小平感到有点困惑。

"你会觉得奇怪很正常，因为数学题目通常只有一个答案，很少出现两个答案的情形。不过，在已知两个边长及一个内角的情况下，有可能存在两个三角形，同时满足这个条件。"

"你可不可以讲得更清楚些?"小平还是不懂。

"好，刚刚我们只用数学式推导，其实不是很好的做法，要真正理解这个问题，一定要作图。如图 13.5，我们随意画一条水平线段作为 $\overline{AB}$，并假定 $AB=6\sqrt{2}$。

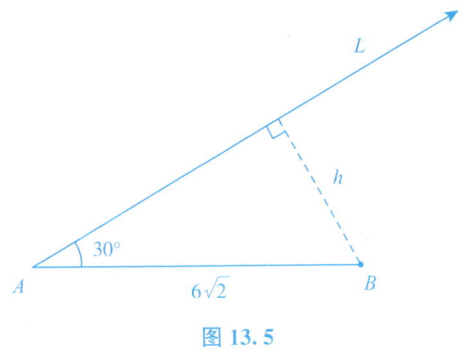

图 13.5

"接着，由 A 点画一条与 $\overline{AB}$ 呈 30°的直线，称为射线 L，而 C 点应该落在直线 L 上。首先，我们计算 B 点到射线 L 的距

离为

$$h = \overline{AB} \cdot \sin A = 6\sqrt{2} \times \sin 30° = 3\sqrt{2}$$

由于 $\overline{BC} = 6 > h$，如图 13.6，我们取 $\overline{BC} = 6$ 的线段，显然它会和射线 L 交会于 C 及 C' 两点，所形成的两个三角形 $\triangle ABC$ 和 $\triangle ABC'$，都满足给定的条件，所以都是合理的答案。

"若 $\overline{BC}$ 和射线 L 交会于 C 点，形成 $\triangle ABC$，由正弦定理得到

$$\frac{\overline{AB}}{\sin C} = \frac{\overline{BC}}{\sin 30°} \quad \Rightarrow \quad \sin C = \frac{6\sqrt{2}}{6} \times \frac{1}{2} = \frac{1}{\sqrt{2}}$$

$$\Rightarrow \angle C = 45° \text{ 或 } 135°$$

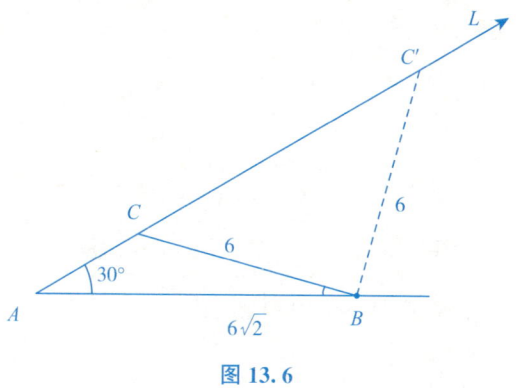

图 **13.6**

由于 $\angle C$ 是最大角，故 $\angle C = 135°$，而 $\angle B = 180° - \angle A - \angle C = 15°$。最后，再由正弦定理，可以求出 $\overline{AC}$

$$\frac{\overline{BC}}{\sin 30°} = \frac{\overline{AC}}{\sin 15°} \quad \Rightarrow \quad \overline{AC} = 6 \cdot \frac{\sin 15°}{\sin 30°} = 3(\sqrt{6} - \sqrt{2})$$

另一方面，若$\overline{BC'}$和射线 L 交会于 C' 点，所形成的$\triangle ABC'$如图 13.7，于是由正弦定理，可以得到

$$\frac{\overline{AB}}{\sin C'} = \frac{\overline{BC'}}{\sin 30°} \quad \Rightarrow \quad \sin C' = \frac{6\sqrt{2}}{6} \times \frac{1}{2} = \frac{1}{\sqrt{2}}$$

$$\Rightarrow \angle C' = 45° \text{或} 135°$$

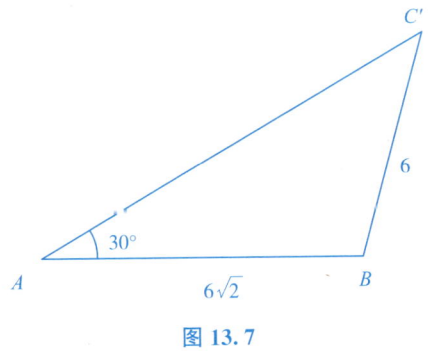

图 13.7

由于$\angle B$是最大角，故$\angle C' = 45°$，而$\angle B = 180° - \angle A - \angle C' = 105°$。最后由正弦定理，可以得到$\overline{AC'}$

$$\frac{\overline{BC'}}{\sin 30°} = \frac{\overline{AC'}}{\sin 105°} \quad \Rightarrow \quad \overline{AC'} = 6 \times \frac{\sin 105°}{\sin 30°} = 3(\sqrt{6} + \sqrt{2})$$

由图形来解题，是比较好的做法，这样才不会局限于公式计算，也才能真正理解这个问题。"

大 M 耐心地用图解释，希望帮助小平理解。

"没错，由两种不同的做法来理解，问题就很清楚。"小平逐渐掌握了要点，接着问，"但是例 1 中，已知两个内角及一个边，为什么不会产生两个答案？"

"原因很简单，例 1 中 $\angle B$ 和 $\angle C$ 已知，而由于三角形内角和为 $180°$，所以 $\angle A$ 只会有一个答案。"

"因此，在已知'两角一边'的情形下，答案只有一个，而在已知'两边一角'的情况下，可能会有两个答案？"小平尝试自己总结。

"对，在处理'两边一角'的问题时，要特别小心，因为可能有两个答案，也可能只有一个答案，甚至无解。"

"无解？什么时候会无解呢？"

"譬如在例 2 中，假如 $\angle A = 30°$，$\overline{AB} = 6\sqrt{2}$ 维持不变，但 $\overline{BC} = 2$ 的话，就会变成无解。"

"为什么？"小平问。

"可以从两方面来说明，首先，在数学上

$$\frac{\overline{BC}}{\sin A} = \frac{\overline{AB}}{\sin C} \quad \Rightarrow \quad \sin C = \frac{\overline{AB}}{\overline{BC}} \cdot \sin A = \frac{6\sqrt{2}}{2} \times \frac{1}{2} = \frac{3\sqrt{2}}{2} > 1$$

由于 $\sin C$ 不可能大于 1，所以上式无解。另一方面，我们可以由图 13.5 来理解原因。图 13.5 中，B 点到直线 L 的距离为 $h = 3\sqrt{2}$，由于 $\overline{BC} = 2 < h$，因此无法构成三角形，故无解。"大 M 仔细说明了无解的原因。

"我明白了！当 $\overline{BC} < h$，我永远无法在射线 L 上找到 C 点，不可以连成 $\triangle ABC$；反之，在 $\overline{BC} > h$ 的情况下，我永远可以在

射线 L 上找到两点构成 $\triangle ABC$。"小平终于明白了无解以及有两个解的原因,继续问,"你能不能告诉我,什么情况下会只有一个解?"

"这个问题很好,但请你试着自己找答案。假如将图 13.5 想清楚了,答案应该就在眼前。"大 M 让小平自己找答案,加深理解。

"好,我会自己找答案,应该不难。"小平很有信心。

"最后,问你一个比较难的问题。如图 13.8,已知 $\overline{AC}=5$,$\overline{BC}=3$,$\angle C=60°$,求 $\angle A$、$\angle B$ 及 $\overline{AB}$。题目和例 2 很类似,只有一点小差异。"

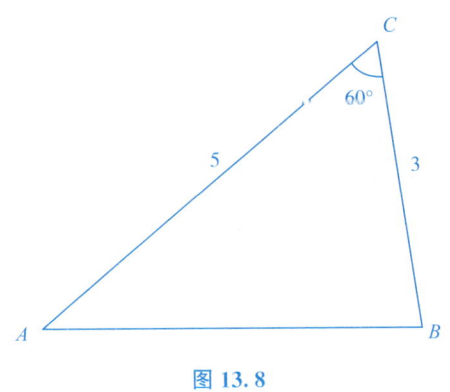

图 13.8

"看起来不难,利用正弦定理可以得到

$$\frac{\overline{AB}}{\sin C}=\frac{\overline{BC}}{\sin A}=\frac{\overline{AC}}{\sin B} \quad \Rightarrow \quad \frac{\overline{AB}}{\sin 60°}=\frac{3}{\sin A}=\frac{5}{\sin B}$$

因此

186

$$\overline{AB}=\frac{3}{\sin A}\cdot\sin60°=\frac{3\sqrt{3}}{2\sin A}$$

$$5\sin A=3\sin B$$

……"

接着，小平就不知道该怎么做下去了。

"这个问题看似简单，其实不容易，因为我们给的条件是 $\overline{AC}$、$\overline{BC}$ 及它们的夹角 $\angle C$（而不是对角），在这个情况下，正弦定理无法解题，就如你刚刚的推导一样，只能得到它们之间的比例关系，之后就无法再推演下去了。"大 M 微笑着说。

"是不是因为正弦定理只决定边长与对角之间的关系，所以无法处理夹角的问题？"

"完全正确！"

"那么，这个问题是不是无解？"

"当然不会无解，在下一堂课，我们将学习另一个重要的定理，称为'余弦定理'，学习之后就能界定边长与夹角的关系。有了正弦定理及余弦定理，只要知道任何三角形的两边一角或两角一边，就一定可以求得其余各边角了。"大 M 轻松地回答。

于是，小平再度怀着期盼的心情，准备学习余弦定理。和以往囫囵吞枣的学习方式不同的是，他现在清楚为什么要学这些定理，并且知道它们的含义，了解之后，就能灵活应用，再也不必硬背公式熟记解题方法了。这大概就是所谓的进步吧！

第14堂课
余弦定理

"我们延续前一堂课的问题：在图 14.1（见次页）中，已知 $\overline{AC}=5$，$\overline{BC}=3$，$\angle C=60°$，由正弦定理，可得到以下的关系式：

$$\frac{\overline{AB}}{\sin C}=\frac{\overline{BC}}{\sin A}=\frac{\overline{AC}}{\sin B} \quad \Rightarrow \quad \frac{\overline{AB}}{\sin 60°}=\frac{3}{\sin A}=\frac{5}{\sin B}$$

因为每个等式都含有未知数，所以无法求解，这是提出余弦定理的原因。"大 M 复习前一堂课未解决的问题。

"什么是余弦定理呢？"小平急着问。

"正弦定理界定三角形边长与对角之间的比例关系，余弦定理则界定边长与夹角之间的数值关系。例如图 14.1 中，在已知 $\overline{BC}$、$\overline{AC}$ 及其夹角 $\angle C$ 的情形下，利用余弦定理，我们马上就能得知另一边长 $\overline{AB}$。"大 M 说明两个定理的差异。

"嗯，余弦定理似乎比正弦定理有用？"

"这个说法不对，应该说它们相辅相成，让我们更能掌握三

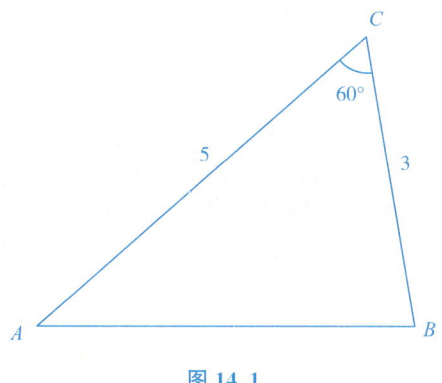

图 14. 1

角形的特性。"大 M 接着说，"图 14.2 中，△ABC 是任意的三角形，三个边长分别为 a、b、c 且∠C 等于 θ，而我们想知道 a、b、c 和 θ 之间的关系。如图 14.3，我们由∠A 作垂线与 $\overline{BC}$ 交

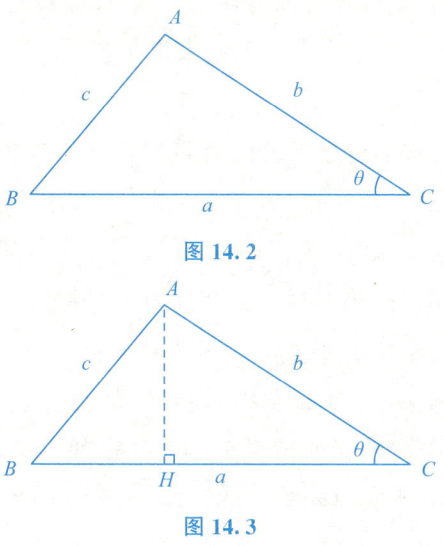

图 14. 2

图 14. 3

会于 H 点，由于 $\triangle ACH$ 是一个直角三角形，所以

$$\overline{AH}=b \cdot \sin\theta$$

$$\overline{CH}=b \cdot \cos\theta$$

另外，$\triangle ABH$ 也是一个直角三角形，它的边长关系为

$$\overline{AB^2}=\overline{AH^2}+\overline{BH^2}=\overline{AH^2}+(\overline{BC}-\overline{CH})^2$$

$$=c^2=(b \cdot \sin\theta)^2+(a-b \cdot \cos\theta)^2$$

$$=b^2 \cdot \sin^2\theta+(a^2-2ab \cdot \cos\theta+b^2 \cdot \cos^2\theta)$$

因为 $\sin^2\theta+\cos^2\theta=1$，所以

$$c^2=a^2+b^2-2ab\cos\theta \qquad\qquad (14.1)$$

(14.1) 式即‘余弦定理’，表示图 14.2 中，假如 a、b 及 θ 已知的话，利用余弦定理就可以得知 c。"大 M 简单完成了证明。

"证明虽然不难，但公式看起来很复杂……"小平看到长一点的式子，就感觉一个头两个大。

"(14.1) 式乍看之下的确有点复杂，不过教你一个诀窍：你应该熟悉 $(a-b)^2=a^2+b^2-2ab$ 的式子吧！只要在 $2ab$ 后面加上 $\cos\theta$ 就是（14.1）式了！"大 M 教小平一个联想的方法。

"嗯，这样就比较容易了。我还有一个疑问，假如 $\theta>90°$，那么 $\cos\theta<0$，余弦定理还成立吗？"小平问。

"这个问题很好，表示你很专心。"大 M 很高兴小平提出这样的问题，"在 $\theta>90°$ 的情况下，余弦定理仍然成立。例如图 14.4（见次页）中，显然 $\theta>90°$，我们同样由 $\angle A$ 作一条垂线 $\overline{AH}$ 到底边，则 $\triangle ABH$ 为直角三角形。

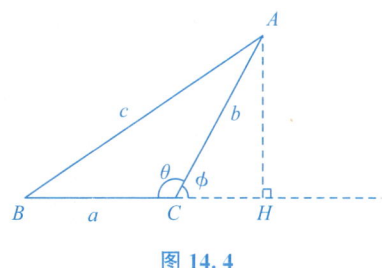

图 14.4

在图 14.4 中，

$$\theta + \phi = 180° \quad \Rightarrow \quad \phi = 180° - \theta$$

此外

$$\overline{AH} = \overline{AC} \cdot \sin\phi = b \cdot \sin(180° - \theta) = b \cdot \sin\theta$$

$$\overline{CH} = \overline{AC} \cdot \cos\phi = b \cdot \cos(180° - \theta) = -b\cos\theta$$

（＊注：$\cos\theta < 0$，故 $-b\cos\theta > 0$。）

另外，$\triangle ABH$ 也是直角三角形，所以

$$\overline{AB}^2 = \overline{AH}^2 + (a + \overline{CH})^2$$

$$\Rightarrow c^2 = (b \cdot \sin\theta)^2 + (a - b\cos\theta)^2$$

$$= b^2 \cdot \sin^2\theta + a^2 - 2ab \cdot \cos\theta + b^2 \cdot \cos^2\theta$$

$$= a^2 + b^2 - 2ab \cdot \cos\theta$$

所以在 $\theta > 90°$ 的情形下，余弦定理仍然成立。"

"那么在 $\theta = 90°$ 时，$c^2 = a^2 + b^2$，不就是勾股定理吗？"小平突然看到熟悉的结果。

"对，你的反应非常快，勾股定理是余弦定理的特例，所以

余弦定理包含勾股定理在内。现在，我们对余弦定理做简单的整理，如图 14.5 的△ABC，假设三个边长为 a、b、c，刚刚我们证明

$$c^2 = a^2 + b^2 - 2ab \cdot \cos C \qquad (14.2)$$

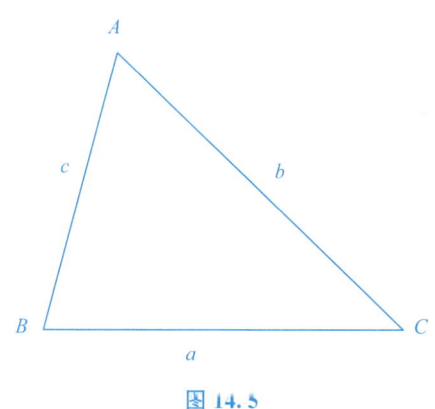

图 14.5

同理可证

$$a^2 = b^2 + c^2 - 2bc \cdot \cos A \qquad (14.3)$$

$$b^2 = a^2 + c^2 - 2ac \cdot \cos B \qquad (14.4)$$

(14.2) 式～(14.4) 式，即完整的余弦定理。"

"现在，我们能利用余弦定理，来处理图 14.1 的问题吗？"

"没问题，图 14.1 中，我们已知 $\overline{AC} = 5$，$\overline{BC} = 3$，∠C = 60°，求∠A、∠B 及 $\overline{AB}$。

解析：由余弦定理，我们得到

$$\overline{AB}^2 = 5^2 + 3^2 - 2 \times 3 \times 5 \times \cos 60° = 19$$

$$\Rightarrow \overline{AB} = \sqrt{19}$$

得到 $\overline{AB}$ 之后，在三个边长已知的情况下，可由正弦定理得到

$$\frac{\overline{AB}}{\sin 60°} = \frac{3}{\sin A} = \frac{5}{\sin B}$$

$$\Rightarrow \quad \sin A = \frac{3}{AB} \cdot \sin 60° = \frac{3}{\sqrt{19}} \cdot \left(\frac{\sqrt{3}}{2}\right) = \frac{3\sqrt{3}}{2\sqrt{19}}$$

$$\Rightarrow \quad \sin B = \frac{5}{AB} \cdot \sin 60° = \frac{5}{\sqrt{19}} \times \frac{\sqrt{3}}{2} = \frac{5\sqrt{3}}{2\sqrt{19}}$$

接着，利用查表就可得知 $\angle A$ 及 $\angle B$。"

"我明白了，只要灵活应用正弦定理和余弦定理，任何三角形的边角问题，都很容易处理。"小平明白了两个定理的意义及用途，感觉很开心。

"没错，只要灵活应用这两个定理，不必记任何解题步骤或技巧，在已知任何两角一边或两边一角的情形下，就可以得知三角形其余的边角。"

"除了算出三角形的边角之外，正弦定理和余弦定理还有其他用途吗？"

"我们可以将三角形边角的概念，应用到其他问题上，例如天文测量。图 14.6（见次页）中，假设 B 和 C 代表两颗星球的位置，并且已知它们与地球 E 的距离分别为 $\overline{EB} = a$ 及 $\overline{EC} = b$。现在我们想知道 B 和 C 之间的距离，只要测量它们的夹角 θ，接着，应用余弦定理，就可推知两颗星球的距离为

$$\overline{BC}^2 = a^2 + b^2 - 2ab\cos\theta$$
$$\Rightarrow \quad \overline{BC} = \sqrt{a^2 + b^2 - 2ab\cos\theta}$$

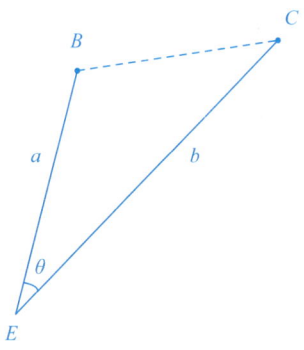

图 14.6

因此，三角函数在天文测量上很有用处。"

"嗯，有了三角函数，无形的边角问题也可以解决……"小平略有所感。

"现在，我们回到第 12 堂课关于不规则四边形面积的问题上。图 14.7（见次页）是一个不规则的四边形 $PQRS$，已知四个边长 a、b、c、d 及两个内角 α 和 β，而我们希望知道所有的边长及角度。这个问题很有趣，会用到两个定理，而且牵涉两个三角形。

"首先，如图 14.8（见次页），我们作一条对角线，由余弦定理，可以得到对角线的长度为

$$\overline{QS} = \sqrt{a^2 + b^2 - 2ab\cos\alpha}$$

接着，在 $\triangle PQS$ 中，由正弦定理得知

$$\frac{\overline{QS}}{\sin\alpha} = \frac{a}{\sin\phi_1} = \frac{b}{\sin\beta_1}$$

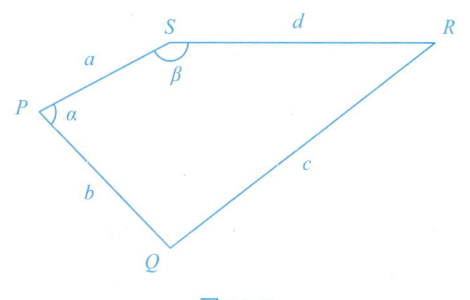

图 14.7

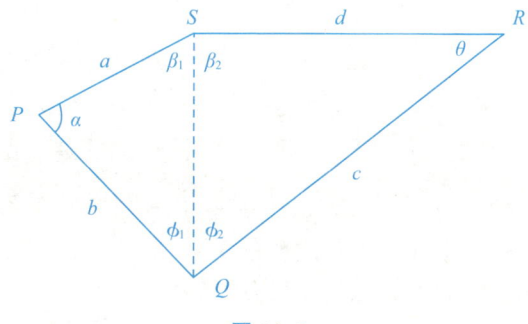

图 14.8

由于 $\overline{QS}$ 及 α 已知，由上式就可以算出角度 ϕ_1 和 β_1。得到 β_1 之后，由于 β 已知且 $\beta_1 + \beta_2 = \beta$，故可得知 β_2。接下来，在 $\triangle QRS$ 中，由正弦定理得知

$$\frac{\overline{QS}}{\sin\theta} = \frac{c}{\sin\beta_2} = \frac{\overline{RS}}{\sin\phi_2}$$

由于 $\overline{QS}$、c 及 β_2 已知，由上式就可以计算角度 θ。因为四边形的内角和为 $360°$，所以

$$\phi_2 = 360° - (\alpha + \beta + \theta + \phi_1)$$

最后，我们利用正弦定理，计算未知的边长 $\overline{RS}$ 为

$$\overline{RS} = \frac{c}{\sin\beta_2} \cdot \sin\phi_2$$

因此，四边形所有的边长及角度，皆可借正弦定理和余弦定理算出来。得到所有边角之后，只要利用三角形的面积公式，就很容易计算四边形的面积。"大 M 详细说明了计算的流程。

"有了正弦定理和余弦定理，感觉像是有了两把刷子，随时可以用来处理三角形的边角问题。"大 M 说明的过程虽然比较长，但小平理解得很清楚，也更深入理解了正弦定理和余弦定理。

"最后，我们对第 12、13 和 14 堂课学到的观念做简单的整理。边长、角度与面积，是三角形最重要的三个参数，而这三堂课，目的就在于探讨三者之间的关系。

Case A：如图 14.9，在已知两个边长 a、b 及其夹角 θ 的情况下，可立即得到三角形面积 A 为

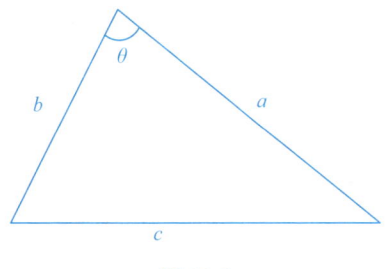

图 14.9

$$A = \frac{1}{2}ab\sin\theta$$

而由余弦定理，也能得到未知的边长 c 为

$$c = \sqrt{a^2 + b^2 - 2ab\cos\theta}$$

有了三个边长，只要利用正弦定理，就可以得到其余两个未知的角度。所以在已知两边长及其夹角的情况下，很容易求得三角形的边长、角度与面积。

Case B：如图 14.10，已知两个角度 α、β 及一个边长 a，利用三角形内角和等于 180°的特性，就可以得到未知角度 γ

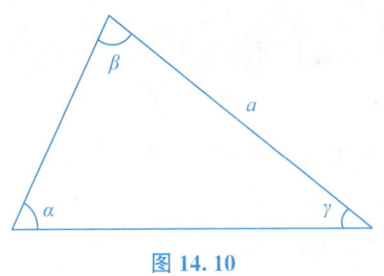

图 **14.10**

$$\gamma = 180° - \alpha - \beta$$

在三个内角都知道的情况下，只要利用正弦定理，就能得知另两个未知边长，接着面积也很快可以算出来。所以在已知两角及一边的情况下，也很容易求得三角形的边长、角度与面积。

Case C：比较麻烦的是图 14.11（见次页）的情况，就是已知两

个边长 a、b 及一个内角 θ，但 θ 不是 a、b 的夹角。这个问题，我们在第 13 堂课曾经仔细说明，它可能有两个解、一个解或是无解，过程是挺麻烦的。"

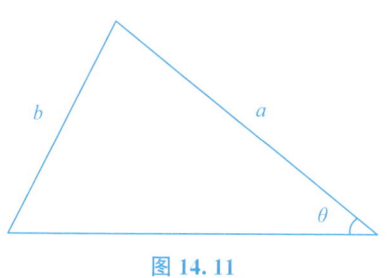

图 14.11

"对啊！我到现在也还没完全搞懂……"小平不经意打断了大 M 的说明。

"记得要'尽量从不同角度思考问题'吧！第 13 堂课的例 2，就是这类型的问题，之前我们利用正弦定理处理，现在我们试着用余弦定理来处理，希望你能有所领会。

图 14.12（见次页）中，例 2（第 13 堂课）：ΔABC 中，已知 $\angle A = 30°$，$\overline{AB} = 6\sqrt{2}$，$\overline{BC} = 6$，求 $\angle B$、$\angle C$ 及 $\overline{AC}$。（注：$\sin 105° = \dfrac{\sqrt{6}+\sqrt{2}}{4}$，$\sin 15° = \dfrac{\sqrt{6}-\sqrt{2}}{4}$。）

解析：假设 $\overline{AC} = x$，由余弦定理，我们得到以下的方程式：

$$\overline{BC}^2 = \overline{AC}^2 + \overline{AB}^2 - 2\overline{AC} \times \overline{AB} \cdot \cos A$$

$$\Rightarrow \quad 6^2 = x^2 + (6\sqrt{2})^2 - 2 \times x \cdot 6\sqrt{2} \cdot \cos 30°$$

$$\Rightarrow \quad x^2 - 6\sqrt{6}x + 36 = 0$$

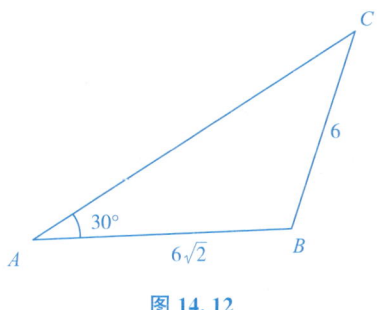

图 14.12

上式是一元二次方程式，它的解为

$$x = 3(\sqrt{6} + \sqrt{2}) \quad \text{或} \quad x = 3(\sqrt{6} - \sqrt{2})$$

这两个解，分别代表 $\overline{AC}$ 两个可能的值，结果和第 13 堂课得到的相同。有了 $\overline{AC}$ 之后，利用正弦定理，就能得到另外两个未知角度，而面积也马上可以求出。所以在这个情况下，也很容易求得三角形的边长、角度及面积。"

小平说："我会多花一点时间，把这些情况想清楚，就可以自由自在地处理三角形的边角及面积问题了。"

"在结束这堂课之前，再问你一个问题：假如已知三角形的三个边长分别为 a、b、c，它的面积是多少？"

"这个问题，我记得老罩曾经教过，要用一个'海龙公式'来求解，只是这个公式我没记住，听过就忘了……"

"其实不必记'海龙公式'，就可以得到答案，由以下的例题，你会明白我的意思。

例：已知三角形的三个边长分别为 $a=3$，$b=5$，$c=7$，求这个三角形的面积。

解析：假设 a、b 两边的夹角 θ，由余弦定理就可以得到

$$c^2=a^2+b^2-2ab\cos\theta$$

$$\Rightarrow\cos\theta=\frac{c^2-a^2-b^2}{-2ab}=-\frac{1}{2}$$

有了 $\cos\theta$ 之后，马上得知

$$\sin\theta=\sqrt{1-\cos^2\theta}=\frac{\sqrt{3}}{2}$$

最后，利用面积公式，就得到三角形面积 A 为

$$A=\frac{1}{2}ab\sin\theta=\frac{15\sqrt{3}}{4}$$

所以不必背'海龙公式'，只要灵活应用余弦定理及面积公式，问题很快就解决了。"

★★★★★

现在，小平对三角函数的应用开始有了感觉，他发现只要灵活应用正弦定理和余弦定理，不需背补习班的讲义，也不必记题型或解题步骤，自然就能处理各种问题，需要的只是清晰的头脑而已。

感觉数学不再是负担了，而是一门可以让他思考并深入理解的学科，这是小平到目前为止的最大收获。

（注：海龙公式：已知三角形三个边长分别为 a、b、c，则它的面积

$$A=\sqrt{s(s-a)(s-b)(s-c)}$$

$$s=\frac{a+b+c}{2}$$

读者不妨验证一下，这个公式算出的答案，与我们的答案是否相同，假如相同的话，不妨想一想，这个公式需要背吗?)

part D

三角函数图形
及角度公式

三角函数图形

"你知道为什么要学直角坐标系吗？"大 M 问小平。

小平想了一会儿后，不好意思地说："说实在的，以前只知道背公式算题目，还真没想过它的用途。"

"其实，直角坐标系的用途一开始很简单，只是用来标示位置和距离。例如图 15.1（见次页）中，我们以 A 点为原点，坐标为 $(0，0)$，然后由 A 点出发，往东 1 km 后，再往北 3 km 来到 B 点；所以 B 点的位置为 $x=1$，$y=3$，以坐标表示即 $(1，3)$。

"另外，由 A 点出发，往东 5 km 后，再往北 6 km 来到 C 点，则 C 点的位置为 $x=5$，$y=6$，以坐标表示即为 $(5，6)$。有了坐标之后，就很容易计算距离，例如 B 点和 C 点的距离为

$$\overline{BC}=\sqrt{(5-1)^2+(6-3)^2}=\sqrt{4^2+3^2}=5(\text{km})$$

因此，直角坐标是标示位置和距离很好的工具。

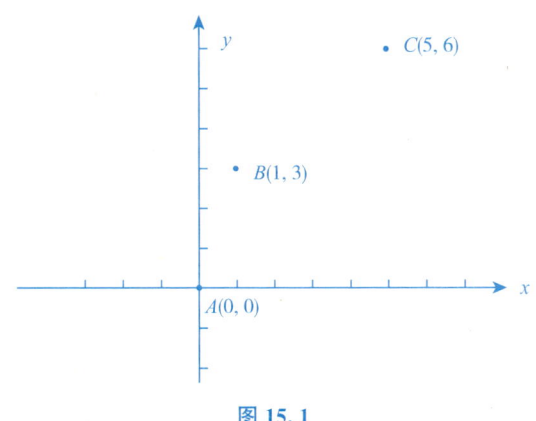

图 15.1

　　"后来，数学家发现，直角坐标不仅可以标示位置和距离，还能用来呈现函数关系，例如 $y = x^2 - 4x$ 是一个函数，我们可以将 x 和 y 的对应关系在直角坐标上呈现。"

　　小平问："这样做有什么好处？"

　　"最大的好处，是方便分析及思考。例如 $y = x^2 - 4x$，将 y 和 x 的关系作图，可以得到图 15.2（见次页），由图形中，很容易看出 y 和 x 之间的变化关系。"大 M 简单说明函数图形的用处。

　　"可是我从 $y = x^2 - 4x$ 的式子，也可以知道 x 和 y 的关系啊！"小平提出疑问。

　　"没错，由数学式可以看出它们的关系，但是对于比较复杂的函数，由数学式就不太容易看出重要的信息，而由图形却可能显而易见。"

　　"你能不能举例说明？"小平还是不太懂。

　　"例如，由 $y = x^2 - 4x$ 的图形中，可以明显看出，y 有一个

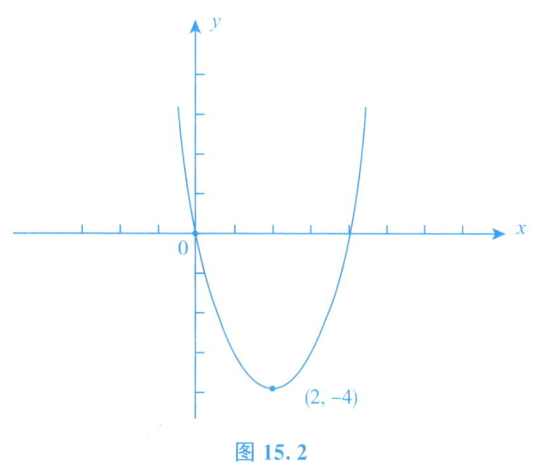

图 15. 2

最小值（$y=-4$）发生在 $x=2$ 时，这由数学式子不太容易看出来。"

"所以函数图形是另一项处理问题的工具？"

"没错，函数图形是非常重要的工具，优秀的数学家常常利用函数图形思考问题，许多重要的数学定理，也是由函数图形启发得到的！

　　函数图形在数学中的角色太重要了，
　　可以这么说：'假如只有函数而没有图形，
　　数学会变得非常贫乏且无趣。'"

小平说："我比较能体会函数图形的用途了，但是，函数图形和三角函数有关吗?"

"当然有关，例如 $y=\sin x$ 是正弦函数，假如我们以 x 轴表示角度 x，而 y 轴表示 $\sin x$ 的数值，将它们之间的关系在直角坐标上作图，就得到正弦函数的图形。"

"你能不能作图让我看?"小平好奇地问。

"没问题! 我们从 $x=0°$ 出发，此时 $y=\sin x=0$，之后 y 随 x 增加而上升，例如：

$$x=30° \Rightarrow y=\sin30°=\frac{1}{2}$$

$$x=45° \Rightarrow y=\sin45°=\frac{1}{\sqrt{2}}$$

$$x=60° \Rightarrow y=\sin60°=\frac{\sqrt{3}}{2}$$

$$x=90° \Rightarrow y=\sin90°=1$$

所以，$y=\sin x$ 在 $0°\leqslant x\leqslant 90°$的区间，是一条上升的曲线，并且在 $x=90°$时，y 达到最大值（$\sin90°=1$）。接着，当 $x>90°$之后，y 随 x 增加而下降，例如：

$$x=120° \Rightarrow y=\sin120°=\frac{\sqrt{3}}{2}$$

$$x=135° \Rightarrow y=\sin135°=\frac{1}{\sqrt{2}}$$

$$x=150° \Rightarrow y=\sin150°=\frac{1}{2}$$

$$x=180° \Rightarrow y=\sin180°=0$$

当 $x>180°$时，y 变成负值且随 x 增加而下降，例如：

$$x = 210° \Rightarrow y = \sin 210° = -\sin 30° = -\frac{1}{2}$$

$$x = 225° \Rightarrow y = \sin 225° = -\sin 45° = -\frac{1}{\sqrt{2}}$$

$$x = 240° \Rightarrow y = \sin 240° = -\sin 60° = -\frac{\sqrt{3}}{2}$$

$$x = 270° \Rightarrow y = \sin 270° = -\sin 90° = -1$$

当 $x = 270°$ 时，y 达到最小值 -1，之后则随 x 增加而上升，例如：

$$x = 300° \Rightarrow y = \sin 300° = -\sin 60° = -\frac{\sqrt{3}}{2}$$

$$x = 315° \Rightarrow y = \sin 315° = -\sin 45° = -\frac{1}{\sqrt{2}}$$

$$x = 330° \Rightarrow y = \sin 330° = -\sin 30° = -\frac{1}{2}$$

$$x = 360° \Rightarrow y = \sin 360° = \sin 0° = 0$$

图 15.3（见次页）是 $y = \sin x$ 在 $0° \leqslant x \leqslant 360°$ 之间的图形，可以看出在 $0° \leqslant x \leqslant 90°$ 的区间，y 随 x 增加而上升；在 $90° < x \leqslant 270°$ 的区间，y 随 x 增加而下降；而在 $270° < x \leqslant 360°$ 的区间，y 随 x 增加而上升。图形中可以明显看出，$x = 90°$ 对应 $y = 1$ 为最大值，$x = 270°$ 对应 $y = -1$ 为最小值；另外，$x = 0°$、$180°$ 及 $360°$ 对应 $y = 0$。"大 M 仔细说明函数图形的变化。

"由函数图形，的确很容易看出 $\sin x$ 的变化趋势及最大值、最小值等。我有个问题：你只画出 $0° \leqslant x \leqslant 360°$ 的图形，要是

$x>360°$呢?"小平继续问。

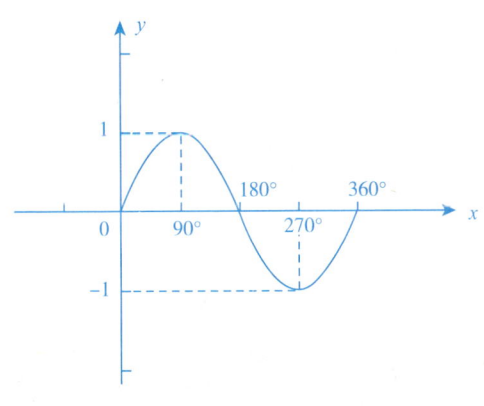

图 15.3

"这很简单,由同界角关系,就可以得到

$$\theta + n \times 360° = \theta,\ n\ \text{为整数}$$

因此 $\sin(\theta+360°)=\sin\theta$,即 $360°\leqslant x\leqslant720°$ 的图形,与 $0°\leqslant x\leqslant360°$ 完全相同,同理 $720°\leqslant x\leqslant1080°$ 也与 $0°\leqslant x\leqslant360°$ 相同。以此类推,$-360°\leqslant x\leqslant0°$ 的图形,也与 $0°\leqslant x\leqslant360°$ 的图形相同,此外 $-720°\leqslant x\leqslant-360°$ 及 $-1080°\leqslant x\leqslant-720°$ 的图形亦相同。图 15.4(见次页)即 $y=\sin x$ 的完整图形,可以看出,相同的图形不断重复出现。"大 M 接着说,"相同的图形不断重复出现,是 $\sin x$ 函数图形的特点,而函数 $y=x^2-4x$ 就没有这个特性。"

"利用这个特点,只要画出 $[0°,360°]$ 区间内的图形,其他区间照葫芦画瓢就可以了!"小平马上理解了这个特性的好处。

"没错，正弦函数是所谓的'周期函数'，周期函数的特性是，相同图形每隔固定的区间会重复出现，例如 $y=\sin x$，每隔 $360°$ 会出现相同的图形，而 $360°$ 称为 $y=\sin x$ 这个函数的'周期'。"

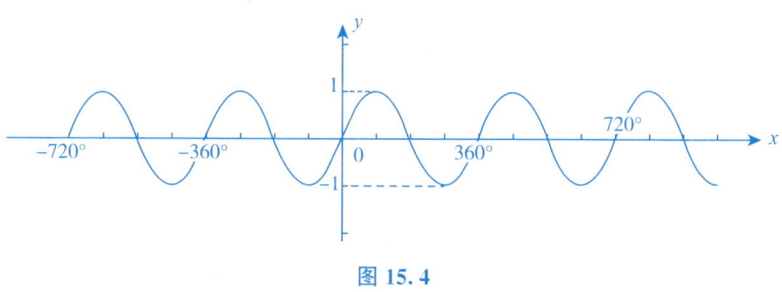

图 15.4

小平问："$y=\sin x$ 除了是周期函数外，还有没有其他特性?"

"你有没有注意到，图 15.4 中，假如以 y 轴为中心，将图形分为左右两边，则两边的图形，刚好呈原点中心对称的关系。例如 $x=-45°$ 和 $x=45°$ 对应的 y 绝对值相同，但正负号不同，即 $\sin(-45°)=-\sin45°$。"

"嗯，可以看出这个对称关系，是不是因为负角公式 $\sin(-\theta)=-\sin\theta$?"小平推想可能的原因。

"答对了!"大 M 笑着说，"就是因为 $\sin(-\theta)=-\sin\theta$，所以 $y=\sin x$ 呈负对称，是它的另一个特点。在数学上，我们将具有关于原点中心对称的函数即 $f(-x)=-f(x)$，称为'奇函数'，所以 $y = \sin x$ 是一个奇函数。"

"$y = \sin x$ 函数图形，还有没有其他的特点？"

"暂时没有，不过我们还会学习进一步的概念。接着再来看 $y = \cos x$ 的函数图形，我们从 $x = 0°$ 出发，此时 $y = \cos x = 1$，之后 y 随 x 增加而下降，例如：

$$x = 30° \quad \Rightarrow \quad y = \cos 30° = \frac{\sqrt{3}}{2}$$

$$x = 45° \quad \Rightarrow \quad y = \cos 45° = \frac{1}{\sqrt{2}}$$

$$x = 60° \quad \Rightarrow \quad y = \cos 60° = \frac{1}{2}$$

$$x = 90° \quad \Rightarrow \quad y = \cos 90° = 0$$

故 $y = \cos x$ 在 $0° \leqslant x \leqslant 90°$ 的区间，是一条下降的曲线。当 $x > 90°$ 之后，y 变成负值且随 x 增加而下降，例如：

$$x = 120° \quad \Rightarrow \quad y = \cos 120° = -\frac{1}{2}$$

$$x = 135° \quad \Rightarrow \quad y = \cos 135° = -\frac{1}{\sqrt{2}}$$

$$x = 150° \quad \Rightarrow \quad y = \cos 150° = -\frac{\sqrt{3}}{2}$$

当 $x = 180°$，$y = -1$ 为 $\cos x$ 的最小值。当 $x > 180°$ 时，y 仍为负值但随 x 增加而上升，例如：

$$x=210° \Rightarrow y=\cos210°=-\cos30°=-\frac{\sqrt{3}}{2}$$

$$x=225° \Rightarrow y=\cos225°=-\cos45°=-\frac{1}{\sqrt{2}}$$

$$x=240° \Rightarrow y=\cos240°=-\cos60°=-\frac{1}{2}$$

$$x=270° \Rightarrow y=\cos270°=-\cos90°=0$$

当 $x>270°$ 时，y 变成正值且随 x 增加而上升：

$$x=300° \Rightarrow y=\cos300°=\cos(-60°)=\frac{1}{2}$$

$$x=315° \Rightarrow y=\cos315°=\cos(-45°)=\frac{1}{\sqrt{2}}$$

$$x=330° \Rightarrow y=\cos330°=\cos(-30°)=\frac{\sqrt{3}}{2}$$

最后，当 $x=360°$ 时，$y=1$ 为 $\cos x$ 的最大值。图 15.5（见次页）是 $y=\cos x$ 在 $0°\leqslant x\leqslant360°$ 之间的图形，可以看出在 $0°\leqslant x\leqslant180°$ 的区间，y 随 x 增加而下降，在 $180°<x\leqslant360°$ 的区间，y 随 x 增加而上升。由图形中可以看出，$x=0°$ 对应 $y=1$ 为最大值，$x=180°$ 对应 $y=-1$ 为最小值，另外 $x=90°$ 及 $270°$ 对应 $y=0$。"

"有了学习 $y=\sin x$ 的经验，我感觉 $y=\cos x$ 的图形容易多了。"现在小平渐渐熟悉了三角函数的图形。

"对，三角函数图形并不难，只是用图形表达不同函数的特性而已。利用同界角关系 $\theta+n\times360°=\theta_1$，我们同样得知 $y=$

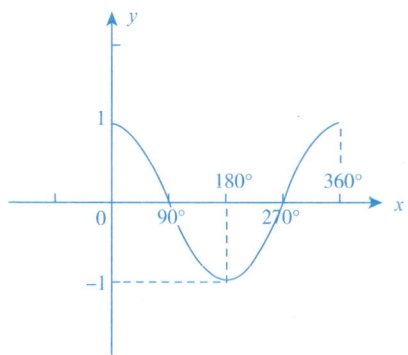

图 15.5

$\cos x$ 在 $[0°，360°]$ 区间内的图形，和 $[360°，720°]$、$[720°，$ $1080°]$、$[-360°，0°]$、$[-720°，-360°]$……区间的图形完全相同，所以余弦函数也是一个周期函数，周期为 $360°$。利用这个特性，我们就可以画出图 15.6（见次页）的完整图形。"

大 M 接着说："我建议你自己拿笔，慢慢将 $y=\sin x$ 及 $y=$ $\cos x$ 的图形，好好各画几次，让图形自然留在脑海里。"

"我一定会好好画。"小平开始习惯手脑并用的学习方式，并发觉作图对理解真的很有帮助。

"从图 15.6 你可以发觉，假如以 y 轴为中心，左右两边的图形关于 y 轴对称的关系，即 $x=\theta$ 和 $x=-\theta$ 对应的 y 值相同，例如 $x=45°$ 和 $x=-45°$ 都对应 $y=\dfrac{1}{\sqrt{2}}$。"

"这应该是由于 $\cos(-\theta)=\cos\theta$ 的关系式吧！"小平很快猜出原因。

"没错！在数学上，我们把关于 y 轴对称的函数即 $f(-x)=$

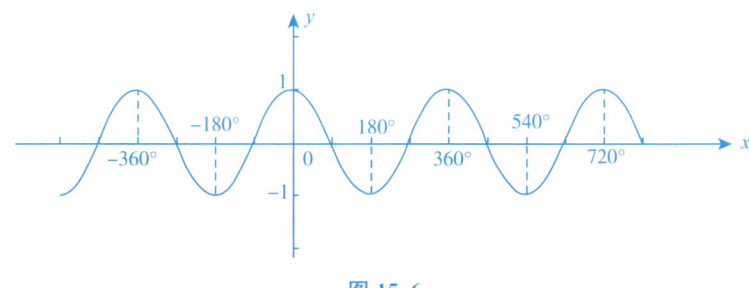

图 15.6

$f(x)$，称为'偶函数'，所以 $y=\cos x$ 是一个偶函数。"大 M
说，"接着，我们看 $y=\tan x$ 的函数图形，它和之前学过的 $\sin x$
或 $\cos x$ 有些不同，但也不难。我们同样从 $x=0°$ 出发，此时 y
$=\tan x=0$，之后 y 随着 x 增加而上升，例如：

$$x=30° \Rightarrow y=\tan 30°=\frac{1}{\sqrt{3}}$$

$$x=45° \Rightarrow y=\tan 45°=1$$

$$x=60° \Rightarrow y=\tan 60°=\sqrt{3}$$

所以，$y=\tan x$ 在 $0°\leqslant x<90°$ 的区间，是一条上升的曲线，要特
别注意的是，当 x 接近 $90°$ 之后，y 会急剧上升，而当 $x=90°$
时，y 会趋近于无穷大！"

"前面我都可以接受，但是 $x=90°$ 时，y 会趋近于无穷大，
感觉有点奇怪……"小平对此感到不解。

"其实这部分不难理解，图 15.7（见次页）中，θ 在单位圆
上对应的 A 点坐标为 $(a，b)$，根据定义

$$\tan\theta = \frac{b}{a}$$

你应该不难想象，当 θ 趋近于 $90°$ 时，b 会趋近于 1，而 a 会趋近于 0，所以 $\tan\theta$ 会趋近于无穷大（不妨想象一下 $\theta = 89.9°$ 的情形）。"大 M 利用图形，解释 $\tan\theta$ 趋近于无穷大的原因。

"这样说明就比较清楚，我可以接受。"

"$\tan 90°$ 趋近于无穷大，是 $y = \tan x$ 函数的重要特征，虽然一开始会有点奇怪，但仔细想清楚，就自然接受了。我们再回到图 15.7，请你想象一下，假如 θ 只比 $90°$ 大一点点（例如 $\theta = 90.1°$），$\tan\theta$ 会是什么数值？"

小平看着图 15.7，用心思考后说："这时候 b 应该很接近 1，而 a 应该很接近 0，但是个负值，所以 $\tan\theta$ 是个负数，而且是数值很大的负数。"

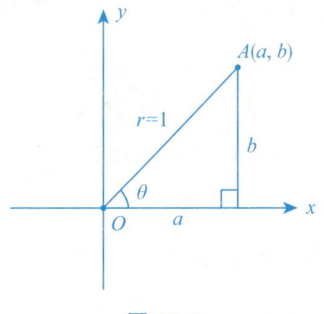

图 15.7

"你的观点很正确，通常我们用术语'趋近于负无穷大'，来形容你所谓的数字很大的负数。换句话说，当 x 大于 $90°$ 一点点，tan x 趋近于负无穷大，之后 y 随 x 增加而上升，例如：

$$x=120° \quad \Rightarrow \quad y=\tan120°=-\sqrt{3}$$

$$x=135° \quad \Rightarrow \quad y=\tan135°=-1$$

$$x=150° \quad \Rightarrow \quad y=\tan150°=-\frac{1}{\sqrt{3}}$$

$$x=180° \quad \Rightarrow \quad y=\tan180°=0$$

当 $x>180°$ 时，$y=\tan x$ 变成正值且随 x 增加而继续上升，例如：

$$x=210° \quad \Rightarrow \quad y=\tan210°=\tan30°=\frac{1}{\sqrt{3}}$$

$$x=225° \quad \Rightarrow \quad y=\tan225°=\tan45°=1$$

$$x=240° \quad \Rightarrow \quad y=\tan240°=\tan60°=\sqrt{3}$$

当 x 接近 $270°$ 时，y 会急剧上升，而当 $x=270°$ 时，y 会趋近于无穷大。"

"当 $x=270°$ 时，y 会趋近于无穷大，和 $x=90°$ 时 y 趋近于无穷大的道理应该类似才对……"小平自言自语。

"对！它们的道理一样，如图 15.8（见次页）中，θ 位于第三象限，它在单位圆上对应的 A 点坐标为 (a, b)，根据定义

$$\tan\theta=\frac{b}{a}$$

你应该不难想象，当 θ 接近 $270°$ 时，b 会趋近于 -1，而 a 会是趋近于 0 的负数，所以 $\tan\theta$ 是很大的正数；而当 $\theta=270°$ 时，

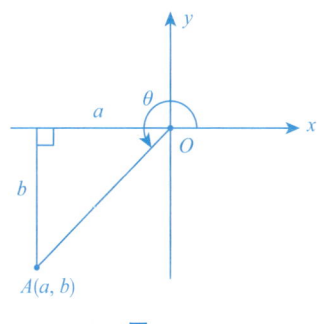

图 15.8

tanθ 趋近于正无穷大。"

小平说："现在我越来越能接受无穷大的观点了。"

"很好！我们接着看 $x>270°$ 的图形。当 x 大于 $270°$ 一点点时，tan$x$ 会趋近于负无穷大，道理与之前 x 大于 $90°$ 一点点时相同，之后 y 随 x 增加而上升，例如：

$$x=300° \quad \Rightarrow \quad y=\tan 300°=-\tan 60°=-\sqrt{3}$$

$$x=315° \quad \Rightarrow \quad y=\tan 315°=-\tan 45°=-1$$

$$x=330° \quad \Rightarrow \quad y=\tan 330°=-\tan 30°=-\frac{1}{\sqrt{3}}$$

$$x=360° \quad \Rightarrow \quad y=\tan 360°=\tan 0°=0$$

图 15.9（见次页）是 $y=\tan x$ 在 $0°\leqslant x\leqslant 360°$ 之间的图形，可以看出，tan$x$ 的最大值趋近于无穷大，而最小值趋近于负无穷大。最后，利用同界角关系，我们将这个图形复制到其他区间，就得到图 15.10（见次页）的 $y=\tan x$ 的完整图形。"

"我大致理解了 $y=\tan x$ 的图形，但感觉上还是有点奇怪……"

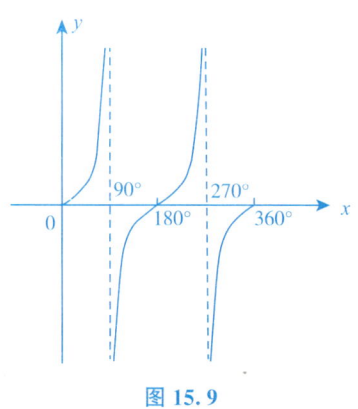

图 15.9

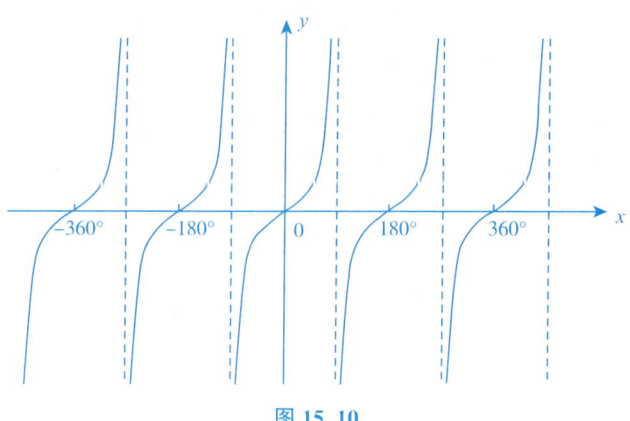

图 15.10

小平一时还不太能接受 $y=\tan x$ 的图形。

"这很正常，毕竟 $y=\tan x$ 牵涉正负无穷大，的确比较复杂。要去除怪怪的感觉，最好的方法，就是好好将 $y=\tan x$ 在 $0°\leqslant x\leqslant 360°$ 区间的图形，根据定义仔细画几遍，后面自然会在脑海里留下深刻印象。另外，比较一下它和 $y=\sin x$ 或 $y=\cos x$

函数图形的差异，也会让你体会更深。例如，你认为图 15.10 的 $y=\tan x$ 图形，和前面图 15.4 的 $y=\sin x$ 图形有何不同？"

"我觉得 $y=\tan x$ 的图形中，y 的范围很广，从正无穷大到负无穷大的范围都涵盖了，而 $y=\sin x$ 中 y 仅在 1 与 −1 之间。"

"还有呢？"大 M 继续问。

"还有 $y=\tan x$，在 $x=90°$ 时，会变为正无穷大，在 $x=270°$ 时，会变为负无穷大，而 $y=\sin x$ 不会如此。"

"这正是 $y=\tan x$ 的重要特点，即它是一个'不连续函数'，而 $x=90°$ 和 $x=270°$ 便是两个不连续点。反之，$y=\sin x$ 是所谓的'连续函数'，整个函数没有不连续点。"大 M 停顿了一下，接着问，"你还有没有发现其他的不同点？"

"我觉得 $y=\tan x$ 除了在 $x=90°$ 和 $x=270°$ 这两点外，y 都随 x 增加而上升，感觉上，好像把所有变动都集中在这两点上。反之 $y=\sin x$ 一直都缓慢变动，而且随着 x 增加，y 有时上升有时下降。"小平接着补充说，"还有 $y=\tan x$ 和 $y=\sin x$ 一样关于原点中心对称，也就是 $\tan(-x)=-\tan x$。"

"你的观察很敏锐，能够发现 $\tan x$ 的重要特点。你的观察越多，体会就越深，对函数图形就越熟悉，所以学习函数图形时，

重点不在'记忆图形'而是'体会图形的变化'，

你的体会越深，理解程度就越好。"

大 M 接着问小平："你有没有发觉，图 15.10 中，$y=\tan x$

在 [0°，180°] 区间的图形，与在 [180°，360°] 区间的图形完全相同？"

"没错，我刚刚倒没注意到。"

"因为 $\tan\theta=\tan(\theta+180°)$，所以 $y=\tan x$ 的函数图形每隔 180°就会重复出现，即它的周期是 180°而不是 360°，这是 $y=\tan x$ 和 $y=\sin x$ 函数图形的另一个不同点。"

"因此，只要画出 [0°，180°] 区间的图形，其他区间照葫芦画瓢就可以了？"

"对，只要仔细体会 [0°，180°] 区间的图形，就等于完整理解 $y=\tan x$ 的图形了。"大 M 简单进行总结。

"我会再花时间好好体会一下这些图形的意义。关于函数图形，还有其他要学的重点吗？"

"还有 $y=\cot x$、$y=\sec x$ 及 $y=\csc x$ 的图形要学，不过，只要能将之前学过的三个函数图形理解清楚，剩下这三个函数图形，就变得很简单，所以我们就此打住，我相信你自己学习不会有问题。"大 M 愉快地结束了这一堂课。

附记：函数图形之美

"有人说 $\sin x$ 函数图形的曲线很美，你认为呢?"大 M 随意地问小平。

"曲线很美?"小平没想过这样的问题，但仔细看过图 15.4 后，他点点头说，"看上去还不错，有点像远处山脉那些高低起伏的棱线。"小平常去爬山，对于山形特别敏感。

"你的观察力很不错，正弦或余弦的函数图形，其实很像自然界的事物，有序排列的花瓣、波动的海浪、层层相叠的云彩……在其中你可以发现类似的曲线，而且这些曲线通常带给人愉悦的感觉。"大 M 微笑着说。

"喔，我倒没想过！经你这么一说，我发现自然界的确有许多像正弦函数图形的曲线，例如老鹰挥动翅膀的姿势，或是鲑鱼逆流而上时身体摆动的韵律，感觉都像正弦函数图形一般上下起伏。"小平突然想起在某个频道看过的影片内容。

"你有没有发觉，老鹰挥动翅膀或鲑鱼摆动身体时，姿势都很有规律?"

"有啊！就是不断重复同样的动作，只是鲑鱼摆动的速度比较快"小平接着惊呼一声，"这不就是周期函数的特征吗?"

"你太棒了！这的确是周期函数的特征。其实自然界不断向我们展示它的周期特质，例如日升日落、潮起潮落、春去秋来、花开花谢，这些现象都活生生发生在我们的四周，所以周期函数并非数学家凭空想象出来的，数学家只是将生活中显而易见的事物，以数学语言来表达而已。"

"经你这么一说，我现在对周期函数突然有了不同的感觉，至少觉得亲切许多。"

"这代表它们不再是冷冰冰的曲线了！"大 M 继续说，"正弦函数图形会带来愉悦的感觉，现在你再仔细看图 15.10 的正切函数图形，有什么感觉?"

"它的曲线有点突兀，有一种不太和谐的感觉……"其实小平说不上来到底是什么感觉。

"正切函数的曲线比较奇特，就像深山里陡然出现的断崖，一端高耸直入云霄，另一端则坠下万丈深渊，形状跟正弦函数曲线大不相同。正切的函数曲线虽然不太和谐，却有一种超然脱俗的感觉，这种曲线在自然界比较少见，却也是自然界的一部分，就像苏花公路的清水断崖一样，常令人不禁驻足欣赏。

"另一方面，正切的曲线也有点像人生，每个人都来自遥远的虚无，然后一步一步在人生的道路上往上爬，当年龄及智慧接近顶端时，接着就面临死亡，而一切又从头开始，就像在 $x=90°$ 和 $x=270°$ 时，y 由 ∞ 变为 $-\infty$ 的情形。"

"没想到函数图形还带着人生哲理，真是奇妙！"小平突然感到很有趣。

　　"数学本来就很奇妙，只是需要我们去发掘。大部分人学数学，都像走马观花一样匆匆而过，既不会看到路边盛开的野花，也闻不到空气中弥漫的花香，当然不觉得数学有趣。有空多想想，你会得到许多意想不到的惊喜！"

第 **16** 堂课
弧度是什么？

"假如一个圆的半径为 r，那么它的圆周长是多少？"大 M 问了小平一个简单的问题。

"当然是 $2\pi r$，这个公式小学就会了！"小平轻松地回答。

"现在，如图 16.1，假如圆心角 θ 对应的圆弧长度为 s，在 θ 已知的情况下，你可以算出 s 吗？"

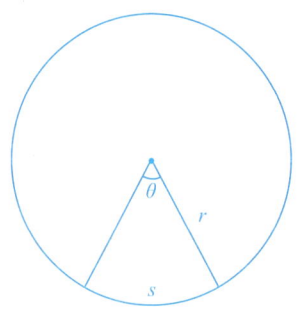

图 16.1

"我记得以前学过，不过有点忘了……"小平一面搔着头一面回答。

"其实这很简单，主要观念在于：

弧长与圆心角 θ 成正比关系。

原因是一个圆的圆心角共 360°，每一度对应的弧长都相等。所以 $\theta = 2°$ 对应的弧长，是 $\theta = 1°$ 对应弧长的两倍；$\theta = 3°$ 对应的弧长，是 $\theta = 1°$ 对应弧长的三倍；以此类推，就可以得知弧长与圆心角成正比。由于 $\theta = 360°$ 对应的弧长正好是圆周长 $2\pi r$，所以由比例关系得知

$$\frac{s}{2\pi r} = \frac{\theta}{360°} \quad \Rightarrow \quad s = 2\pi r \times \frac{\theta}{360°} \qquad (16.1)$$

（16.1）式即弧长的公式。"

"这个式子的概念很清楚，表示在半径 r 已知的情况下，只要知道圆心角 θ，就可以推知弧长 s。反过来，知道 s 也可以推知 θ。"以前，小平会直接将（16.1）式背下来，现在他只要将观念想清楚，公式不必背就自然记在心中，而且永远不会忘记。

"很好，再问你一个问题：如果一个圆的半径为 r，那么它的面积是多少？"大 M 笑着问小平这个小学生都会的问题。

"当然是 πr^2，这个问题未免太简单了！"小平也笑着回答。

"是很简单没错，我知道你一定会。那么在图 16.2（见次页）中，圆心角 θ 对应的扇形面积是多少？"

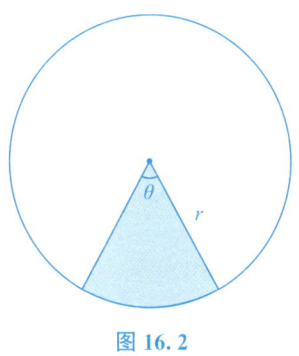

图 16.2

"我知道！因为一个圆的圆心角共 360°，每一度对应的扇形面积都一样，所以 $\theta=2°$ 对应的扇形面积，是 $\theta=1°$ 对应面积的两倍；$\theta=3°$ 对应的扇形面积，是 $\theta=1°$ 对应面积的三倍；以此类推，扇形面积就会与圆心角成正比。当 $\theta=360°$ 对应的面积为 πr^2，所以图 16.2 中的扇形面积 A 为

$$\frac{A}{\pi r^2}=\frac{\theta}{360°} \quad \Rightarrow \quad A=\pi r^2 \times \frac{\theta}{360°} \qquad (16.2)$$

这个公式的道理，与弧长公式完全相同。"小平一口气讲完，嘴角还挂着笑容。

"你学得很快，观念也很清楚。不管弧长或扇形面积，其实都与圆心角 θ 成正比。利用这个观念，加上小学就学过的圆周长与面积公式，就很容易计算弧长或扇形面积。"大 M 对小平的理解力感到高兴，接着说，"（16.1）式和（16.2）式，虽然能计算弧长与扇形面积，但数学家却认为它们不够漂亮……"

"不够漂亮？难道数学公式也有美丑之分？"小平不经意打断大 M 的话。

"数学式的确有美丑之分，不过这有点抽象，一般人比较难体会。数学家认为美的式子，往往以最简单的形式呈现，让人一看就明白它的含义。（16.1）式和（16.2）式虽然能表达弧长与扇形面积的含义，但不够简洁，所以在数学家眼中，也就不怎么漂亮了。"

"真有趣，原来数学公式跟人一样，有些长得漂亮，有些比较难看。"这是小平以前没听过的说法，感觉很新鲜。

"为了更简洁表达弧长与扇形面积的含义，数学家引入一个新的角度单位，称为'弧度'。弧度是另一种角度单位，定义为

$$2\pi \text{ 弧度} = 360°$$

所以

$$\pi \text{ 弧度} = 180°$$

$$1 \text{ 弧度} = \frac{180°}{\pi} \approx 57.3°$$

假如我们以弧度为角度单位，则（16.1）式和（16.2）式就变成

$$s = (2\pi r) \times \frac{\theta}{2\pi} = r\theta \qquad (16.3)$$

$$A = (\pi r^2) \times \frac{\theta}{2\pi} = \frac{1}{2} r^2 \theta \qquad (16.4)$$

（16.3）式表示弧长等于 r 和 θ 的乘积，而（16.4）式表示扇形

面积与 r 和 θ 的关系，两个式子皆比（16.1）式及（16.2）式简洁有力。"大 M 说明了引入弧度的原因。

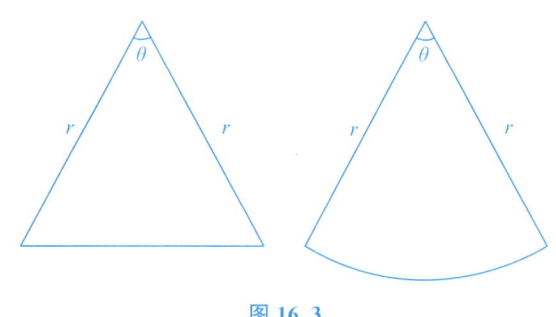

图 16.3

"这两个式子的确比较'漂亮'，它们将弧长及扇形面积与 r 和 θ 之间的关系清楚地呈现出来，让人一看就明白。"

"没错，这正是数学家为什么要引入弧度的原因。"

"我有一个问题：（16.3）式和（16.4）式之间，有没有什么关联？"小平觉得它们似乎有点关联，却又看不出来。

"嗯，这个问题很好。上图 16.3 中，有一个等腰三角形和一个扇形，它们是不是长得有点像？"

"是有点像！"

大 M 说："它们的形状有点像，所以计算面积的方式也应该类似。三角形的面积为 $\frac{1}{2}$ 底×高，所以我们可以将图 16.3 的扇形，想象成一个特殊的等腰三角形，它的底边长度等于弧长（$r\theta$），而高则等于半径（从扇形顶点到圆弧的中点，距离为半径 r），若借用三角形面积公式来计算，则扇形面积为

$$A = \frac{1}{2}底 \times 高 = \frac{1}{2}(r\theta) \times r = \frac{1}{2}r^2\theta$$

这个结果，和（16.4）式完全一样，意思就是扇形可以视为一个底边长等于弧长 $r\theta$，而高等于半径 r 的等腰三角形，这样就将弧长与扇形面积的概念结合在一起了。"

"我现在能体会以弧度做角度单位的好处了，它不仅使公式简洁有力，也更容易使我们看出彼此的关联。"小平有所领悟。

"以后你会明白，在科学及工程的应用上，大部分是以弧度为角度单位的，但在中学阶段，还是两者并用，所以两种角度单位都必须熟悉。"

"这不难，只要记得 $180°$ 对应 π 弧度就好了。"小平回答得很轻松。

"这还不够，你必须记得几个特别角对应的弧度，例如 $90° \rightarrow \frac{\pi}{2}$，$60° \rightarrow \frac{\pi}{3}$，$45° \rightarrow \frac{\pi}{4}$，$30° \rightarrow \frac{\pi}{6}$，这些对后续的学习很有帮助。"大 M 继续说，"以下的例题，可以帮助你了解扇形面积的应用。

例 1：图 16.4（见次页）中，若 $\theta = \frac{\pi}{6}$，$r = 4$，求深色部分的面积。

解析：假设扇形 EFG 的面积为 A，则

$$A = \frac{1}{2}r^2\theta = \frac{1}{2} \times 4^2 \times \frac{\pi}{6} = \frac{4\pi}{3}$$

若三角形 EFG 的面积为 B，利用第 12 堂课学过的概念（两边

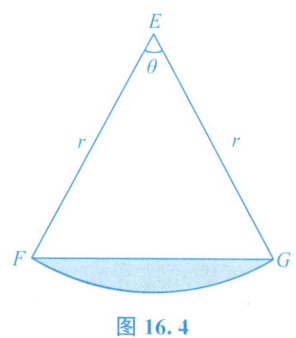

图 16.4

一夹角），可以得到

$$B=\frac{1}{2}r^2\sin\theta=\frac{1}{2}\times4^2\times\frac{1}{2}=4$$

最后，所求面积 C 为

$$C=A-B=\frac{4\pi}{3}-4$$

这个问题包含三角形和扇形面积，若能想清楚的话，以后碰到相关问题，就不会感到害怕。"

"我以前对这种问题的确有点害怕，原因就是没想清楚，现在想清楚了，就觉得很简单。"小平在逐渐脱离以前心虚害怕的感觉，不过这种感觉还是常常出现，毕竟冰冻三尺非一日之寒，需要时间慢慢化解。

"最后，在结束这一堂课前，顺便告诉你一个和蜘蛛有关的概念，想不想听？"大 M 突然想到一个有趣的观点。

"好啊！我洗耳恭听。"

"有些学生之所以数学学得好，是因为他们会花时间，把一些相近的公式、定理或概念做比较，以深入理解它们之间的关联。"

大 M 停顿一下后，继续说："这样做的结果，会让知识形成一个彼此相连的网络，就像蜘蛛网一样紧密，而他就是在网上来去自如的蜘蛛。有了这个知识网络，当他面对考试时，往往能以最迅速的方式作答，就像蜘蛛会以最短路径摄取猎物一样；假如临时忘记某一个概念，也会以其他的概念处理问题，就像蜘蛛网上虽然有破洞，蜘蛛还是能经由别的途径到达它想去的地方。

"这堂课是个好例子，你以前大概只会记住三角形和扇形的面积公式，而不会思考它们的关联，也只会背扇形的弧长公式，而不会联想它和扇形面积的关系。假如能将这些关系想清楚，就能建立一个彼此相连的网络，可能一辈子都不会忘记。"大 M 慢慢陈述他的"蜘蛛观点"。

"我会记住你的话并努力去做，希望有一天，也能成为行动敏捷又悠游自在的蜘蛛。"小平笃定地回答。

小平想起自己以前的学习过程，不像大 M 所说的蜘蛛，反倒像是陷在蜘蛛网上的甲虫，虽然努力想脱身，但结果却被更多的公式和题型缠住，而且越缠越紧、越陷越深。现在终于看到了脱困的方法，虽然只是开始，却明显是一条正确的路，好好走下去，甚至有可能蜕变成一只快乐的蜘蛛。

想到这里，小平突然感到一丝喜悦，这是他以往少有的感觉。

第17堂课
三角函数图形变化

"在科学及工程上，通常以弧度为角度单位，所以这堂课我们再来学习三角函数图形，但是以弧度为 x 轴的单位。图 17.1（见次页）是 $y=\sin x$ 的函数图形，这个图和图 15.4 相似，差别是改成以弧度为 x 轴的单位，所以图 15.4 中的 $90°\to\dfrac{\pi}{2}$，$180°\to\pi$，$360°\to2\pi$。"大 M 简单说明这堂课的重点。

"这个转换不难，我可以理解。"小平很快回答。

"仅仅理解还不够，最好能将 $y=\sin x$ 的图形，以弧度为 x 轴的单位，仔仔细细画一遍，就像小学生练习写字一样。这样一方面能熟悉弧度单位，另一方面亦能了解 $\sin x$ 随不同弧度的变化。"大 M 叮嘱小平必须下苦功，知识才会稳固。

"好，我会借着作图，来熟悉弧度及函数图形变化。"

"不仅要画 $y=\sin x$ 的函数图形，$y=\cos x$ 和 $y=\tan x$ 以弧度为 x 轴单位的函数图形（后面的图 17.2 和图 17.3），也必须

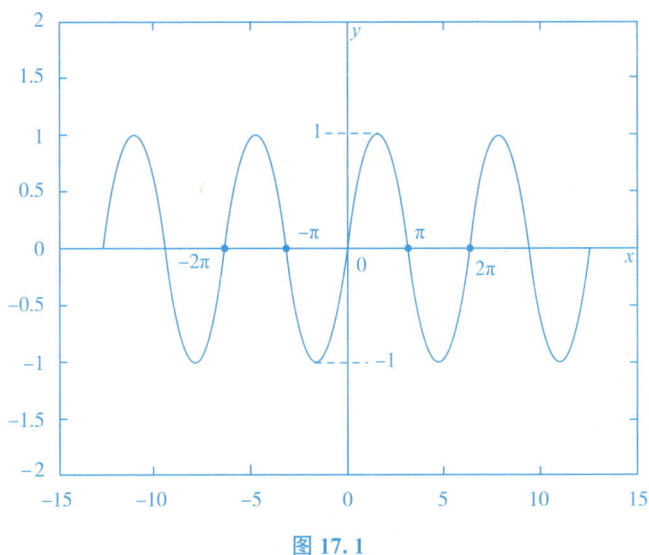

图 17.1

仔细画一遍。此外，你也应该利用时间，完成另外三个函数图形（$y = \cot x$，$y = \sec x$，$y = \csc x$）。假如能做到的话，三角函数图形就难不倒你了。"

"虽然要花不少时间，但确实值得做。"小平知道要理解函数图形，一定要花时间好好作图。

大 M 接着说："我们在第 15 堂课学习的是基本三角函数图形，在这堂课，要学比较复杂的图形变化。"

"三角函数图形变化好像很难，我记得老罩曾经教过，有什么左右或上下平移，还有什么伸缩法，搞得我满头雾水！"小平想起这一段学习过程，虽然是不久前的事，却完全不知道在学什么。

"没错，这部分稍难，不过有一个要诀能够帮助你，这个要

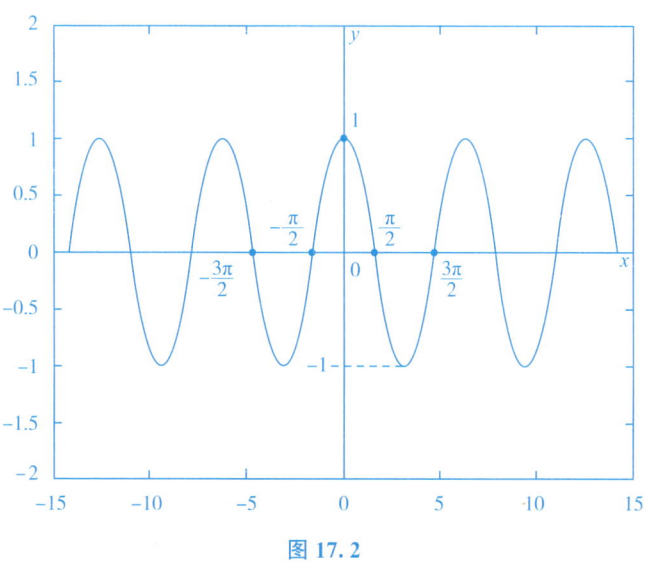

图 17.2

诀就是：

先观察函数的特性，然后利用这些特性来作图。

假如能掌握这个要诀，函数图形就会变得简单。"大 M 慢慢说出他的观点。

"你能不能举例说明？"小平不太明白大 M 的意思。

"每一个函数都有它的特性，就像每个人都有自己的个性一样。和朋友交往，能了解彼此的个性的话，就会相处愉快，函数图形也是如此。例如由图 17.1，我们可以看出 $y=\sin x$ 的特点为：

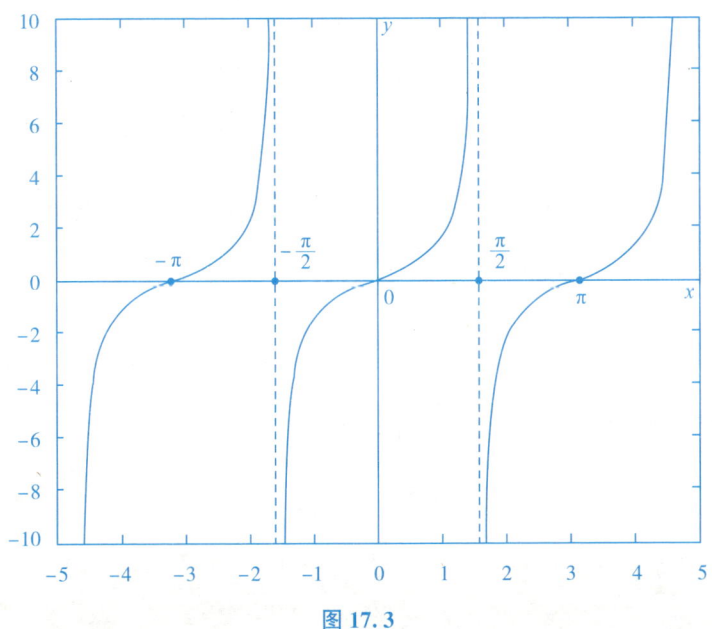

图 17.3

●它是连续函数

●它也是周期函数，周期为 2π

●在 $[0, 2\pi]$ 的区间内，最大值 $y=1$ 对应 $x=\dfrac{\pi}{2}$，最小

值 $y=-1$ 对应 $x=\dfrac{3\pi}{2}$，并且在 $x=0$，π，2π 时，对应 $y=0$

了解了正弦函数的特性之后，函数图形的变化就容易处理了。

例如 $y=4\sin\left(5x+\dfrac{\pi}{3}\right)-1$ 是 $y=\sin x$ 的变化，乍看之下很复杂，

大部分人都不知道怎么画它的函数图形，但只要懂得利用正弦

函数的特点，就很容易画，完全不需背记任何做法。"

"你是说，我可以不用老罩教的平移或伸缩法，只要利用正弦函数特性就可以了吗？"小平眼神中带着困惑，但也露出一点喜悦的光芒。

"没错，只要利用函数的特性，就可以正确作图。首先，我们从比较简单的图形，例如 $y = \sin\left(x + \dfrac{\pi}{3}\right)$ 的函数图形学起。由之前的观察，得知 $y = \sin\left(x + \dfrac{\pi}{3}\right)$ 的最大值、最小值和零点（函数值为 0 所对应的点），分别发生在：

最大值（$y = 1$）：$x + \dfrac{\pi}{3} = \dfrac{\pi}{2}$　　$\Rightarrow$　$x = \dfrac{\pi}{6}$

最小值（$y = -1$）：$x + \dfrac{\pi}{3} = \dfrac{3\pi}{2}$　　$\Rightarrow$　$x = \dfrac{7\pi}{6}$

零点（$y = 0$）：$x + \dfrac{\pi}{3} = 0$，π，2π $\Rightarrow$　$x = -\dfrac{\pi}{3}$，$\dfrac{2\pi}{3}$，$\dfrac{5\pi}{3}$

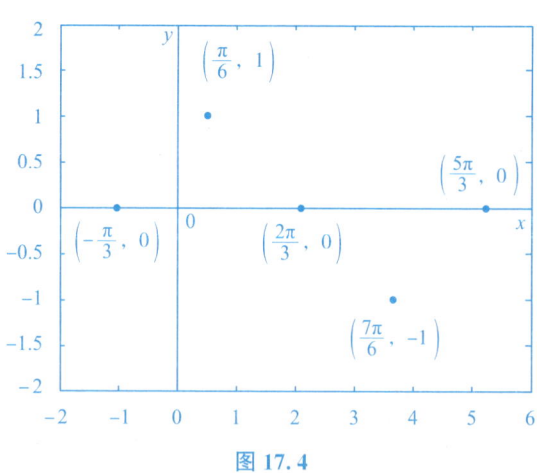

图 17.4

如图 17.4（见上页），我们先标示出这几个具代表性的点对应的坐标。接着，因为它是一个连续的函数，因此只要以平滑的曲线将这几个点连起来（凭感觉画），就会得到图 17.5，即一个周期内的函数图形。又由于它是周期函数，所以只要将这段图形复制到其他区间，就能得到图 17.6（见次页）的完整函数图形。"（注：虽然得到的不是精确的图形，却是数学上有用且正确的图形。）

"接下来，我们画 $y = \sin\left(5x + \dfrac{\pi}{3}\right)$ 的函数图形。仿照之前的做法，它的最大值、最小值和零点，分别发生在：

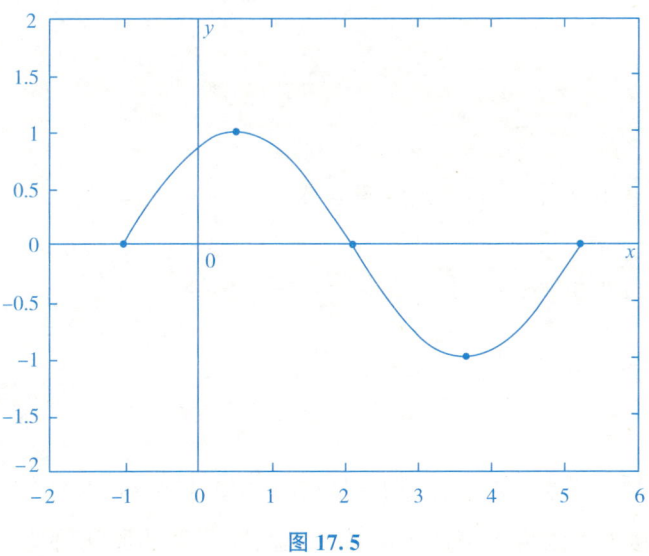

图 17.5

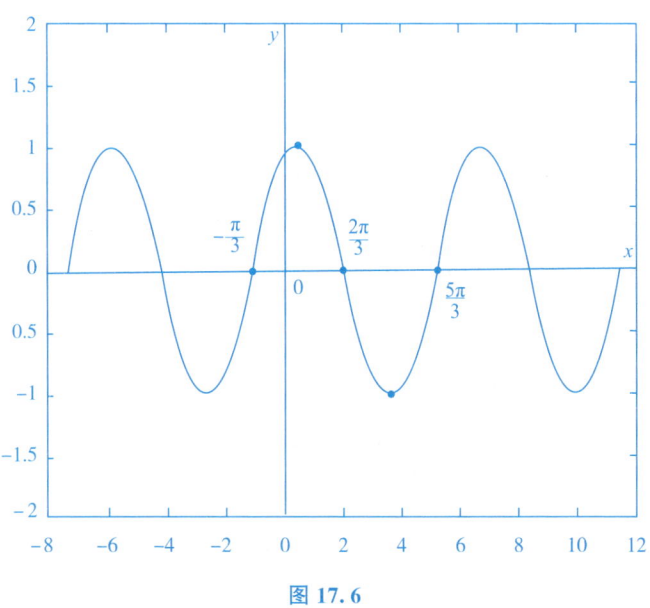

图 17.6

最大值（$y=1$）：$5x+\dfrac{\pi}{3}=\dfrac{\pi}{2}$ $\quad\Rightarrow\quad$ $x=\dfrac{\pi}{30}$

最小值（$y=-1$）：$5x+\dfrac{\pi}{3}=\dfrac{3\pi}{2}$ $\quad\Rightarrow\quad$ $x=\dfrac{7\pi}{30}$

零点（$y=0$）：$5x+\dfrac{\pi}{3}=0$，π，2π $\Rightarrow$ $x=-\dfrac{\pi}{15}$，$\dfrac{2\pi}{15}$，$\dfrac{\pi}{3}$

如图 17.7（见次页），我们先标示这几个具代表性的点对应的坐标。接着，因为它是连续函数，我们以平滑的曲线将这几个点连起来，就得到图 17.8（见次页），即一个周期内的函数图形。最后，由于它是周期函数，只要将这个图形复制到其他区间，

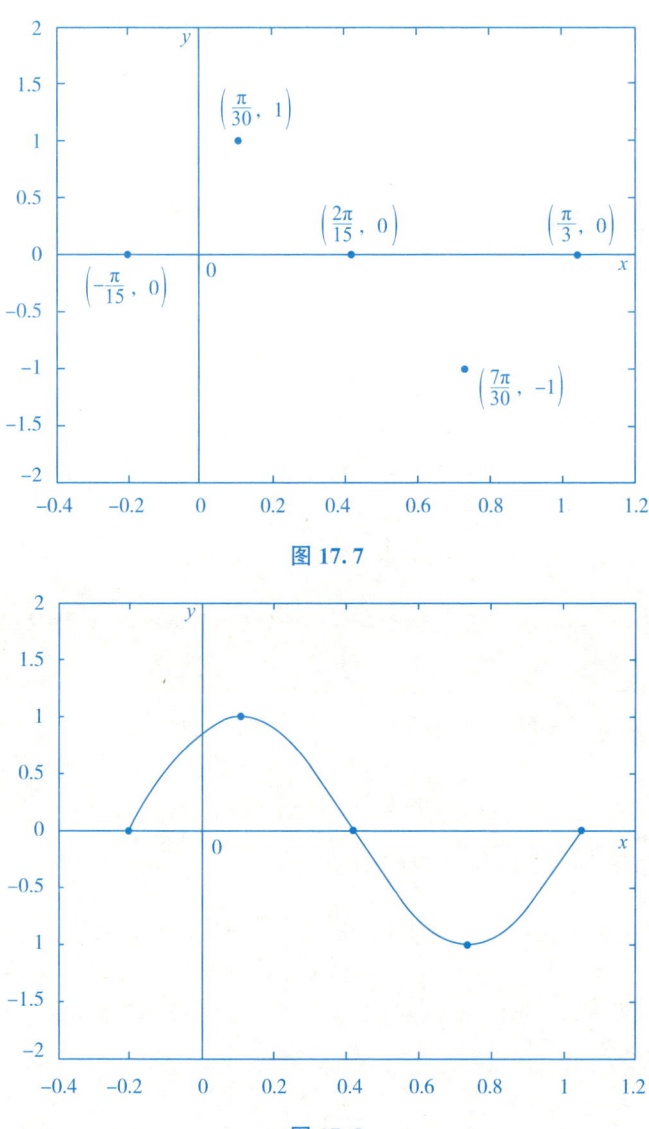

图 17.7

图 17.8

就得到图 17.9 的完整图形。由图 17.9 可以看出，这个函数的周期为

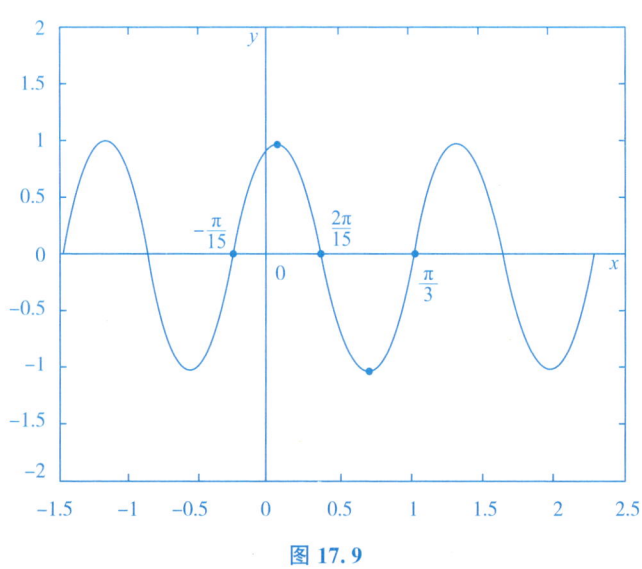

图 17.9

$$\frac{\pi}{3}-\left(-\frac{\pi}{15}\right)=\frac{2\pi}{5}$$

原因由作图的过程中，自然就明白了。"

"现在，我们画 $y=4\sin\left(5x+\frac{\pi}{3}\right)-1$ 的函数图形。由之前的结果得知，$\sin\left(5x+\frac{\pi}{3}\right)$ 的最大值、最小值和零点，分别发生在：

$$\sin\left(5x+\frac{\pi}{3}\right)=1 \quad \Rightarrow \quad x=\frac{\pi}{30}$$

$$\sin\left(5x+\frac{\pi}{3}\right)=-1 \quad \Rightarrow \quad x=\frac{7\pi}{30}$$

$$\sin\left(5x+\frac{\pi}{3}\right)=0 \quad \Rightarrow \quad x=-\frac{\pi}{15}, \frac{2\pi}{15}, \frac{\pi}{3}$$

利用以上的结果，当 $y=4\sin\left(5x+\frac{\pi}{3}\right)-1$ 时，我们得到以下的对应：

$$x=\frac{\pi}{30} \quad \Rightarrow \quad y=4\times1-1=3$$

$$x=\frac{7\pi}{30} \quad \Rightarrow \quad y=4\times(-1)-1=-5$$

$$x=-\frac{\pi}{15}, \frac{2\pi}{15}, \frac{\pi}{3} \quad \Rightarrow \quad y=4\times0-1=-1$$

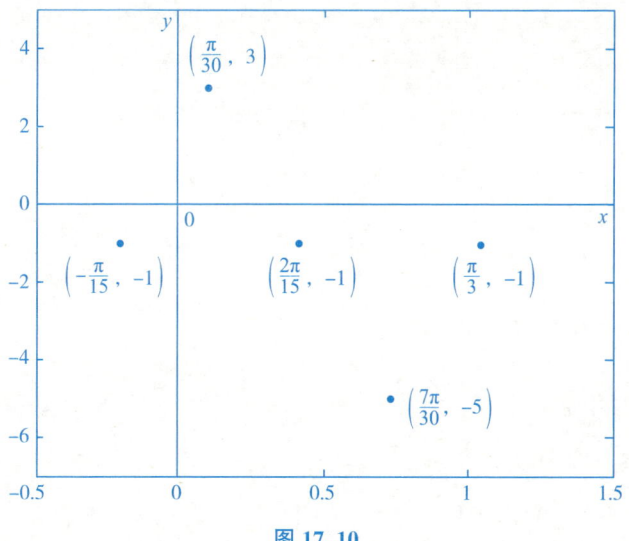

图 17.10

如图 17.10（见上页），我们先标示这几个代表性的点对应的坐标，接着以平滑的曲线连接这几个点，得到图 17.11，最后将这个图形复制到其他区间，就得到图 17.12（见次页）完整的函数图形。〔注：这个函数的周期还是 $\frac{\pi}{3} - \left(-\frac{\pi}{15}\right) = \frac{2\pi}{5}$。〕"大 M 仔细地将复杂的图形分成几个步骤完成，希望小平熟悉作图的方法。

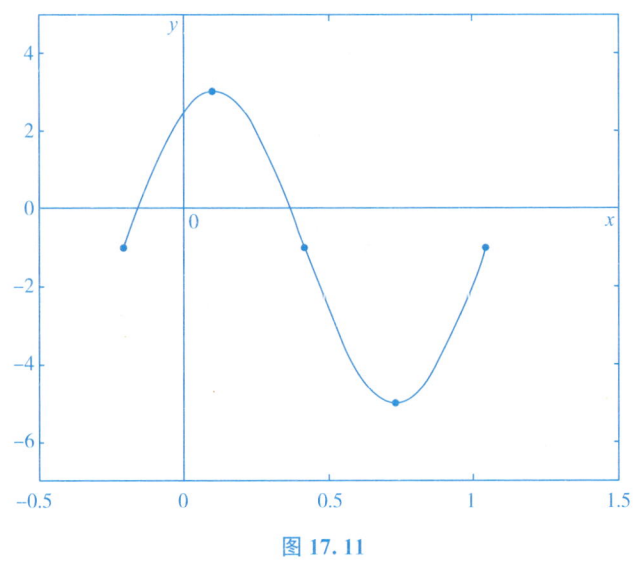

图 17.11

"对不起，我大致了解了你的做法，但还不太能掌握……"小平一时还抓不住重点。

"这很正常，我们再看一个例子。假设 $y = 3\cos\left(2x - \frac{\pi}{4}\right) + 7$，我们要画它的函数图形。首先，由图 17.12，可以看出函数

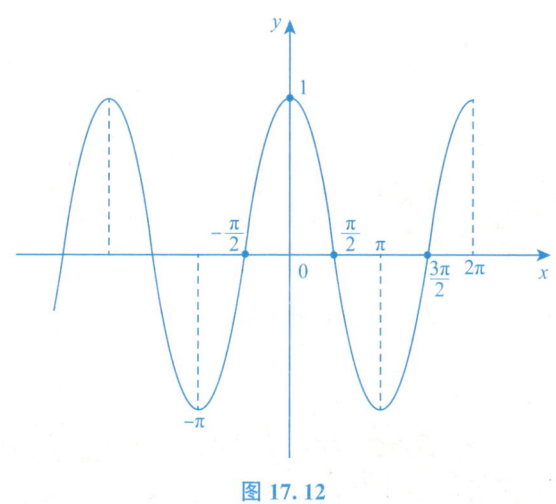

图 17.12

$y=\cos x$ 的特点为

● 它是连续函数

● 它也是周期函数，周期为 2π

● 在 $\left[-\dfrac{\pi}{2}, \dfrac{3\pi}{2}\right]$ 的区间内，它的最大值 $y=1$ 对应 $x=0$，

最小值 $y=-1$ 对应 $x=\pi$，并且在 $x=-\dfrac{\pi}{2}$，$\dfrac{\pi}{2}$，$\dfrac{3\pi}{2}$ 时，对应

$y=0$

由 $y=\cos x$ 图形，得知 $y=\cos\left(2x-\dfrac{\pi}{4}\right)$ 的最大值、最小值和零

点，分别发生在：

最大值（$y=1$）：$2x-\dfrac{\pi}{4}=0$ $\Rightarrow$ $x=\dfrac{\pi}{8}$

最小值（$y=-1$）：$2x-\dfrac{\pi}{4}=\pi$ $\Rightarrow$ $x=\dfrac{5\pi}{8}$

零点（$y=0$）：$2x-\dfrac{\pi}{4}=-\dfrac{\pi}{2},\dfrac{\pi}{2},\dfrac{3\pi}{2}$ $\Rightarrow$ $x=-\dfrac{\pi}{8},\dfrac{3\pi}{8},\dfrac{7\pi}{8}$

有了这些对应，我们就可以画 $y=3\cos\left(2x-\dfrac{\pi}{4}\right)+7$ 的函数图形。由于

$$\cos\left(2x-\dfrac{\pi}{4}\right)=1 \quad \Rightarrow \quad x=\dfrac{\pi}{8}$$

$$\cos\left(2x-\dfrac{\pi}{4}\right)=-1 \quad \Rightarrow \quad x=\dfrac{5\pi}{8}$$

$$\cos\left(2x-\dfrac{\pi}{4}\right)=0 \quad \Rightarrow \quad x=-\dfrac{\pi}{8},\dfrac{3\pi}{8},\dfrac{7\pi}{8}$$

因此，当 $y=3\cos\left(2x-\dfrac{\pi}{4}\right)+7$ 时，我们得到以下的对应：

$$x=\dfrac{\pi}{8} \qquad\qquad \Rightarrow \quad y=3\times1+7=10$$

$$x=\dfrac{5\pi}{8} \qquad\qquad \Rightarrow \quad y=3\times(-1)+7=4$$

$$x=-\dfrac{\pi}{8},\dfrac{3\pi}{8},\dfrac{7\pi}{8} \quad \Rightarrow \quad y=3\times0+7=7$$

如图 17.13（见次页），我们先标示这几个具代表性的点对应的坐标，接着以平滑的曲线连接这几个点得到图 17.14（见次页），

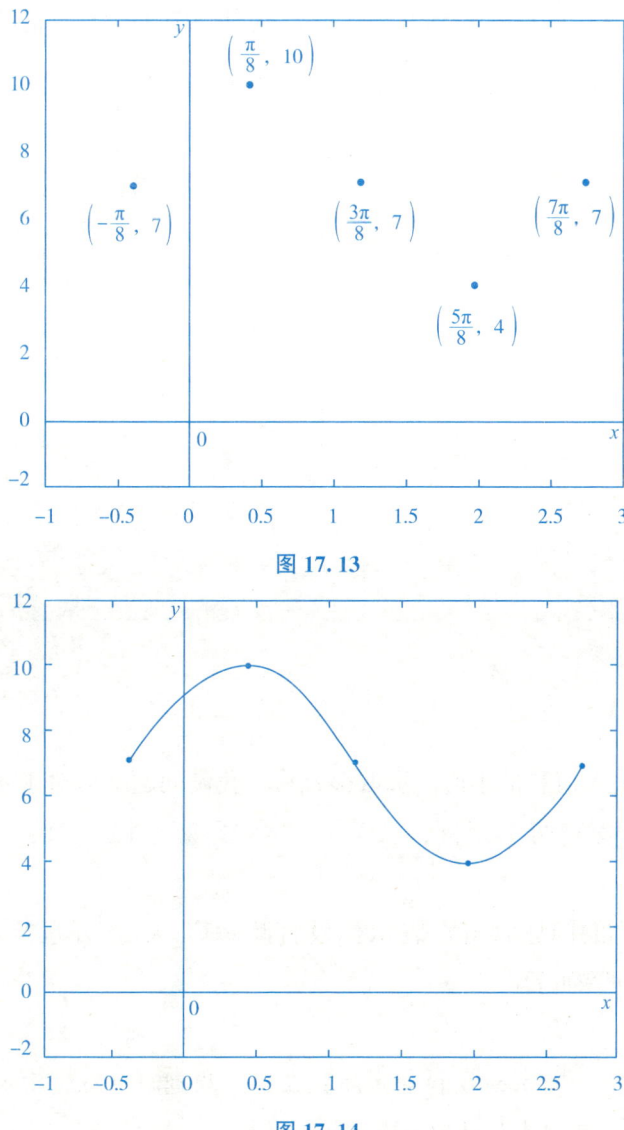

图 **17. 13**

图 **17. 14**

最后将这个图形复制到其他区间，就得到图 17.15 完整的函数图形。[注：这个函数的周期 $\frac{7\pi}{8}-\left(-\frac{\pi}{8}\right)=\pi$。]"

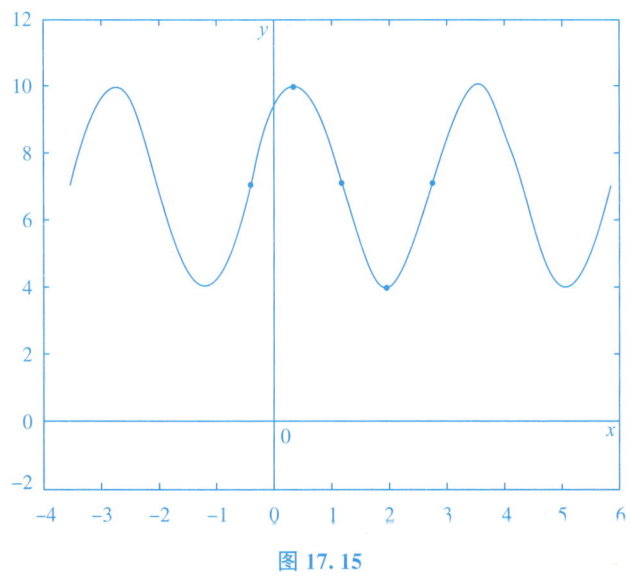

图 17.15

"最大值和最小值的选取很容易，我没问题，但对于零点的选取，我有两个疑问：（1）为什么要选三个点？（2）要怎么选？"

"你的问题很好，表示你没打瞌睡！"大 M 开玩笑地说，"我的回答如下：

● 因为正弦函数和余弦函数在一个周期内（2π）刚好有三个零点，所以我们选取三个零点

●三个零点所涵盖的区间，必须包括最大值和最小值在内，才能画出一个完整周期的图形。例如正弦函数的最大值和最小值，最好的选择分别是 $x=\dfrac{\pi}{2}$ 和 $x=\dfrac{3\pi}{2}$，故零点选择 $x=0$，π，2π，而余弦函数的最大值和最小值，最好的选择分别是 $x=0$ 和 $x=\pi$，故零点选择 $x=-\dfrac{\pi}{2}$，$\dfrac{\pi}{2}$，$\dfrac{3\pi}{2}$。”

"所以只要自然选出最大值和最小值，接着再选取三个涵盖它们的零点，就可以作图?"小平继续问。

"没错!"大 M 肯定地回答。

"你的做法的确比老罩的做法简单，完全不必记什么上下、左右平移或伸缩，就可以画出正确的图。"小平想清楚之后，觉得这个方法似乎不错。

大 M 说："我们可以由另一个角度，来理解刚刚的作图方法。你知道 $y=2x+3$ 的函数图形是一条直线吧?"

"知道啊，只要知道直线上任意两点，就可以将 $y=2x+3$ 对应的直线画出来。"

"其实 $y=\sin x$ 图形的做法，在概念上与 $y=2x+3$ 的做法相同，差别在于 $y=\sin x$ 对应的是曲线而不是直线，所以需要更多点，才能作出完整的图形。例如，只要任意两点就能决定一条直线，但 $y=\sin x$ 的图形却需要五个点，而且是具代表性的五个点，才能完整画出对应的函数图形。"

"原来如此!"小平恍然大悟，原来大 M 的做法，和以前画直线的概念相同，只是过程比较复杂而已。了解这个概念之后，小平对大 M 的做法，又有了深一层的认识。

"接着，我们来看正切函数的图形。因为正切函数是不连续函数，很多人觉得它的图形比正弦或余弦函数难，其实如果你够了解的话，反而会觉得正切函数的图形比较简单。我们先来观察正切函数的特性（请参考图 17.3 的 $y=\tan x$ 图形）：

🔵它不是连续函数

🔵但它是周期函数，周期为 π

🔵在 $\left[-\dfrac{\pi}{2}, \dfrac{\pi}{2}\right]$ 的区间，它的最大值（$y=\infty$）发生在 $x=\dfrac{\pi}{2}$，最小值（$y=-\infty$）发生在 $x=-\dfrac{\pi}{2}$，并且在 $x=0$ 时，对应 $y=0$

虽然 $\tan x$ 不是连续函数，但它在 $\left[-\dfrac{\pi}{2}, \dfrac{\pi}{2}\right]$ 的周期内，却是一个连续函数，并且涵盖最大值（$y=\infty$）、最小值（$y=-\infty$）及零点，利用这个特性，就很容易作图。假设，$y=3\tan\left(2x-\dfrac{\pi}{4}\right)-7$，我们要画它的函数图像。首先，我们画 $y=\tan\left(2x-\dfrac{\pi}{4}\right)$ 的函数图形。$y=\tan\left(2x-\dfrac{\pi}{4}\right)$ 的最大值、最小值和零点，分别发生在：

最大值（$y=\infty$）：$2x-\dfrac{\pi}{4}=\dfrac{\pi}{2}$ $\Rightarrow$ $x=\dfrac{3\pi}{8}$

最小值（$y=-\infty$）：$2x-\dfrac{\pi}{4}=-\dfrac{\pi}{2}$ $\Rightarrow$ $x=-\dfrac{\pi}{8}$

零点（$y=0$）：$2x-\dfrac{\pi}{4}=0$ $\Rightarrow$ $x=\dfrac{\pi}{8}$

我们先标示这三个点对应的坐标，接着利用正切函数的特性，将它们自然连起来，就得到一个周期内的函数图形（图 17.16）。最后，再将这个图形复制到其他区间，就得到完整的函数图形（图 17.17，见次页）。［注：这个函数的周期为 $\dfrac{3\pi}{8}-\left(-\dfrac{\pi}{8}\right)=\dfrac{\pi}{2}$。］

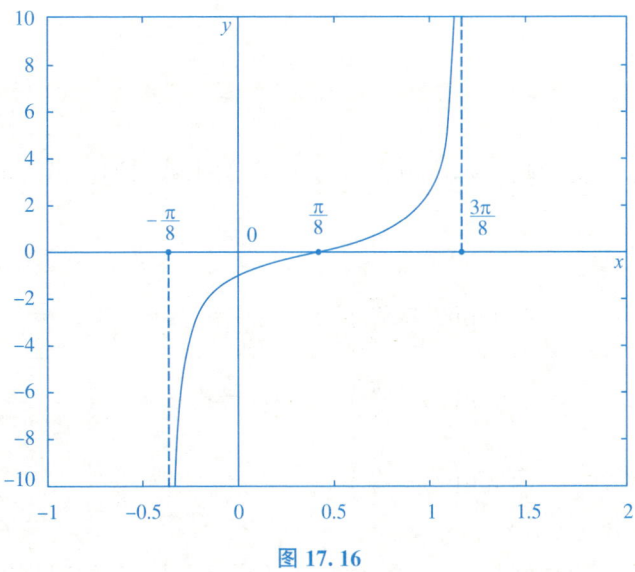

图 17.16

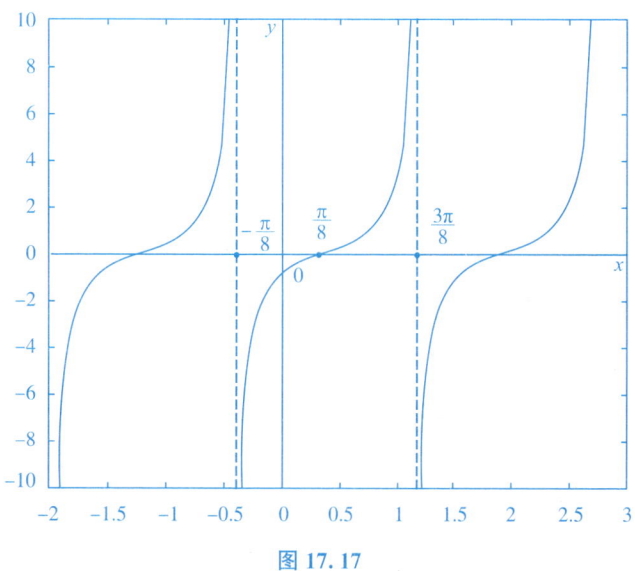

图 17.17

接下来，我们画 $y=3\tan\left(2x-\dfrac{\pi}{4}\right)-7$ 的函数图形。由之前的结果得知

$$\tan\left(2x-\frac{\pi}{4}\right)=\infty \quad \Rightarrow \quad x=\frac{3\pi}{8}$$

$$\tan\left(2x-\frac{\pi}{4}\right)=-\infty \quad \Rightarrow \quad x=-\frac{\pi}{8}$$

$$\tan\left(2x-\frac{\pi}{4}\right)=0 \quad \Rightarrow \quad x=\frac{\pi}{8}$$

利用以上的结果，当 $y=3\tan\left(2x-\dfrac{\pi}{4}\right)-7$ 时，我们得到以下的对应：

$$x=\frac{3\pi}{8} \quad \Rightarrow \quad y=3\times\infty-7=\infty$$

$$x=-\frac{\pi}{8} \quad \Rightarrow \quad y=3\times(-\infty)-7=-\infty$$

$$x=\frac{\pi}{8} \quad \Rightarrow \quad y=3\times0-7=-7$$

我们先标示这三个点对应的坐标，接着利用正切函数的特性，可以画出图 17.18，即一个周期内的函数图形。只要将这个图形复制到其他区间，就能得到完整的函数图形（图 17.19，见次页）。[注：这个函数的周期为 $\frac{3\pi}{8}-\left(-\frac{\pi}{8}\right)=\frac{\pi}{2}$。]"

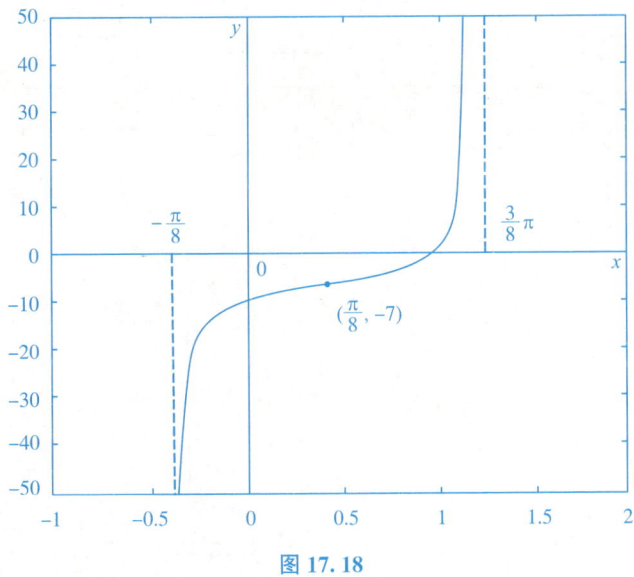

图 17.18

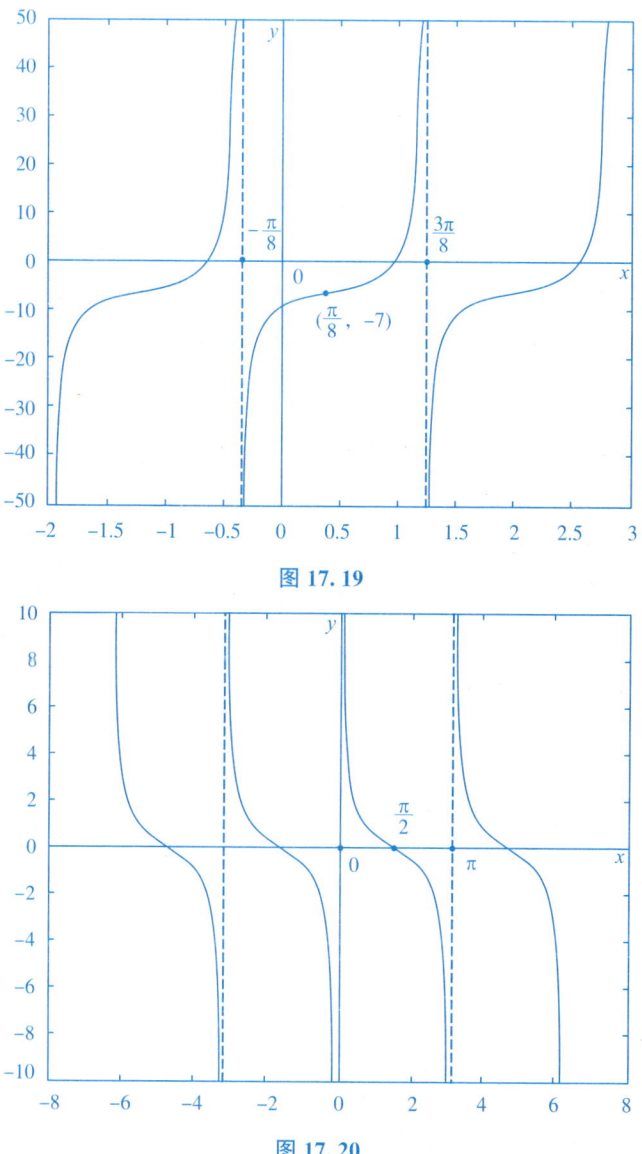

图 17.19

图 17.20

"正切函数的图形变化的确没有想象中困难，只要多做练习，应该就可以轻松画出来了。"小平觉得颇有把握。

"我们接着看余切函数的图形。图 17.20（见上页）是 $y=\cot x$ 的函数图形，我们先观察它的特性：

● 它不是连续函数

● 它是周期函数，周期为 π

● 在 $[0，\pi]$ 的区间，它的最大值（$y=\infty$）发生在 $x=0$，最小值（$y=-\infty$）发生在 $x=\pi$，并且在 $x=\dfrac{\pi}{2}$ 时，对应 $y=0$

我们发觉余切函数在 $[0，\pi]$ 的周期内是一个连续函数，并且涵盖最大值、最小值及零点，利用这个特性，就很容易作图。假设，$y=-2\cot\left(\dfrac{x}{3}-\dfrac{\pi}{2}\right)+5$，我们要画它的函数图像。首先，我们画 $y=\cot\left(\dfrac{x}{3}-\dfrac{\pi}{2}\right)$ 的函数图形。$y=\cot\left(\dfrac{x}{3}-\dfrac{\pi}{2}\right)$ 的最大值、最小值和零点，分别发生在：

最大值（$y=\infty$）： $\dfrac{x}{3}-\dfrac{\pi}{2}=0$ $\Rightarrow$ $x=\dfrac{3\pi}{2}$

最小值（$y=-\infty$）： $\dfrac{x}{3}-\dfrac{\pi}{2}=\pi$ $\Rightarrow$ $x=\dfrac{9\pi}{2}$

零点（$y=0$）： $\dfrac{x}{3}-\dfrac{\pi}{2}=\dfrac{\pi}{2}$ $\Rightarrow$ $x=3\pi$

我们先标示这三个点对应的坐标，接着利用正切函数的特性，可以画出图 17.21（见次页），即一个周期内的函数图形（注：

这个函数的周期为 $\dfrac{9\pi}{2}-\dfrac{3\pi}{2}=3\pi$）。只要将这个图形复制到其他区间，就能得到完整的函数图形（图略）。现在，我们画 $y=-2\cot\left(\dfrac{x}{3}-\dfrac{\pi}{2}\right)+5$ 的函数图形。由之前的结果得知

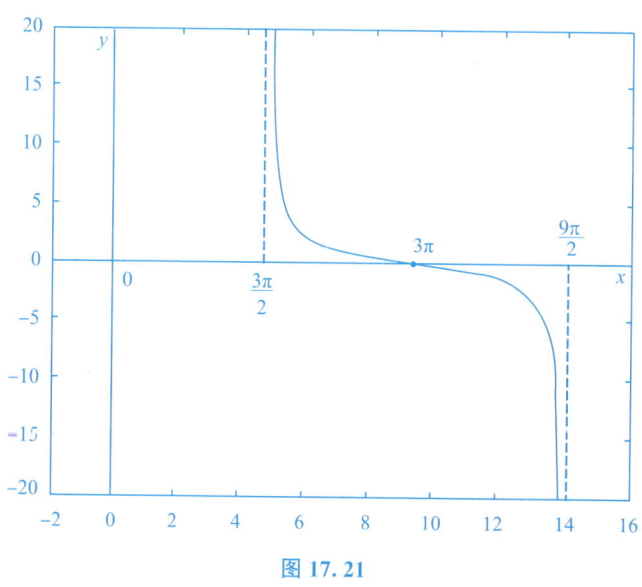

图 17.21

$$\cot\left(\dfrac{x}{3}-\dfrac{\pi}{2}\right)=\infty \quad\Rightarrow\quad x=\dfrac{3\pi}{2}$$

$$\cot\left(\dfrac{x}{3}-\dfrac{\pi}{2}\right)=-\infty \quad\Rightarrow\quad x=\dfrac{9\pi}{2}$$

$$\cot\left(\dfrac{x}{3}-\dfrac{\pi}{2}\right)=0 \quad\Rightarrow\quad x=3\pi$$

因此，$y=-2\cot\left(\dfrac{x}{3}-\dfrac{\pi}{2}\right)+5$ 时，我们得到以下的对应：

$$x = \frac{3\pi}{2} \quad \Rightarrow \quad y = (-2) \times \infty + 5 = -\infty$$

$$x = \frac{9\pi}{2} \quad \Rightarrow \quad y = (-2) \times (-\infty) + 5 = \infty$$

$$x = 3\pi \quad \Rightarrow \quad y = (-2) \times 0 + 5 = 5$$

我们先标示这三个点对应的坐标，接着利用 cot 函数的特性，画出图 17.22，即得到一个周期内的函数图形（注：这个函数的周期仍为 3π）。只要将这个图形复制到其他区间，就能得到完整的函数图形（图 17.23，见次页）。"

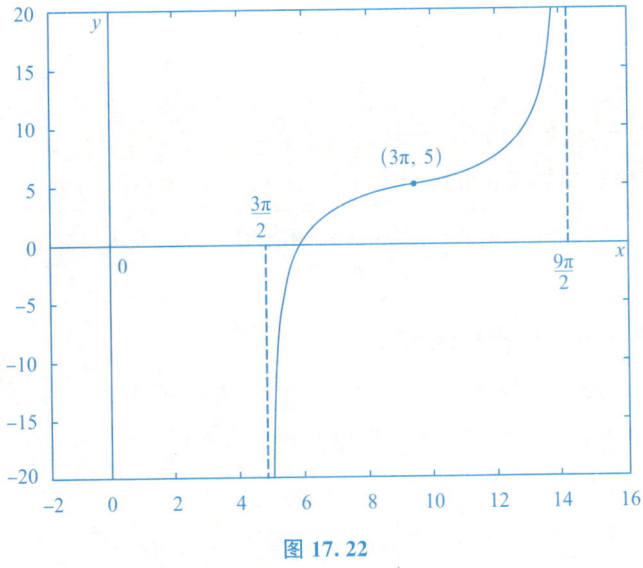

图 17. 22

"经过这几个例子的说明，我越来越熟悉这种做法，也渐渐不觉得难了。"小平高兴地说。

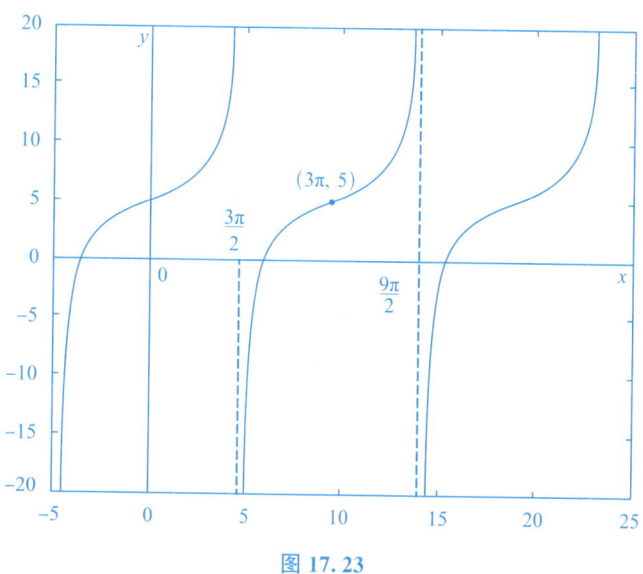

图 17. 23

"嗯，只要花时间好好练习，函数图形就变得简单多了。最后我们来做一下整理，使你对函数图形有整体的概念。

●正弦、余弦相关函数：
先找出五个点（一个最大值、一个最小值和三个零点），再利用上述做法，即可正确作图
●正切、余切相关函数：
先找出三个点（最大值、最小值和零点），再利用上述做法即可

希望你能将概念及做法想清楚，并且每个函数至少找一个例子

仔细作图。"大 M 语带鼓励。

小平说："我会照你的话慢慢去做，这样以后就不会害怕函数图形了。"

"在结束这堂课之前，我要问你一个问题：你有没有发觉，函数图形的周期会随不同函数而改变？"

"有啊！而且由作图的过程中，很容易看出它的变化，例如 $y=\sin x$ 的周期为 2π，而 $y=\sin(5x)$ 的周期变为原来的 $\frac{1}{5}$，$y=\sin\left(5x+\frac{\pi}{3}\right)$ 的周期也是原来的 $\frac{1}{5}$，$y=4\sin\left(5x+\frac{\pi}{3}\right)-1$ 的周期还是原来的 $\frac{1}{5}$，都是 $\frac{2\pi}{5}$——所以它们的周期好像只和 x 前面的系数有关。"小平尝试归纳他的观察。

"你归纳得很好，如果有一个函数是 $y=a\times\sin(bx+c)+d$，它的周期确实只和系数 b 有关，而且周期为 $\frac{2\pi}{b}$。不仅 $\sin x$ 如此，其他函数亦类似。譬如 $y=\tan x$ 的周期为 π，而 $y=\tan(3x)$ 的周期变为原来的 $\frac{1}{3}$，即 $\frac{\pi}{3}$；而 $y=a\times\tan(bx+c)+d$ 的周期只和 b 有关，而且周期为 $\frac{\pi}{b}$。"

"我现在对函数图形有比较深刻的认识了，只要找一本参考书，练习一些题目，应该就没问题了。"

　　屋梁上，大 M 和小平努力地教与学，试图将小平在数学上的颓势扭转过来。这不是一件容易的工程，但大 M 对小平很有信心，相信他一定可以脱胎换骨。

　　至于小平呢？虽然对数学还是没有十足把握，但对三角函数越来越有信心，学过的知识具体储存在脑海中，而不再是一堆不知所云的公式定理。

　　上过十几堂课程之后，小平逐渐找到了学好数学的钥匙，就像到千年古墓寻找传说中的宝藏一样，打开通往古墓的门只是个开始，后续还有许多考验在等着他。

　　是否真的能找到宝藏？就要看他是否有充足的毅力和决心去寻找了。

第18堂课
和角公式及其延伸

"你认为一流的学生怎么学数学？"大 M 问小平。

"我念的高中是全国一流的，但同学们还是分成好几流，而我大概属于三四流，所以不知道一流的学生怎么学数学……"想到自己的处境，小平感到有点沮丧。

"我觉得你正朝着一流学生的方向迈进，因为你已经摆脱背公式记题型的学习模式，开始思考数学的内涵，并灵活应用知识，所以不要沮丧。"大 M 安慰小平，接着说，"你们班上有一流的学生吧？"

"有啊，他叫王大宏，平常也没有特别用功，但数学成绩就是好！"

"你觉得他和其他同学有何不同？"

"王大宏上课很专心，虽然老罩的数学课很无聊，可是他每次都聚精会神听课，有问题也会实时发问，就算老罩常常答不出来，他还是会问。不像我，上课常常发呆。"小平用手托着脸颊，无奈地说。

"不错，你已经看出一流学生的特征之一，就是上课专心听讲，这是最有效率的学习方法。通常，他们在上课前，会花几分钟预习，先大略浏览即将学习的内容，然后在上课时仔细听讲，所以当你在发呆的时候，王大宏可能已经将新单元的内容了解了七八成。有句广告词说'不要输在起跑线上'，可是很多学生不知道，当他们第一次学新单元的时候，已经远远落后于一流的学生，如何追得上？"大 M 继续问，"另外，你还有没有发现其他特征？"

"我想想……对了，我觉得王大宏的头脑很好，会灵活应用公式，不像我，题目稍微变一下，脑筋就卡住了！"

"你认为是因为他头脑特别聪明，还是别的原因？"

"同学们都说他头脑好啊！至于是否有其他原因，我不晓得。"

"我认为能够考上一流高中的学生，头脑大概都差不多，真正的差别是在学习的流程和方法上。"大 M 说出他的观察。

"真的吗？我一直以为是我的头脑不好，所以不管怎么学都差王大宏一大截！"小平眼神一亮，对未来燃起一丝希望。

"是真的，只要你改变学习流程及方法，一定可以成为一流的学生。例如，课前花几分钟预习，上课时专心听讲，回家后马上将新单元的内容理解清楚，便是最好的学习流程。至于学习的方法呢，由以下的过程可以慢慢体会。"

"这堂课要学什么？"小平提起精神，准备学习新单元。

"学习如何由两个基本公式出发，推演许多重要的公式。"

"哪两个公式这么厉害？"小平好奇地问。

"它们是正弦函数和余弦函数的和角公式，由此可以推演倍角、半角及差角公式。另外，三倍角、四倍角、和差化积等公式，也可以推知。"

"真的？之前我花很多时间去背这些公式，还常常搞错！"小平对自己以前的学习方法，感到有点不好意思，不过除了背之外，他不晓得该如何学习这些公式。

"我想这大概就是你和王大宏之间的差别吧！他应该只把和角公式背下来，其他的完全不去背，而你却花很多时间背公式，还常出错，是有点事倍功半。"

"可是不背公式，怎么记得起来？"

"我暂时先不回答你的问题，待会儿你就明白了。"大 M 接着说，"现在，我们由正弦函数的和角公式出发。假设 α 和 β 是任意的角度，我们可以证明（过程比较复杂，故在此省略）：

$$\sin(\alpha+\beta)=\sin\alpha\cos\beta+\sin\beta\cos\alpha \qquad (18.1)$$

(18.1) 式即 <u>正弦函数的和角公式</u>。另外，由余角关系得到

$$\sin(\theta+90°)=\cos\theta$$

假如 $\theta=\alpha+\beta$，则

$$\cos(\alpha+\beta)=\sin(\alpha+\beta+90°)=\sin[(\alpha+90°)+\beta]$$

利用 (18.1) 式得到

$$\sin[(\alpha+90°)+\beta]=\sin(\alpha+90°)\cos\beta+\sin\beta\cos(\alpha+90°)$$

由于

$$\sin(\alpha+90°)=\cos\alpha$$

$$\cos(\alpha+90°)=-\sin\alpha$$

因此

$$\cos(\alpha+\beta)=\cos\alpha\cos\beta-\sin\alpha\sin\beta \qquad (18.2)$$

（18.2）式即余弦函数的和角公式。"

"学会了（18.1）式及（18.2）式，有什么用呢？"小平依稀记得这两个公式，但不晓得它们的重要性。

"首先，利用这两个公式，很容易推知其他三角函数的和角公式，例如：

$$\tan(\alpha+\beta)=\frac{\sin(\alpha+\beta)}{\cos(\alpha+\beta)}=\frac{\sin\alpha\cos\beta+\cos\alpha\sin\beta}{\cos\alpha\cos\beta-\sin\alpha\sin\beta}$$

上式中，将分子与分母同除以 $\cos\alpha\cos\beta$，就得到

$$\tan(\alpha+\beta)=\frac{\dfrac{\sin\alpha}{\cos\alpha}+\dfrac{\sin\beta}{\cos\beta}}{1-\dfrac{\sin\alpha\sin\beta}{\cos\alpha\cos\beta}}=\frac{\tan\alpha+\tan\beta}{1-\tan\alpha\tan\beta} \qquad (18.3)$$

同理

$$\cot(\alpha+\beta)=\frac{\cos(\alpha+\beta)}{\sin(\alpha+\beta)}=\frac{\cos\alpha\cos\beta-\sin\alpha\sin\beta}{\sin\alpha\cos\beta+\sin\beta\cos\alpha}$$

上式中，将分子及分母同除以 $\sin\alpha\sin\beta$，就得到

$$\cot(\alpha+\beta)=\frac{\dfrac{\cos\alpha\cos\beta}{\sin\alpha\sin\beta}-1}{\dfrac{\cos\alpha}{\sin\alpha}+\dfrac{\cos\beta}{\sin\beta}}=\frac{\cot\alpha\cot\beta-1}{\cot\alpha+\cot\beta} \qquad (18.4)$$

（18.3）式和（18.4）式，即正切函数和余切函数的和角公式。"

"我以前花很多时间背这两个公式，原来是白费力气！"小平有点懊恼。

"假如将那些时间用来理解，你会有很大的进步。由和角公式，我们还可以推知倍角公式，即由 $\sin\theta$ 推知 $\sin2\theta$。首先，由（18.1）式，会得到

$$\sin(\alpha+\beta)=\sin\alpha\cos\beta+\sin\beta\cos\alpha$$

若 $\alpha=\beta=\theta$，即

$$\sin(\theta+\theta)=\sin\theta\cos\theta+\sin\theta\cos\theta=2\sin\theta\cos\theta$$
$$\Rightarrow\sin2\theta=2\sin\theta\cos\theta \qquad (18.5)$$

同理

$$\cos(\alpha+\beta)=\cos\alpha\cos\beta-\sin\alpha\sin\beta$$

若 $\alpha=\beta=\theta$，则

$$\cos(\theta+\theta)=\cos\theta\cos\theta-\sin\theta\sin\theta=\cos^2\theta-\sin^2\theta$$
$$\Rightarrow\cos2\theta=\cos^2\theta-\sin^2\theta \qquad (18.6)$$

（18.5）式及（18.6）式，即正弦函数和余弦函数的倍角公式，有了它们之后，其他三角函数的倍角公式，就很容易得到。"

小平说："所以（18.5）式及（18.6）式也不必背，只要利

用（18.1）式和（18.2）式，几秒钟就可以推知。"

"嗯，是不必背，但是一流的学生会反复推导几次之后，自然记在脑海里，这样考试时答题会很迅速。所以给你的建议是，不要背公式，但要手脑并用，一边推导一边想它们的意义，仔细推导几遍后，自然就记在心中，我想王大宏应该就是这么做的。"

"我会好好推导，希望能将这些公式记住。"小平现在明白了以这样的方式学习，才有可能将数学学好。

"利用和角公式，我们还可以进一步推知三倍角公式。由（18.1）式可以得到

$$\sin(\alpha+\beta)=\sin\alpha\cos\beta+\sin\beta\cos\alpha$$

若 $\alpha=\theta$，$\beta=2\theta$，则

$$\sin(\theta+2\theta)=\sin\theta\cos2\theta+\sin2\theta\cos\theta$$

接着，利用（18.5）式和（18.6）式，我们得到

$$\begin{aligned}
\sin3\theta &= \sin\theta(\cos^2\theta-\sin^2\theta)+(2\sin\theta\cos\theta)\cos\theta \\
&= 3\sin\theta\cos^2\theta-\sin^3\theta=3\sin\theta(1-\sin^2\theta)-\sin^3\theta \\
&= 3\sin\theta-4\sin^3\theta
\end{aligned} \tag{18.7}$$

同理

$$\cos(\alpha+\beta)=\cos\alpha\cos\beta-\sin\alpha\sin\beta$$

若 $\alpha=\theta$，$\beta=2\theta$，则

$$\cos(\theta+2\theta)=\cos\theta\cos2\theta-\sin\theta\sin2\theta$$

接着，利用（18.5）式和（18.6）式，我们得到

$$\cos 3\theta = \cos\theta(\cos^2\theta - \sin^2\theta) - \sin\theta(2\sin\theta\cos\theta)$$
$$= \cos^3\theta - 3\sin^2\theta\cos\theta = \cos^3\theta - 3(1-\cos^2\theta)\cos\theta$$
$$= 4\cos^3\theta - 3\cos\theta \qquad (18.8)$$

（18.7）式和（18.8）式，即 正弦函数和余弦函数的三倍角公式。"

"我明白了！以此类推，只要重复利用（18.1）式和（18.2）式，即可得到 $\sin n\theta$ 或 $\cos n\theta$，$n=2$，3，4……"小平马上掌握了诀窍，"早知道这样，以前根本不必背三倍角公式了。"

"对，的确不需要背。另外，利用倍角公式，也可以倒过来推知半角公式。由（18.6）式得到

$$\cos 2\theta = \cos^2\theta - \sin^2\theta = \cos^2\theta - (1-\cos^2\theta) = 2\cos^2\theta - 1$$
$$\Rightarrow \cos\theta = \pm\sqrt{\frac{1+\cos 2\theta}{2}}$$

同样由（18.6）式，可以得到

$$\cos 2\theta = \cos^2\theta - \sin^2\theta = (1-\sin^2\theta) - \sin^2\theta = 1 - 2\sin^2\theta$$
$$\Rightarrow \sin\theta = \pm\sqrt{\frac{1-\cos 2\theta}{2}}$$

假设 $\phi = 2\theta$，则 $\theta = \dfrac{\phi}{2}$，而以上两式变成

$$\cos\frac{\phi}{2} = \pm\sqrt{\frac{1+\cos\phi}{2}} \qquad (18.9)$$

$$\sin\frac{\phi}{2} = \pm\sqrt{\frac{1-\cos\phi}{2}} \qquad (18.10)$$

（18.9）式和（18.10）式即半角公式，公式中取正号或负号，完全由 $\dfrac{\phi}{2}$ 所在的象限决定。举例而言，假如 $\dfrac{\phi}{2}$ 位于第二象限，则

$$\cos\frac{\phi}{2}=-\sqrt{\frac{1+\cos\phi}{2}}, \quad \sin\frac{\phi}{2}=\sqrt{\frac{1-\cos\phi}{2}}$$

若 $\dfrac{\phi}{2}$ 位于第三象限，则

$$\cos\frac{\phi}{2}=-\sqrt{\frac{1+\cos\phi}{2}}, \quad \sin\frac{\phi}{2}=-\sqrt{\frac{1-\cos\phi}{2}}$$

所以正负号非常容易判断。"

"这样说来，半角公式不难理解，以此类推，还可以知道半角的半角，即 $\dfrac{\phi}{4}$ 的三角函数，甚至 $\dfrac{\phi}{8}$，$\dfrac{\phi}{16}$……" 小平越说越高兴。这种自己领悟得到的快乐真的很棒，只是以前少有这种时刻。

"你很聪明，能够自行推广，就像一流的学生一样！" 大 M 看到小平渐渐开窍，感到很高兴。原先他并未预期小平会进步得这么快，不过随着小平的反应，他越来越相信，小平最后一定能够脱离困境，成为一流的学生。

"由和角公式，还能不能推出其他公式？" 小平对和角公式的魔力充满兴趣。

"可以啊！不过我们暂时打住，以免一次学太多，消化不良。你能否告诉我，由和角公式推演出这么多公式，有什么用？"

"是不是能让我们更灵活地处理问题？"

"正确！这些公式扩展了我们的自由度，例如，之前我们只

知道一些特别角的三角函数，现在利用这些公式，就能推知其他角度的三角函数。"

"我现在终于知道，为什么王大宏可以轻松拿高分，而我背得辛苦却拿低分，原来他只需记住两个公式，再推导出其他公式，而我却花一大堆时间背得焦头烂额，还常出错!"

"这只是表面上的差异，其实王大宏和你最大的差异在于:

学习时注重的是知识本质，而非表面知识。

以这堂课的内容为例，他知道和角公式是最基本的公式，所以细心体会它的意义，接着以它为基础去推导其他公式，就能清楚不同公式之间的关系并灵活应用。反之，公式是最表面的知识，而以前你只会背公式，当然题目一变就卡住，分数就不怎么好看了!"

"所以问题不在头脑好不好，而是学习方法好不好?"

"对，好的学习方法让你事半功倍，花最少的时间，获得最佳的效果。"大 M 微笑着说。

"什么是好的学习方法?"小平问。

"就是注重知识本质，掌握主要的定理及公式，并思考它们之间的关联性，想通了，自然能灵活应用而轻松解题。"

"我明白了，我以前就是很少思考定理或公式的意义，反而花很多时间去背公式做题目，现在要倒过来才对。"

"你一定可以成为一流的学生，我百分之百相信你做得到。"大 M 已经在小平身上看到了一流学生的雏形。

第**19**堂课
和差与积互化

　　"我大概明白了自己和王大宏之间的差别，可是要达到他的程度，似乎很难……"小平叹着气说。

　　"其实没有想象中困难，只要下定决心去做，很快你就会感到不同，一段时间后，会发觉和王大宏的差距越来越小。"大 M 语带鼓励。

　　"我会努力试试看，希望有一天，也能够悠游自在地学数学，就像王大宏一样！"

　　"我觉得你已经进步很多了，只是你自己没有察觉。不过，要达到王大宏的程度，目前你还缺少一项心理特质……"

　　"什么心理特质？"小平着急地问。

　　"你常打球，应该知道优秀的运动员都具有一种特质，就是有强烈的动机，想要达成目标并且相信自己做得到。同样在数学上，一流的学生，通常有强烈的动机，想要理解透彻所学的内容并且相信自己做得到。在这股动力的驱使下，他会投注精力去作图、去思考、去解题，碰到困难的问题时，不仅不会退缩，反而视为挑战，以兴奋的心情面对。"

大 M 继续说："我想王大宏应该具有这样的特质，而你在球场上可能也有这种特质，但在数学上目前还没有，假如能有这样的特质，很快你就会达到王大宏的程度。"

"对，王大宏碰到难题时，不但不放弃，还非要解出来不可，我的确没有他那股执着的精神，但我会尝试改变自己的！"

"很好，只要愿意投注精力，一定会有变化。"大 M 接着问小平，"还记得前一堂课的和角公式吗？"

"记得啊！就是以下这两个公式：

$$\sin(\alpha+\beta)=\sin\alpha\cos\beta+\sin\beta\cos\alpha \qquad (19.1)$$

$$\cos(\alpha+\beta)=\cos\alpha\cos\beta-\sin\alpha\sin\beta \qquad (19.2)$$

我现在对它们很熟悉了。"小平迅速回答。

"很好！现在，我们要利用这两个式子来推导差角公式。首先，$\sin(\alpha-\beta)$ 可以利用和角公式推导如下：

$$\sin(\alpha-\beta)=\sin[\alpha+(-\beta)]=\sin\alpha\cos(-\beta)+\sin(-\beta)\cos\alpha$$

因为 $\cos(-\beta)=\cos\beta$，$\sin(-\beta)=-\sin\beta$，所以

$$\sin(\alpha-\beta)=\sin\alpha\cos\beta-\sin\beta\cos\alpha \qquad (19.3)$$

同理

$$\cos(\alpha-\beta)=\cos[\alpha+(-\beta)]=\cos\alpha\cos(-\beta)-\sin\alpha\sin(-\beta)$$

由于 $\cos(-\beta)=\cos\beta$，$\sin(-\beta)=-\sin\beta$，因此

$$\cos(\alpha-\beta)=\cos\alpha\cos\beta+\sin\alpha\sin\beta \qquad (19.4)$$

（19.3）式和（19.4）式，即差角公式。"

"差角公式看起来很简单，只要利用负角公式与和角公式就可以推导出来。这是不是所谓'公式之间的关联'？"

"没错，这就是公式之间的关联，将它们之间的关系想清楚，你会理解得更深入。接下来，我们要利用和角公式，推导更复杂的关系式。首先，我们列出（19.1）式和（19.3）式：

$$\sin(\alpha+\beta)=\sin\alpha\cos\beta+\sin\beta\cos\alpha$$
$$\sin(\alpha-\beta)=\sin\alpha\cos\beta-\sin\beta\cos\alpha$$

将以上两个式子相加及相减，分别得到

$$\sin(\alpha+\beta)+\sin(\alpha-\beta)=2\sin\alpha\cos\beta \qquad (19.5)$$
$$\sin(\alpha+\beta)-\sin(\alpha-\beta)=2\sin\beta\cos\alpha \qquad (19.6)$$

（19.5）式和（19.6）式，是正弦函数和差化积的一种形式，它们还有另一种形式，推导如下。令 $A=\alpha+\beta$，$B=\alpha-\beta$，则

$$A+B=2\alpha \quad \Rightarrow \quad \alpha=\frac{A+B}{2}$$

$$A-B=2\beta \quad \Rightarrow \quad \beta=\frac{A-B}{2}$$

因此，（19.5）式和（19.6）式可以改写为

$$\sin A+\sin B=2\sin\frac{A+B}{2}\cos\frac{A-B}{2} \qquad (19.7)$$

$$\sin A-\sin B=2\sin\frac{A-B}{2}\cos\frac{A+B}{2} \qquad (19.8)$$

同样的做法，也可以应用到余弦函数上。我们先列出（19.2）式和（19.4）式

$$\cos(\alpha+\beta)=\cos\alpha\cos\beta-\sin\alpha\sin\beta$$

$$\cos(\alpha-\beta)=\cos\alpha\cos\beta+\sin\alpha\sin\beta$$

将以上两个式子相加及相减，分别得到

$$\cos(\alpha+\beta)+\cos(\alpha-\beta)=2\cos\alpha\cos\beta \qquad (19.9)$$

$$\cos(\alpha+\beta)-\cos(\alpha-\beta)=-2\sin\alpha\sin\beta \qquad (19.10)$$

（19.9）式和（19.10）式，是 **余弦函数和差化积** 的一种形式，它们的另一种形式，推导如下

令 $A=\alpha+\beta$，$B=\alpha-\beta$，则 $\alpha=\dfrac{A+B}{2}$，$\beta=\dfrac{A-B}{2}$，而（19.9）式和（19.10）式可以改写为

$$\cos A+\cos B=2\cos\frac{A+B}{2}\cos\frac{A-B}{2} \qquad (19.11)$$

$$\cos A-\cos B=-2\sin\frac{A+B}{2}\sin\frac{A-B}{2} \qquad (19.12)$$

以上的（19.5）式～（19.12）式，是三角函数的和差化积公式。"

"和差化积公式很复杂，似乎不容易记住……"看到这么多公式，小平又开始觉得一个头两个大了。

"对，一下子要记住这些公式，的确不容易，对任何人都一样，包括王大宏在内。我建议你运用和角及差角公式，反复推导几次，自然就会记住了。"

"你放心，我会再多做几次。"现在小平有信心用理解的方式学习复杂的公式，接着问，"从上一堂课到这堂课，学到这么多公式，要怎样才学得好？"

"这个问题很好！这么多公式的确令人眼花缭乱。我问你，碰到复杂的事情，你都怎么办？"

"我会试着将它们分类，这样比较好处理。"小平回答。

"对，分类可以简化事情，感觉就不会那么复杂。以下是依不同公式的功能所做的简单分类：

● **和角、差角公式**：

让我们由两个已知角度（α、β）的三角函数，推知它们的和角（$\theta = \alpha + \beta$）或差角（$\theta = \alpha - \beta$）对应的三角函数

● **倍角、半角公式**：

让我们由一个已知角度（α）的三角函数，推知其倍角（2α、3α……）或半角$\left(\dfrac{\alpha}{2}、\dfrac{\alpha}{4}……\right)$对应的三角函数

● **和差化积**：

让我们由两个已知角度（A、B）的三角函数，推知另两个角度$\left(\theta = \dfrac{A+B}{2}、\phi = \dfrac{A-B}{2}\right)$对应三角函数的乘积

所以，由和角公式衍生的公式虽然很多，但都属于这三类，而且各有不同的功能。"

"嗯，这样分类的确比较清楚，不像之前，好像一团棉线缠

在一起。"小平有所体会。

"个别角色分清楚之后，接着要记住每一类当中，最核心的两个公式：

▶**和角公式**：

$$\sin(\alpha+\beta)=\sin\alpha\cos\beta+\sin\beta\cos\alpha \qquad (A1)$$

$$\cos(\alpha+\beta)=\cos\alpha\cos\beta-\sin\alpha\sin\beta \qquad (A2)$$

▶**倍角公式**：

$$\sin2\theta=2\sin\theta\cos\theta \qquad (A3)$$

$$\cos2\theta=\cos^2\theta-\sin^2\theta=2\cos^2\theta-1 \qquad (A4)$$

▶**和差化积公式**：

$$\sin A+\sin B=2\sin\frac{A+B}{2}\cos\frac{A-B}{2} \qquad (A5)$$

$$\cos A+\cos B=2\cos\frac{A+B}{2}\cos\frac{A-B}{2} \qquad (A6)$$

因为这六个公式很重要，所以特别给它们编号为(A1)～(A6)。"

小平问："为什么它们是核心公式？"

"原因很简单，说明如下：

● 首先，假如你熟悉(A1)和(A2)的话，就很容易推知差角公式，这样就掌握了和角及差角公式

● 其次，利用(A3)和(A4)再配合(A1)的和角公式，就很容易推知三倍角、四倍角等公式。另外，若熟悉(A4)的话，则

很容易推知半角公式，进一步就能得知四分之一角、八分之一角公式，这样就完全掌握倍角及半角这类公式

🔵最后，当你熟悉（A5）和（A6）的时候，利用 $A=\alpha+\beta$，$B=\alpha-\beta$，就很容易推知（19.5）、（19.6）、（19.9）、（19.10）的和差化积公式。"

"现在感觉更有条理了，因为我对和角公式已经够熟悉，倍角公式也不陌生，只要再推导几次和差化积公式，这几个核心公式就没问题了。"经过大 M 的说明，小平渐渐能理出头绪了，接着问，"这些公式要怎么应用呢？"

"我们来看几个例题，你就可以体会它们的用处了。

例 1：求 $\sin 67.5°$的值。

解析：因为 $67.5°$是 $135°$的半角，所以由半角公式，会得到

$$\sin 67.5°=\pm\sqrt{\frac{1-\cos 135°}{2}}=\pm\sqrt{\frac{1-\left(-\frac{\sqrt{2}}{2}\right)}{2}}=\pm\frac{\sqrt{2+\sqrt{2}}}{2}$$

由于 $\sin 67.5°$位于第一象限，所以上式应该取正号，因此 $\sin 67.5°=\dfrac{\sqrt{2+\sqrt{2}}}{2}$。

例 2：求 $\tan 75°$的值。

解析：由于 $75°=30°+45°$，利用和角公式，可以得到

$$\sin75° = \sin(30° + 45°) = \sin30°\cos45° + \sin45°\cos30°$$

$$= \frac{1}{2} \times \frac{\sqrt{2}}{2} + \frac{\sqrt{2}}{2} \times \frac{\sqrt{3}}{2} = \frac{\sqrt{2} + \sqrt{6}}{4}$$

$$\cos75° = \cos(30° + 45°) = \cos30°\cos45° - \sin45°\sin30°$$

$$= \frac{\sqrt{3}}{2} \times \frac{\sqrt{2}}{2} - \frac{\sqrt{2}}{2} \times \frac{1}{2} = \frac{\sqrt{6} - \sqrt{2}}{4}$$

因此

$$\tan75° = \frac{\sin75°}{\cos75°} = \frac{\sqrt{6} + \sqrt{2}}{\sqrt{6} - \sqrt{2}} = \frac{\sqrt{3} + 1}{\sqrt{3} - 1}$$

另一种解法，是直接代 tan 的和角公式

$$\tan75° = \tan(30° + 45°) = \frac{\tan30° + \tan45°}{1 - \tan30°\tan45°}$$

$$= \frac{\frac{1}{\sqrt{3}} + 1}{1 - \frac{1}{\sqrt{3}} \times 1} = \frac{\sqrt{3} + 1}{\sqrt{3} - 1}$$

以上两种做法得到的结果相同，而第二种做法因为直接利用 tan 的和角公式，所以比较快得到答案。当然一流的学生会熟悉这两种做法，随时可以灵活运用。

例 3：已知 $\sin10° = 0.17$，求 $\csc65°$ 的值。

解析：由于 $65° = 20° + 45°$，其中 $45°$ 是特别角，而 $20°$ 是 $10°$ 的倍角。首先

275

$$\cos10°=\sqrt{1-\sin^2 10°}=\sqrt{1-(0.17)^2}\approx0.98$$

接着，由倍角公式得到

$$\sin20°=2\sin10°\cos10°\approx0.33$$

所以

$$\cos20°=\sqrt{1-\sin^2 20°}=\sqrt{1-(0.33)^2}\approx0.94$$

最后，利用和角公式，就得到

$$\sin65°=\sin20°\cos45°+\sin45°\cos20°$$

$$=0.33\times\frac{1}{\sqrt{2}}+\frac{1}{\sqrt{2}}\times0.94\approx0.9$$

$$\csc65°=\frac{1}{\sin65°}=\frac{1}{0.9}\approx1.11$$

例 4：利用两倍角及三倍角公式，求 $\sin36°$ 的值。

解析：设 $\theta=36°$，则 $2\theta+3\theta=5\theta=180°$，因此

$$\sin2\theta=\sin(180°-3\theta)=\sin3\theta$$

$$\Rightarrow2\sin\theta\cdot\cos\theta=3\sin\theta-4\sin^3\theta$$

$$\Rightarrow2\cos\theta=3-4\sin^2\theta=3-4(1-\cos^2\theta)=4\cos^2\theta-1$$

$$\Rightarrow4\cos^2\theta-2\cos\theta-1=0$$

$$\Rightarrow\cos\theta=\frac{1\pm\sqrt{5}}{4}\quad\text{（一元二次方程式的根）}$$

因为 $\cos36°>0$，所以

$$\cos\theta = \frac{1+\sqrt{5}}{4}$$

最后得到

$$\sin\theta = \sqrt{1-\cos^2\theta}$$

$$= \sqrt{1-\left(\frac{1+\sqrt{5}}{4}\right)^2} = \sqrt{1-\frac{6+2\sqrt{5}}{16}} = \frac{\sqrt{10-2\sqrt{5}}}{4} \text{。}$$

"这些例题的确有帮助，我渐渐知道这些公式的用处了。"
小平若有所悟。

"有了这些公式，我们不仅能由特别角推知其他角度的三角
函数，也使我们对三角形内角之间的关系，有更进一步的了解，
由以下的例题，你就可以明白了。

例 5：假设 A、B、C 为三角形的三个内角，试证明：

$$\tan A + \tan B + \tan C = \tan A \cdot \tan B \cdot \tan C \text{。}$$

解析：首先，利用三角形内角和等于 π 弧度的特性，我们得到

$$A+B+C=\pi \quad \Rightarrow \quad A+B=\pi-C$$

接着应用 tan 的和角公式，则

$$\tan(A+B)=\tan(\pi-C) \quad \Rightarrow \quad \frac{\tan A+\tan B}{1-\tan A\tan B}=-\tan C$$

$$\Rightarrow \tan A+\tan B+\tan C=\tan A \cdot \tan B \cdot \tan C$$

对于任何一个三角形，三个内角的 tan 值都必能写出这个关

系式。"

小平说："这个关系式的应用，是不是也像正弦定理及余弦定理一样？"

"答对了，这个式子使我们更有能力处理边角问题，此外，你很快就会学到，我们可以结合三角函数和你学过的复数概念，组合成一项有用的数学工具，它广泛应用在科学及工程上，漂亮地解决很多以前无法处理的问题。假如你以后考上大学理工科系，几乎在每门课都会碰到它，因为它实在太有用了！"

"没想到三角函数还可以和复数结合，它们不是两个完全不同的概念吗？"

"没错，两个完全不同的概念巧妙结合在一起，往往会产生灿烂的火花，让人眼睛一亮。三角函数和复数的结合之所以漂亮，关键便在于和角公式。"大 M 微笑着说。

"为什么？"

"现在很难说清楚，以后再说明好吗？"

"好啊，我拭目以待。"小平愉快地回答。

★★★★★

一阵清风吹进教室里，为闷热的空气带来了一丝凉意。小平坐在教室的屋梁上，脑海里思索这些公式的同时，不禁想起自己以前等公交车时，盯着补习班的讲义，努力背一个又一个公式的情景。他突然觉得，原来自己以前的学习方式实在有点……

　　"还好，现在我总算脱离那个状态，不管怎样，铁定不会再沦为补习班的机器猫了！"现在小平相信不必靠补习班那一套，也可以学好数学，而且学得更好。

part E

反三角函数
与复数极式

part C

第**20**堂课
反三角函数

　　"我看过一部电影，内容是一位全心投入研究的科学家，有一天，为了试验自己所调制的化学药水的效力，情急之下，就拿自己当试验品。没想到喝下去之后，整个人竟然变成了一只大苍蝇，在经历了许多奇特的遭遇之后，终于找到了解药变回原来的样子，剧情很有趣。"大 M 顺口提起很早以前看过的电影。

　　"我也看过类似的电影，譬如变成狼人。"小平也有类似的经验。

　　"那部电影让我联想到数学上的'反函数'，它们的概念很类似。"

　　"喔，反函数？好像没学过……"小平的大脑像搜索引擎一样，快速地搜寻记忆库，却没找到符合的项目。

　　"反函数的概念很简单，你应该很容易理解。假如 $f(x)$ 是一个函数，透过 $f(x)$，可以将 x 转化为另一个变量 y，就像电影里，科学家透过化学药水，变成一只大苍蝇。

　　"于是数学家就想：如何利用另一个函数 $g(y)$，将 y 转回原来的 x，就像科学家喝了解药后，变回自己原来的面貌。$f(x)$ 和 $g(y)$ 之间的关系，可以表示如下：

$$x \xrightarrow{\ f(x)\ } y \xrightarrow{\ g(y)\ } x$$

这个将 y 变回 x 的函数 $g(y)$，便称为 $f(x)$ 的'反函数'。"

　　小平说："听起来似乎不难，不过你能不能举例说明，这样我比较容易理解。"

　　"例如 $y=f(x)=5x+3$ 是一个函数，它将变量 x 转化为 y，现在我们要找反函数 $g(y)$，以便将 y 转回为 x。因为

$$y=5x+3 \quad \Rightarrow \quad x=\frac{y-3}{5}$$

所以，反函数 $x=g(y)=\dfrac{y-3}{5}$。举例来说：

$$x=2 \xrightarrow{\ y=f(x)=5x+3\ } y=13$$

$$y=13 \xrightarrow{\ x=g(y)=\frac{y-3}{5}\ } x=2$$

再举一个例子：$y=f(x)=3^x$ 是一个函数，它将变量 x 转化为变量 y。因为

$$y=3^x \quad \Rightarrow \quad x=\log_3 y$$

所以，$x=g(y)=\log_3 y$，便是 $f(x)$ 的反函数。举例来说：

$$x=2 \xrightarrow{\ y=f(x)=3^x\ } y=9$$

$$y=9 \xrightarrow{\ x=g(y)=\log_3 y\ } x=2$$

由以上的说明，你可以发觉反函数并不难。"大 M 仔细说明反函数的含义。

"我明白了，反函数就是把 $f(x)$ 转化后得到的变数 y 还原回 x，观念上很容易理解。"小平已经能掌握反函数的主要含义。

"了解反函数的基本概念之后，我们现在可以学三角函数的反函数，即'反三角函数'。例如，$y=\sin\theta$ 是一个正弦函数，它将角度 θ 转化为数值 y，而 $-1 \leqslant y \leqslant 1$。我们将 $y=\sin\theta$ 的反函数，表示为 $\sin^{-1}y$，它们之间的关系如下：

$$\theta \xrightarrow{\ \sin\theta\ } y$$

$$y \xrightarrow{\ \sin^{-1}y\ } \theta$$

例如：

$$\theta=\frac{\pi}{6} \xrightarrow{\ \sin\theta\ } y=\frac{1}{2}$$

$$y=\frac{1}{2} \xrightarrow{\ \sin^{-1}y\ } \theta=\frac{\pi}{6}$$

所以反三角函数的概念，很容易理解。"

"反三角函数似乎不难，就只是将数值转回角度而已。"小平轻松地回答。

"反三角函数的确不难，但是有两个重点必须注意。首先，y 的数值必须合理，否则反函数不存在。由三角函数的特性，我们可以归纳它们合理的数值范围，称为反函数的'定义域'，譬如：

● $\sin^{-1}y$ 和 $\cos^{-1}y$

定义域：$-1 \leqslant y \leqslant 1$，若 y 不在这个范围内，则 $\sin^{-1}y$ 和 $\cos^{-1}y$ 无解

● $\tan^{-1}y$ 和 $\cot^{-1}y$

定义域：$-\infty < y < \infty$，即不管 y 是任何实数，$\tan^{-1}y$ 和 $\cot^{-1}y$ 皆有解

● $\sec^{-1}y$ 和 $\csc^{-1}y$

定义域：$y \leqslant -1$ 或 $y \geqslant 1$，若 y 不在这个范围内，则 $\sec^{-1}y$ 和 $\csc^{-1}y$ 无解

定义域对反三角函数很重要，例如 $y=2$ 则 $\sin^{-1}y$ 无解，因为没有任何角度能使 $\sin\theta=2$。"

"定义域不难，只要注意三角函数的合理范围就好了。"因为对三角函数的数值范围已经很熟悉了，小平觉得不难。

"第二个重点比较麻烦，必须小心谨慎，才不会出错。"大M特别提醒小平，"不同的角度，可能有相同的三角函数值，例如 $\theta=\dfrac{\pi}{4}$、$\theta=\dfrac{3\pi}{4}$ 及 $\theta=\dfrac{9\pi}{4}$ 皆对应到 $\sin\theta=\dfrac{1}{\sqrt{2}}$，你能不能告诉我：

$\sin^{-1}\dfrac{1}{\sqrt{2}}$应该对应到哪个角度$\theta$呢？"

"……"小平一时不知如何回答。

"这的确不容易回答，因为你说对应到$\theta=\dfrac{\pi}{4}$或$\theta=\dfrac{3\pi}{4}$或$\theta=\dfrac{9\pi}{4}$，似乎都正确，也似乎都不对，原因在于$\sin^{-1}y$是'一对多'的函数。"大M接着说，"一般人觉得反三角函数难，就是这个原因。"

"一对多的函数？你的意思是，同一个y值，不只对应一个角度θ？"小平皱着眉头，感到困惑。

"没错，这是反三角函数的特别之处，之前$y=5x+3$或$y=3^x$的反函数是一对一函数，所以没有这个问题。不过数学家帮大家找到了解决的方法，就是将反三角函数对应的角度θ，限定在特定的范围内，这个范围，就称为θ的'值域'。例如，$\theta=\sin^{-1}y$的值域限定在$\left[-\dfrac{\pi}{2},\dfrac{\pi}{2}\right]$的角度区间，因此虽然$\theta=\dfrac{\pi}{4}$、$\theta=\dfrac{3\pi}{4}$及$\theta=\dfrac{9\pi}{4}$皆对应$\sin\theta=\dfrac{1}{\sqrt{2}}$，但只有$\theta=\dfrac{\pi}{4}$落在$\left[-\dfrac{\pi}{2},\dfrac{\pi}{2}\right]$的区间内，故$\sin^{-1}\dfrac{1}{\sqrt{2}}=\dfrac{\pi}{4}$。"大M说明引入值域的原因。

"我可以接受值域的概念，但$\theta=\sin^{-1}y$的值域，为什么要设定在$\left[-\dfrac{\pi}{2},\dfrac{\pi}{2}\right]$的角度区间呢？"小平问。

"这个问题很好！数学家仔细思考后，认为$\theta=\sin^{-1}y$的值域，必须满足以下三个条件：

1. 在定义域$-1 \leqslant y \leqslant 1$中，每个$y$值都有角度$\theta$与它对应。
2. 它必须是一对一函数。
3. 值域必须包括$\theta = 0°$，因为这样θ的数值比较简单。

图 20.1（见次页）是$y = \sin\theta$的函数图形，由图中可以发觉，$\left[-\dfrac{\pi}{2}, \dfrac{\pi}{2}\right]$这个角度区间，是$\sin^{-1}y$的值域的最佳选择，因为在$-1 \leqslant y \leqslant 1$的范围内，每一个$y$值皆有角度$\theta$与它对应，并且是一对一函数，另外$\theta = 0°$也包括在内。"

"嗯，从图 20.1 的确可以看出这一点，虽然也有其他区间符合前两个条件，例如$\left[\dfrac{\pi}{2}, \dfrac{3\pi}{2}\right]$、$\left[-\dfrac{\pi}{2}, -\dfrac{3\pi}{2}\right]$，但只有$\left[-\dfrac{\pi}{2}, \dfrac{\pi}{2}\right]$包括$\theta = 0°$在内。"小平对图形越来越有感觉，一眼就能看出端倪，不像以前，往往只看到一团不知所云的曲线。

"你分析得很好，由函数图形就自然知道$\theta = \sin^{-1}y$的值域，完全不必背。现在，我们用几个例子来熟悉反三角函数。

例 1：$y = \dfrac{1}{2}$，求$\theta = \sin^{-1}y$。

解析：在$\left[-\dfrac{\pi}{2}, \dfrac{\pi}{2}\right]$的区间，很容易找到$\sin\dfrac{\pi}{6} = \dfrac{1}{2}$，所以

$$\sin^{-1}\dfrac{1}{2} = \dfrac{\pi}{6}$$

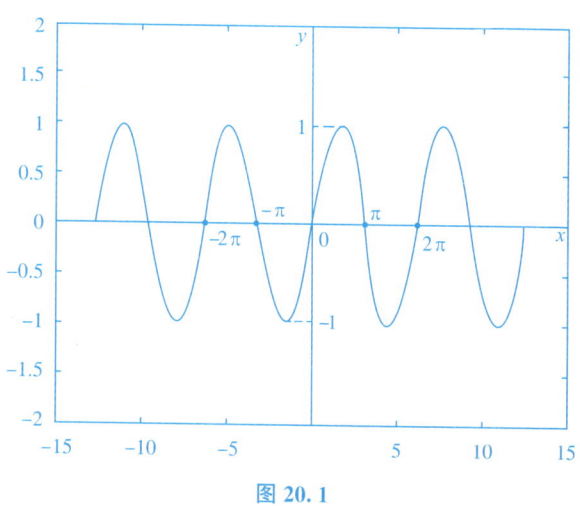

图 20.1

例 2：$y = -\dfrac{\sqrt{3}}{2}$，求 $\theta = \sin^{-1} y$。

解析：在 $\left[-\dfrac{\pi}{2},\ \dfrac{\pi}{2}\right]$ 的区间，由于 $\sin\left(-\dfrac{\pi}{3}\right) = -\dfrac{\sqrt{3}}{2}$，所以

$$\sin^{-1}\left(-\dfrac{\sqrt{3}}{2}\right) = -\dfrac{\pi}{3}$$

例 3：求 $\sin\sin^{-1}\dfrac{3}{7}$。

解析：假设 $\theta = \sin^{-1}\dfrac{3}{7}$，则 $\sin\theta = \dfrac{3}{7}$，因此

$$\sin\sin^{-1}\dfrac{3}{7} = \sin\theta = \dfrac{3}{7}$$

例 4：求 $\sin^{-1}\sin\dfrac{4\pi}{3}$。

解析：这题和例 3 有点像，但要注意它们之间观念上的差异。首先

$$\sin\frac{4\pi}{3}=-\frac{\sqrt{3}}{2}$$

所以

$$\sin^{-1}\sin\frac{4\pi}{3}=\sin^{-1}\left(-\frac{\sqrt{3}}{2}\right)$$

在 $\left[-\dfrac{\pi}{2},\dfrac{\pi}{2}\right]$ 的区间内，很容易找到 $\sin\left(-\dfrac{\pi}{3}\right)=-\dfrac{\sqrt{3}}{2}$，所以

$$\sin^{-1}\sin\frac{4\pi}{3}=\sin^{-1}\left(-\frac{\sqrt{3}}{2}\right)=-\frac{\pi}{3}$$

例 3 和例 4 是反三角函数常考的观念，请仔细体会其间的差异。"

"经由这几个例子，我渐渐熟悉反函数了……"小平原本紧皱的眉头逐渐舒展开来。

"接着，我们来看反余弦函数 $\theta=\cos^{-1}y$。如前所述，它的定义域为 $-1\leqslant y\leqslant 1$，而值域可以由图 20.2（见次页）中 $y=\cos\theta$ 的函数图形得知。假如你是数学家的话，你会如何设定 $\theta=\cos^{-1}y$ 的值域？"大 M 故意考考小平。

小平仔细端详图 20.2，然后说："我认为 $[0,\pi]$ 和 $[-\pi,0]$ 这两个区间，都符合条件，因为在 $-1\leqslant y\leqslant 1$ 的范围内，每

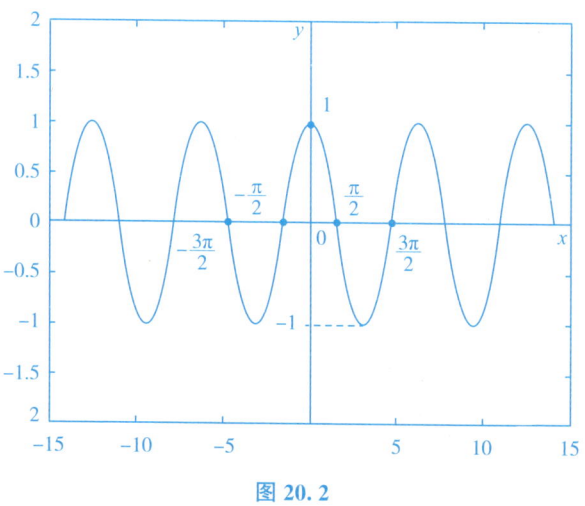

图 20.2

一个 y 值都有角度 θ 与它对应，并且是一对一函数，同时 $\theta = 0°$ 也包括在内。但是我会选择 $[0，\pi]$ 这个区间作为 $\theta = \cos^{-1} y$ 的值域，因为它的角度是正值，会比 $[-\pi，0]$ 简单。"

"你越来越像数学家了！$\theta = \cos^{-1} y$ 的值域就是 $[0，\pi]$，因为这是最佳选择。现在，我们用例子来熟悉反余弦函数。

例 5：$y = \dfrac{1}{2}$，求 $\theta = \cos^{-1} y$。

解析：在 $[0，\pi]$ 的区间，很容易找到 $\cos \dfrac{\pi}{3} = \dfrac{1}{2}$，所以

$$\cos^{-1} \frac{1}{2} = \frac{\pi}{3}$$

例 6：$y = -\dfrac{\sqrt{3}}{2}$，求 $\theta = \cos^{-1} y$。

解析：在 $[0，\pi]$ 的区间，由于 $\cos\dfrac{5\pi}{6}=-\dfrac{\sqrt{3}}{2}$，所以

$$\cos^{-1}\left(-\dfrac{\sqrt{3}}{2}\right)=\dfrac{5\pi}{6}$$

例 7：求 $\cos\cos^{-1}\dfrac{1}{5}$。

解析：假设 $\theta=\cos^{-1}\dfrac{1}{5}$，则 $\cos\theta=\dfrac{1}{5}$，因此

$$\cos\cos^{-1}\dfrac{1}{5}=\cos\theta=\dfrac{1}{5}$$

例 8：求 $\cos^{-1}\cos\dfrac{11\pi}{6}$。

解析：首先，$\cos\dfrac{11\pi}{6}=\dfrac{\sqrt{3}}{2}$，所以

$$\cos^{-1}\cos\dfrac{11\pi}{6}=\cos^{-1}\left(\dfrac{\sqrt{3}}{2}\right)$$

在 $[0，\pi]$ 的区间内，很容易找到 $\cos\dfrac{\pi}{6}=\dfrac{\sqrt{3}}{2}$，所以

$$\cos^{-1}\cos\dfrac{11\pi}{6}=\cos^{-1}\left(\dfrac{\sqrt{3}}{2}\right)=\dfrac{\pi}{6}$$

同样的，例 7 和例 8 是常考的知识点，你必须彻底明白两者之间的差别。"

"熟悉 $\sin^{-1}y$ 之后，感觉 $\cos^{-1}y$ 就简单多了。"小平轻松

地说。

"就像我曾经说过的，数学不难，只需手脑并用，去熟悉其中的观念，就变得简单了。"大 M 继续说，"最后来看 $\theta=\tan^{-1}y$，即反正切函数。我们知道它的定义域涵盖整个实数，即 $-\infty<y<\infty$，而值域可以由图 20.3 中 $y=\tan\theta$ 的函数图形看出来。我再考一考你，它的定义域要如何选择？"

"这太明显了！当然是 $\left[-\dfrac{\pi}{2},\ \dfrac{\pi}{2}\right]$，因为在 $-\infty<y<\infty$ 的范围内，每一个 y 值都有角度 θ 与它对应，并且是一对一函数，同时也包括 $\theta=0°$ 在内。"小平看了图 20.3 一眼，马上回答。

"你的观察力果然越来越敏锐，我想王大宏也不过如此。"大 M 对小平的反应感到高兴，"由反函数值域的设定，更可以体会函数图形的重要性，它不仅有助于了解函数的特性，对处理问题也很有帮助。"

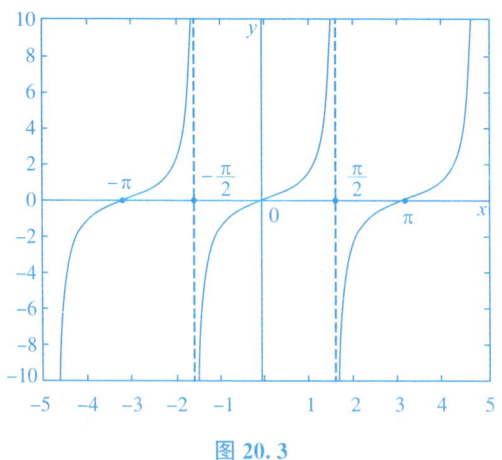

图 20.3

　　"不瞒你说，自从手脑并用、努力作图之后，那些图形就渐渐印在我脑海里，以前觉得难的东西，现在越来越简单了。"小平说出这段时间的转变，虽然改变得很慢，对他来说，却是意义重大。就像初学游泳一样，虽然只可以勉强游 10 m，只要继续努力练习，很快就可以游 50 m、100 m、500 m、1000 m……

　　"你越来越像一流学生了！事实上，优秀的数学家通常具有非常好的图像能力，他们常借着图形思考问题，许多重要定理，也是由图形得到启发而创造出来的。"大 M 接着说，"现在，我们用几个例子，来熟悉反正切函数。

例 9：$y=\sqrt{3}$，求 $\theta=\tan^{-1}y$。

解析：在 $\left[-\dfrac{\pi}{2},\dfrac{\pi}{2}\right]$ 的区间，很容易找到 $\tan\dfrac{\pi}{3}=\sqrt{3}$，所以

$$\tan^{-1}\sqrt{3}=\frac{\pi}{3}$$

例 10：求 $\cos(\tan^{-1}1)$。

解析：在 $\left[-\dfrac{\pi}{2},\dfrac{\pi}{2}\right]$ 的区间，很容易找到 $\theta=\tan^{-1}1=\dfrac{\pi}{4}$，所以

$$\cos(\tan^{-1}1)=\cos\frac{\pi}{4}=\frac{1}{\sqrt{2}}$$

例 11：求 $\sin\left(\tan^{-1}\dfrac{1}{3}+\tan^{-1}\dfrac{1}{5}\right)$。

解析：假设 $\alpha=\tan^{-1}\dfrac{1}{3}$，$\beta=\tan^{-1}\dfrac{1}{5}$，由和角公式，可以得到

$$\sin\left(\tan^{-1}\frac{1}{3}+\tan^{-1}\frac{1}{5}\right)=\sin(\alpha+\beta)=\sin\alpha\cdot\cos\beta+\sin\beta\cdot\cos\alpha$$

由于 $\tan\alpha=\dfrac{1}{3}$，所以 α 位于第一象限，对应的直角三角形如图 20.4，因此

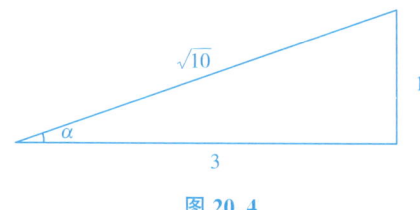

图 20.4

$$\sin\alpha=\frac{1}{\sqrt{10}}, \qquad \cos\alpha=\frac{3}{\sqrt{10}}$$

另一方面，$\tan\beta=\dfrac{1}{5}$，所以 β 也位于第一象限，对应的直角三角形如图 20.5，因此

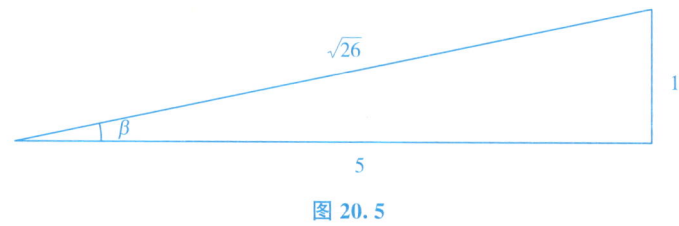

图 20.5

$$\sin\beta=\frac{1}{\sqrt{26}}, \qquad \cos\beta=\frac{5}{\sqrt{26}}$$

最后得到

$$\sin\left(\tan^{-1}\frac{1}{3}+\tan^{-1}\frac{1}{5}\right)=\sin\alpha\cdot\cos\beta+\sin\beta\cdot\cos\alpha$$

$$=\frac{1}{\sqrt{10}}\times\frac{5}{\sqrt{26}}+\frac{1}{\sqrt{26}}\times\frac{3}{\sqrt{10}}=\frac{4}{\sqrt{65}}$$

例 12：求 $\tan\left(\tan^{-1}2+\tan^{-1}\frac{1}{3}\right)$。

解析：假设 $\alpha=\tan^{-1}2$，$\beta=\tan^{-1}\frac{1}{3}$，则

$$\tan\left(\tan^{-1}2+\tan^{-1}\frac{1}{3}\right)=\tan(\alpha+\beta)=\frac{\tan\alpha+\tan\beta}{1-\tan\alpha\cdot\tan\beta}$$

因为 $\tan\alpha=2$，$\tan\beta=\frac{1}{3}$，所以

$$\tan\left(\tan^{-1}2+\tan^{-1}\frac{1}{3}\right)=\frac{2+\frac{1}{3}}{1-2\times\frac{1}{3}}=7$$

以上这些例子，虽然含有不同反三角函数的交互运用，只要清楚反函数的意义，其实都不难。"

"嗯，虽然过程有点复杂，但概念不难理解，只要花点时间熟悉，应该就没问题了！"小平说。

"对，通常一流的学生会花时间理清观念，想通之后，再练习做一些题目，然后就能在考试中灵活运用而得高分。"

"我会朝这个目标继续努力！现在，我归纳一下反三角函数的几个重点：

● 首先，要注意定义域，例如 $\sin^{-1}2$ 无解，而 $\tan^{-1}2$ 有解

● 其次，要注意值域，避免让同一个数值对应到多个角度

● 最后，要学会应用和角公式或其他公式，才能灵活处理问题

我说得正不正确？"

"完全正确！现在我确信你完全理解这堂课所讲的内容了。"大 M 带着笑容回答。

"三角函数不是总共有六个吗？另外三个的反函数是什么呢？"小平问。

"它们的反函数分别是 $\cot^{-1}y$、$\sec^{-1}y$、$\csc^{-1}y$，概念类似，不过它们的重要性不如前面所学的 $\sin^{-1}y$、$\cos^{-1}y$、$\tan^{-1}y$，所以不需要特别花时间学习。"大 M 接着说，"基本上，你已经将反函数学完了，只要练习做一些题目，考试就可以拿高分了。"

★★★★★

小平坐在教室的屋梁上，看着底下那群成天跟自己生活在一起的同学，突然有一种特别的感觉。他感觉自己像是原本藏在身体内的小精灵，有一天突然跳出身体的束缚而飘浮在半空中，由高处观察自己的生活，才发现每天只是起床、刷牙、漱口、搭车、上课、吃饭、下课、补习、回家、洗澡、睡觉……接着第二天，再浑浑噩噩重复同样的动作。

小平发觉，自己的生活简直就像 $\sin x$ 一般的周期函数，永

远在 [−1，1] 小小的区间内打转，怎么也转不出去。

"难道高中三年要这样度过？"想到这里，他突然有股冲动，想要抱个篮球到球场上去奔驰，或者跨上越野单车到郊外兜风。

"不管怎样，从现在起我一定要好好振作！"小平信心满满地对着自己说。

第21堂课

正余弦函数的叠合

"你猜猜看，在现代科学及工程上，六个三角函数中，哪两个最常用?"大 M 丢出一个谜题给小平。

"我猜是正弦和余弦函数，对不对?"小平凭直觉说出答案。

"你猜对了，正弦和余弦函数，的确是现代科学及工程上最常用的三角函数。你知道原因吗?"

"……"这对小平而言有点难。

"其实原因很多，我只讲其中两个。如图 21.1（见次页），假如 A 为单位圆上的任一点，坐标为 (a, b)，则对应角度 θ 的三角函数为

$$\cos\theta = \frac{a}{r} = a, \qquad \sin\theta = \frac{b}{r} = b$$

因此，我们可以将 A 点坐标表示为 $(\cos\theta, \sin\theta)$，取代 (a, b)。将上述想法推广，如图 21.2（见次页），假如 B 为坐标平

面上的任一点，坐标为（c，d），则 B 点和原点的距离为
$R = \sqrt{c^2 + d^2}$。

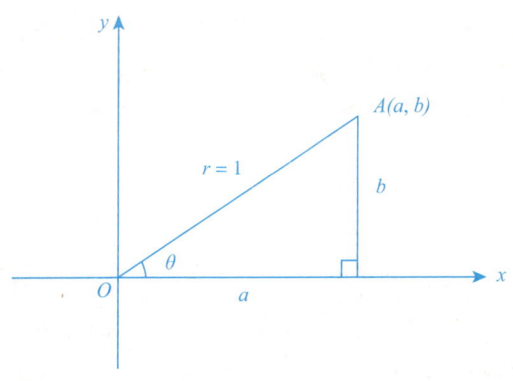

图 21.1

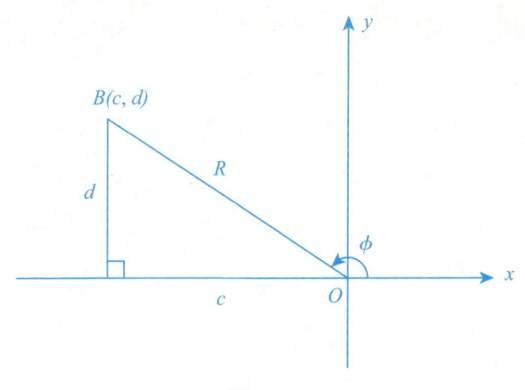

图 21.2

若 B 点对应角度为 ϕ，则对应角度 ϕ 的三角函数为

$$\cos \phi = \frac{c}{R}, \ \sin \phi = \frac{\mathrm{d}}{R}$$

B 点（c，d）可以表示为

$$c = R\cos\phi$$
$$d = R\sin\phi$$

因此，B 点坐标可以表示为（$R\cos\phi$，$R\sin\phi$）。换句话说，平面上任一点的坐标，皆可以用正弦和余弦函数来表示。这个结果，使得三角函数与平面几何取得联系，成为处理几何问题的重要工具。（注：这个概念，在接下来的几堂课会用到。）

"其次，由之前学过的三角函数图形，你可以发觉正弦和余弦的函数图形，是很漂亮的平滑曲线，而且是连续的曲线（另外四个三角函数的图形，都不是连续曲线）。这漂亮且连续的曲线，激发了一位法国数学家傅里叶（Fourier，1768－1830 年）的灵感，创造出了有名的'傅里叶变换'，成为现代科学及工程界非常有用的数学工具。

"傅里叶最重要的贡献，是证明了以下的结果：

任何函数，都可以表示为正弦和余弦两个函数的组合，即正弦和余弦函数可以视为一般函数的基本组成单元，就像直角三角形是所有三角形的组成单元一样。

（原因相当复杂，我就不详细说明了。）傅里叶先生的洞见，对现代科学及工程有很大的影响。譬如在电机电子领域，虽然实际面对的信号千变万化，但由于有'傅里叶变换'，工程师了解到它们的本质是由正弦和余弦函数所组成的信号，而这个认知对系统或电路设计很有帮助。

"例如，手机上的微小天线，接收的信号波形千变万化，但基于'傅里叶变换'，工程师知道它们都是由某个频率范围内的正弦函数和余弦函数信号所组成的。因此，只要设计一根天线，若这根天线能有效接收这个特定频率范围内的正弦函数和余弦函数信号，就等于能有效接收所有信号。这个结果，使得天线设计变得很简单。"

"用正弦和余弦函数来表示坐标，我可以明白，但是你说的'傅里叶变换'，我就很难体会了……"小平说。

"没关系，你就把它当成一颗要很长时间才会萌芽的种子，现在先埋在心里，等以后上了大学，进入理工科系就读，自然就会开花结果。"大 M 只是要小平会意，先知道正弦和余弦函数的重要性，并未期待他能理解'傅里叶变换'的意义。

"好吧，我会记住这颗种子，希望上大学的时候，真能开花结果。"小平回答。

"由于正弦和余弦函数这么有用，所以有必要再多一些了解。之前在第 17 堂课，已经学过它们个别的函数变化，现在，我们要学习它们组合在一起的变化。"大 M 变换个姿势，接着说，"在正弦函数和余弦函数组合的函数里，最简单的形式就是：

$$y = a \times \sin x + b \times \cos x \qquad \text{其中 } a \text{、} b \text{ 为实数}$$

上式虽然是最简单的函数组合，却是很有用的函数，所以数学家很想了解上式中，y 对应 x 的变化，即 $y = a\sin x + b\cos x$ 对应的函数图形。你猜猜看，它的函数图形，会长成什么样子?"

小平想了一会儿说："虽然我知道 $y=a\sin x$ 和 $y=b\cos x$ 函数图形，但它们加在一起的图形好像很复杂，抱歉我猜不出来了。"这的确超出小平的能力。

"没关系，要一眼看出来不简单，很少人做得到。一开始，数学家也看不出来，于是他们用最简单的方法，就是一点一点慢慢将 $y=a\sin x+b\cos x$ 对应的图形描出来，结果让他们惊讶的是，不管 a、b 的数值如何改变，得到的图形都像是 $y=R\sin(x+\theta)$ 的函数图形，只是 $(R，\theta)$ 会随 $(a，b)$ 的数值不同而改变。这个发现，促使数学家思考两者之间的关系，于是问了这样的一个问题：

假如 $y=R\sin(x+\theta)$ 与 $y=a\sin x+b\cos x$ 代表相同的函数，那么 $(R，\theta)$ 和 $(a，b)$ 之间有何关联?

这个问题不难解答。首先，由和角公式可以得到

$$y=R\sin(x+\theta)=R\times(\sin x\cos\theta+\sin\theta\cos x)$$
$$=(R\cos\theta)\cdot\sin x+(R\sin\theta)\cdot\cos x$$

假如 $y=a\sin x+b\cos x$，则

$$a=R\cos\theta \qquad\qquad (21.1)$$
$$b=R\sin\theta \qquad\qquad (21.2)$$

以上即 $(a，b)$ 和 $(R，\theta)$ 之间的关系式。由 (21.1) 式和 (21.2) 式，我们可以反推得到

$$a^2 + b^2 = R^2 \cos^2\theta + R^2 \sin^2\theta = R^2$$

因此

$$R = \sqrt{a^2 + b^2} \tag{21.3}$$

另一方面

$$\cos\theta = \frac{a}{R} = \frac{a}{\sqrt{a^2 + b^2}} \tag{21.4}$$

$$\sin\theta = \frac{b}{R} = \frac{b}{\sqrt{a^2 + b^2}} \tag{21.5}$$

(21.1)式～(21.5)式的互换非常重要，将应用在接下来的四堂课中。"

"你的推导我都能够理解，但是知道 $y = a\sin x + b\cos x$ 可以转换成 $y = R\sin(x+\theta)$，有什么用呢？"小平仍然感到困惑。

"这个问题很好！将 $y = a\sin x + b\cos x$ 转换成 $y = R\sin(x+\theta)$，有一个重要原因，就是让我们很容易掌握 y 的特性，由以下的例题，你会明白我的意思。

例1：假设 $y = 4\sin x + 3\cos x$，并且 $0 \leqslant x \leqslant 2\pi$，求 y 的最大值、最小值，以及它们对应的 x 值。

解析：我们先将 $y = 4\sin x + 3\cos x$ 转换为 $y = R\sin(x+\theta)$ 形式，其中

$$R = \sqrt{4^2 + 3^2} = 5$$

$$\cos\theta = \frac{4}{R} = \frac{4}{5}, \qquad \sin\theta = \frac{3}{R} = \frac{3}{5}$$

由 $\sin\theta$ 和 $\cos\theta$ 的数值，我们推知 θ 位于第一象限，而 θ 可以利用反函数表示为

$$\theta=\cos^{-1}\frac{4}{5}\ (\text{或}\ \theta=\sin^{-1}\frac{3}{5}\ \text{亦可})$$

由于 $y=5\sin(x+\theta)$，最大值为 $y=5$，对应的 x 值为

$$x+\theta=\frac{\pi}{2}\quad\Rightarrow\quad x=\frac{\pi}{2}-\theta$$

因为 θ 位于第一象限，故 x 也位于第一象限。另一方面，y 的最小值为 $y=-5$，对应的 x 值为

$$x+\theta=\frac{3\pi}{2}\quad\Rightarrow\quad x=\frac{3\pi}{2}-\theta$$

由于 θ 位于第一象限，故 x 位于第三象限。

例 2：假设 $y=-2\sin x+3\cos x$，并且 $0\leqslant x\leqslant 2\pi$，求 $y=0$ 对应的 x 值可能位于哪一个象限。

解析：跟上一题一样，先改写成 $y=-2\sin x+3\cos x=R\sin(x+\theta)$，其中

$$R=\sqrt{(-2)^2+3^2}=\sqrt{13}$$

$$\cos\theta=\frac{-2}{R}=\frac{-2}{\sqrt{13}},\qquad \sin\theta=\frac{3}{R}=\frac{3}{\sqrt{13}}$$

由 $\sin\theta$ 和 $\cos\theta$ 的数值，我们推知 θ 位于第二象限，而 θ 可以利用反函数表示为

$$\theta = \cos^{-1}\left(\frac{-2}{\sqrt{13}}\right) \text{（反函数对应的值域在第二象限）}$$

由于 θ 位于第二象限，且 $0 \leqslant x \leqslant 2\pi$，因此 $y=0$ 对应的 x 值为

$$x + \theta = \pi \quad \Rightarrow \quad x = \pi - \theta \text{（x 位于第一象限）}$$

$$x + \theta = 2\pi \quad \Rightarrow \quad x = 2\pi - \theta \text{（x 位于第三象限）。''}$$

"嗯，由这两个例子，的确可以看出转换成 $y = R\sin(x+\theta)$ 的好处，否则，由 $y = a\sin x + b\cos x$，很难得知最大值、最小值或零点。"小平很快就体会到转换带来的好处。

"能够体会它的好处很重要，这样才不会局限于机械式的计算，而不知其所以然。"

"我有个问题，（21.1）式～（21.5）式的转换，跟系数 a、b 的正负值有没有关系？"小平接着问。

"没有关系！"大 M 肯定地回答，"不管 a、b 为任何实数，（21.1）式～（21.5）式全部适用。需要注意的是，a、b 的正负确实会影响 θ 所在的象限。由 a、b 与 θ 的关系，我们很容易得到以下的对应：

$$a > 0，b > 0：\theta \text{ 位于第一象限，}$$

$$a < 0，b > 0：\theta \text{ 位于第二象限，}$$

$$a < 0，b < 0：\theta \text{ 位于第三象限，}$$

$$a > 0，b < 0：\theta \text{ 位于第四象限。}$$"

小平继续问："我还有个问题：$y = a\sin x + b\cos x$ 一定要转换成 $y = R\sin(x+\theta)$ 吗？难道不能转换成 $\cos$ 函数？"

"$y=a\sin x+b\cos x$ 当然可以转成 $y=R\cos(x+\phi)$ 的形式，方法很简单，只要先转换成 $y=R\sin(x+\theta)$，再利用余角公式，就得到

$$y=R\sin(x+\theta)=R\cos\left(x+\theta-\frac{\pi}{2}\right)=R\cos(x+\phi)$$

$$\Rightarrow\phi=\theta-\frac{\pi}{2}$$

因此，只要熟悉 $y=a\sin x+b\cos x$ 与 $y=R\sin(x+\theta)$ 之间的转换，就很容易转变为 $y=R\cos(x+\phi)$ 的形式。"

"关于 $y=a\sin x+b\cos x$ 与 $y=R\sin(x+\theta)$ 的转换，还有别的需要学习吗？"小平问。

"基本上已经学完了，你只要将它们之间的转换，仔细推导后记在脑海里，有空练习一些题目，我想就没问题了。"

★★★★★

当一个人不再排斥某个事物时，会渐渐发现隐藏在其背后的趣味。对小平而言，数学已不再是一堆公式的组合，也不是用来整学生的科目，他开始看到潜藏在公式背后的意义，也逐渐有能力建构自己的知识网络，慢慢蜕变成行动自如的蜘蛛。

现在，小平开始有一点轻松的感觉，这种感觉就像穿越沙漠的驼队，随着旅途逐渐接近终点，大伙儿肩膀上的负担越来越轻，沿途遭遇的挫折也慢慢转化为深刻又美好的记忆，并且开始感受到完成旅程所带来的喜悦。

第 **22** 堂课
复数极式与极坐标

"你学过复数吗?"大 M 问小平。

"学过啊!复数有实部和虚部,不过说实在的,我感觉它很虚幻,因为老罩说复数并不存在于实际的世界。我们为什么要学一个不存在的东西呢?"小平想起以前学习复数时,那种"虚无"的感觉。

"学一个不存在的东西的确奇怪。"大 M 颇能认同小平的感受,接着反问小平,"你认为人的想象是否存在?"

"存在啊!譬如我常想象自己乘着航天飞机环游宇宙,或像灰鲸一样环游大海,很有趣呢!虽然想象不存在于实际的世界,可是确实存在于我的脑海里,并且给我带来许多乐趣。"小平开心地说着。

"其实复数是数学家发挥极大的创意才得到的结果,它就像你的想象力,虽然不存在于实际的世界,可是确实存在于数学的抽象世界里,并且带来很大的影响。"

"喔?"小平有点不可置信。

"例如一些早期认为无法解决的数学难题，在复数发明之后，很快就迎刃而解。而在近代科学及工程上，许许多多的问题都要借助复数来处理。以后你上大学，不管是念物理、数学，还是电机、机械、材料等科系，都会发觉复数无所不在，而且非常有用。所以高中的时候先接触一点点复数，对以后很有帮助。"大 M 说明复数的重要性。

"虽然我现在还无法理解复数的用处，至少知道它是有用的数学工具，而不是用来让我们伤脑筋的!"复数的重要性，对小平而言有点遥远，但他多少能体会它是重要的数学工具，他接着问，"那么，复数和三角函数之间有关系吗?"

"原本两者并没有什么关系，因为一个是在探讨数值，另一个探讨角度，但由于一个重要的转换，两者有了联结的桥梁，于是结合成非常有用的数学工具。"

"什么转换这么有用?"

"这个转换叫作'复数极式'，是将复数表示成三角函数，这是接下来几堂课的主角。不过在学习复数极式之前，我们必须先熟悉一个新的坐标系统，称为'极坐标'。"

"极坐标?"小平没想到还有另一种坐标系统要学。

"极坐标和直角坐标的本质相同，它们在相同的坐标平面上，也都用来标示位置，只是标示的方法不同而已。图 22.1（见次页）是大家熟悉的直角坐标，假如 A 点的坐标为（1，$\sqrt{3}$），表示由原点出发，沿 $+x$ 方向走 1 个单位长度，再沿 $+y$

方向走 $\sqrt{3}$ 个单位长度，便可以抵达 A 点。

"如图 22.2，A 点的直角坐标为（1，$\sqrt{3}$），它与原点 O 的距离为

$$\overline{OA}=r=\sqrt{1^2+(\sqrt{3})^2}=2$$

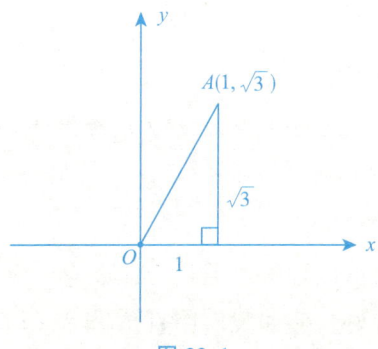

图 22.1

图 22.2

另外，$\overline{OA}$ 和 x 轴的夹角为

$$\theta=\sin^{-1}\frac{\sqrt{3}}{2}=\frac{\pi}{3}$$

利用 r 和 θ，我们可以用另一种坐标 $(r,\ \theta)$，称为'极坐标'，来标示 A 点的位置。例如图 22.2 中，A 点的极坐标 $(r,\ \theta)=\left(2,\ \frac{\pi}{3}\right)$，表示由原点出发，沿角度 $\theta=\frac{\pi}{3}$ 的方向走 $r=2$ 单位长度的距离，即可抵达 A 点。"

"这么说来，极坐标是不是就以 r 表示 A 点和原点的距离，再用 θ 表示 A 点的方位?"小平问。

"完全正确!"

"你的说明我可以理解，但是为什么要用极坐标呢?"

"这个问题很好! 假如我们用直角坐标 $(x,\ y)$ 标示平面上任 点的位置，必须用 $-\infty<x<\infty$，$-\infty<y<\infty$，才能涵盖平面上的所有点。反之，你用心想想，假如用极坐标表示，只要 $0\leqslant r<\infty$，$0\leqslant\theta\leqslant2\pi$，就可以涵盖平面上所有点，对不对?"大 M 反问小平。

"没错!"小平仔细思考后，发觉的确如此。突然间，极坐标在小平心中有了不同的意义。

"换句话说，极坐标的变量范围比较小，所以比较容易掌握。另一方面，极坐标其实更接近我们日常生活的习惯。例如，气象报告会说'泰莉台风目前位于鹅銮鼻灯塔东南方 1000 km 处'; 打仗时，炮兵的指令为'目标在左前方 45° 角，距离 1500 m，发射!'这些用语，在概念上类似极坐标，也显示出极坐标比较

接近我们的习惯，并非刻意创造出来的坐标系统。"大 M 耐心地说明极坐标的内涵。

"所以极坐标能让我们更自由地选取坐标系统？"

"没错，例如要描述一颗小球沿着一个大圆的圆周运动，这时候使用极坐标 (r, θ) 来描述小球的位置，会变得很简单。我们可以将原点选在大圆的圆心，则任何时候，r 都等于大圆的半径，而 θ 会呈规律的变化。但假如用直角坐标 (x, y) 来描述的话，事情就很麻烦了。"

"你说得没错，用极坐标描述圆周运动，真的比用直角坐标简单。"小平接着问，"这两种坐标之间要怎么转换？"

"极坐标和直角坐标间的转换很简单，图 22.3 中，若 P 点的直角坐标为 (x, y)，则对应的极坐标 (r, θ) 为

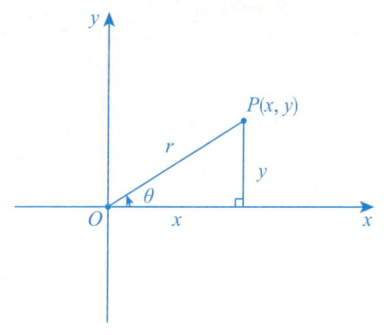

图 **22.3**

$$r = \sqrt{x^2 + y^2} \qquad (22.1)$$

$$\cos\theta = \frac{x}{r} = \frac{x}{\sqrt{x^2 + y^2}} \qquad (22.2)$$

$$\sin\theta = \frac{y}{r} = \frac{y}{\sqrt{x^2 + y^2}} \qquad (22.3)$$

反之，已知 P 点的极坐标为 (r, θ)，则对应的直角坐标 (x, y) 为

$$x = r \times \cos\theta \qquad (22.4)$$

$$y = r \times \sin\theta \qquad (22.5)$$

以上便是极坐标和直角坐标之间的转换。

例 1：请将直角坐标 $(1, 2)$ 转换为极坐标。

解析：请参考图 22.4，

$$r = \sqrt{1^2 + 2^2} = \sqrt{5}$$

$$\cos\theta = \frac{x}{r} = \frac{1}{\sqrt{5}}, \qquad \sin\theta = \frac{y}{r} = \frac{2}{\sqrt{5}}$$

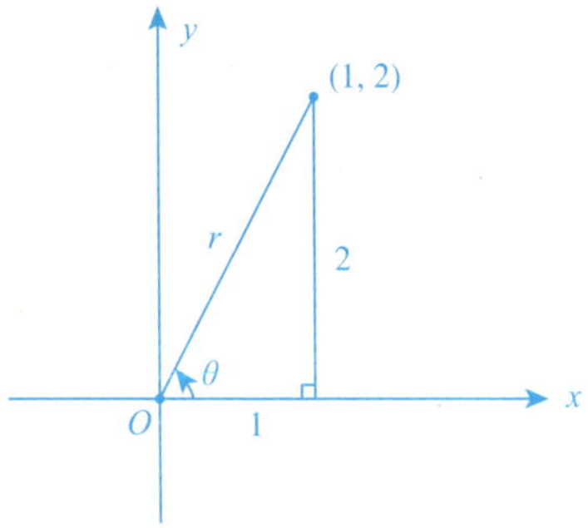

图 22.4

由于 $\cos\theta$ 和 $\sin\theta$ 皆为正值，表示 θ 位于第一象限，故可用反函

数表示为

$$\theta = \cos^{-1}\frac{1}{\sqrt{5}}\text{（位于第一象限）}$$

因此直角坐标（1，2）对应的极坐标为（$\sqrt{5}$，θ），而 $\theta = \cos^{-1}\dfrac{1}{\sqrt{5}}$（第一象限）。

例 2：请将直角坐标（−1，−2）转换为极坐标。

解析：请参考图 22.5，

$$r = \sqrt{(-1)^2 + (-2)^2} = \sqrt{5}$$

$$\cos\theta = \frac{x}{r} = \frac{-1}{\sqrt{5}}, \qquad \sin\theta = \frac{y}{r} = \frac{-2}{\sqrt{5}}$$

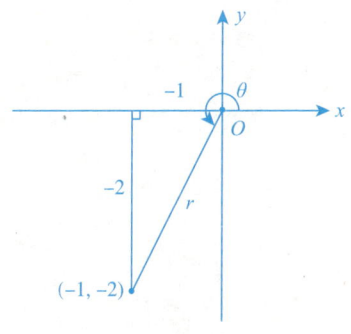

图 22.5

由于 $\cos\theta$ 和 $\sin\theta$ 皆为负值，表示 θ 位于第三象限，故可用反函数表示为

$$\theta = \left(\cos^{-1}\frac{1}{\sqrt{5}}\right) + \pi \quad （位于第三象限）$$

因此直角坐标（−1，−2）对应的极坐标为 $(\sqrt{5}, \theta)$，而 $\theta = \cos^{-1}\frac{1}{\sqrt{5}} + \pi$（第三象限）。

例 3：请将极坐标 $\left(4, \frac{\pi}{6}\right)$ 转换为直角坐标。

解析：请参考图 22.6，

$$x = r \times \cos\theta = 4 \times \cos\frac{\pi}{6} = 2\sqrt{3}$$

$$y = r \times \sin\theta = 4 \times \sin\frac{\pi}{6} = 2$$

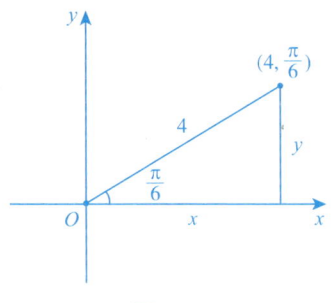

图 22.6

因此对应的直角坐标为 $(2\sqrt{3}, 2)$。

例 4：请将极坐标 $\left(4, \dfrac{5\pi}{6}\right)$ 转换为直角坐标。

解析：请参考图 22.7，

$$x = r \cdot \cos\theta = 4\cos\dfrac{5\pi}{6} = -2\sqrt{3}$$

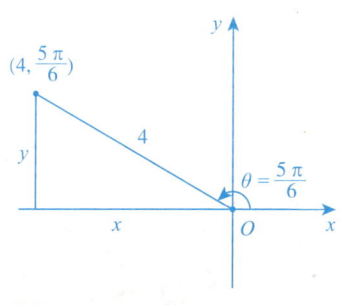

图 22.7

$$y = r \cdot \sin\theta = 4\sin\dfrac{5\pi}{6} = 2$$

因此对应的直角坐标为 $(-2\sqrt{3}, 2)$。"

"经过这几个例子之后，我感觉两个坐标之间的转换，似乎很容易。"小平轻松地说。

"没错！只要将图 22.3 记在脑海里，它们之间的转换就很简单。"大 M 接着说，"现在，我们可以学习复数极式了。假设 z 为任一复数，它可以表示为

$$z = x + yi$$

其中 $i = \sqrt{-1}$，而 x、y 为任意实数，x 称为 z 的实部，y 称为

z 的虚部。

　　"由于 $z=x+yi$ 含有两个变量 x 和 y，数学家就自然想到用直角坐标来描述复数。在图 22.8 中，我们以 x 轴为实轴，y 轴为虚轴，有了这个坐标系统，任何复数 $z=x+yi$ 都能以坐标 $(x，y)$ 来表示，例如 $z=2+5i$，对应的坐标为（2，5），而 $z=-3-6i$ 对应坐标为（-3，-6）。"

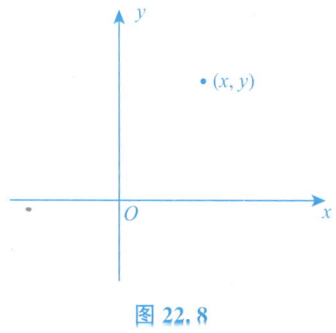

图 22.8

　　"将复数 $z=x+yi$ 以坐标 $(x，y)$ 表示，有什么好处呢?" 小平问。

　　"它带来许多好处，你可以慢慢体会。假如 A 点为复数 $z=x+yi$ 对应的坐标点，它的直角坐标为 $(x，y)$。若 A 点的极坐标为 (r, θ)，则由（22.1）式、（22.4）式和（22.5）式得知

$$r=\sqrt{x^2+y^2}$$
$$x=r\cos\theta$$
$$y=r\sin\theta$$

因此，我们可以将 z 表示为

$$z = x + yi = (r\cos\theta) + i(r\sin\theta) = r \times (\cos\theta + i\sin\theta)$$

(22.6)

(22.6) 式即 z 的极式，其中 r 称为'向径'，而 θ 称为'主辐角'。接下来，我们利用几个例题，来熟悉复数极式。

例 5：$z = 1 + \sqrt{3}i$，求 z 的极式。

解析：如图 22.9，z 对应的直角坐标为 $(1, \sqrt{3})$，所以

$$r = \sqrt{1^2 + (\sqrt{3})^2} = 2$$

$$\cos\theta = \frac{x}{r} = \frac{1}{2}, \quad \sin\theta = \frac{y}{r} = \frac{\sqrt{3}}{2}$$

$$\Rightarrow \theta = \frac{\pi}{3} (位于第一象限)$$

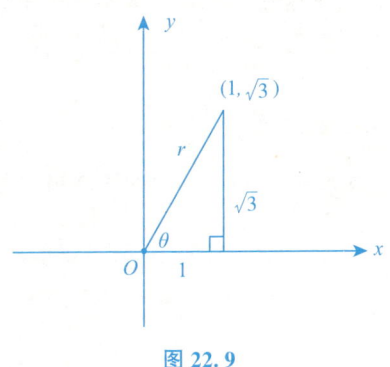

图 22.9

因此，z 的极式为

$$z = r \times (\cos\theta + i\sin\theta) = 2 \times \left(\cos\frac{\pi}{3} + i\sin\frac{\pi}{3}\right)$$

例 6：$z = -2 - 2i$，求 z 的极式。

解析：如图 22.10（见次页），z 对应的直角坐标为（-2，-2），所以

$$r = \sqrt{(-2)^2 + (-2)^2} = 2\sqrt{2}$$

$$\cos\theta = \frac{x}{r} = \frac{-2}{2\sqrt{2}} = -\frac{1}{\sqrt{2}}, \quad \sin\theta = \frac{y}{r} = \frac{-2}{2\sqrt{2}} = -\frac{1}{\sqrt{2}}$$

$$\Rightarrow \theta = \frac{5\pi}{4}（位于第三象限）$$

最后，z 的极式表示为

$$z = r \times (\cos\theta + i\sin\theta) = 2\sqrt{2} \times \left(\cos\frac{5\pi}{4} + i\sin\frac{5\pi}{4}\right)$$

例 7：$z = -3i$，求 z 的极式。

解析：如图 22.11（见次页），z 对应的直角坐标为（0，-3），所以

$$r = \sqrt{(0)^2 + (-3)^2} = 3$$

$$\cos\theta = \frac{x}{r} = \frac{0}{3} = 0, \quad \sin\theta = \frac{y}{r} = \frac{-3}{3} = -1$$

$$\Rightarrow \theta = \frac{3\pi}{2}$$

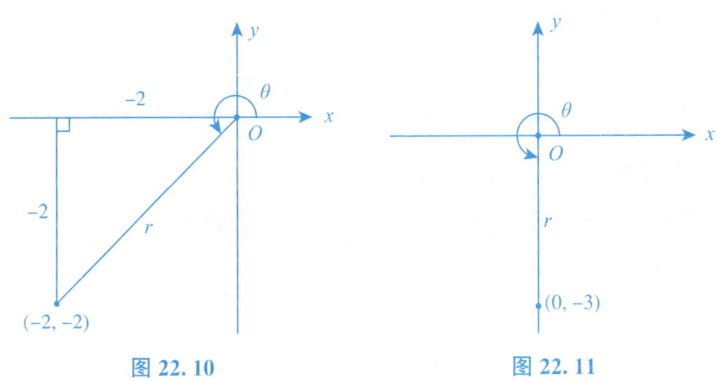

图 22.10   图 22.11

最后，z 的极式为

$$z=r\times(\cos\theta+i\sin\theta)=3\times\left(\cos\frac{3\pi}{2}+i\sin\frac{3\pi}{2}\right)$$

由这几个例子你可以发觉，将 $z=x+yi$ 转成极式并不难，只要利用直角坐标和极坐标之间的关系，就很容易转换。"大 M 详细说明复数极式的概念，小平在一旁仔细聆听。

"它们之间的转换确实不难，但我不明白的是，原先 $z=x+yi$ 简单明了，为什么要大费周章换成极式？我觉得有点庸人自扰！"小平坦白地道出心中的想法。

"哈哈！这个问题很好。你打球吗？"大 M 拐个弯问小平。

"打球？当然打！我篮球打得不错，还是班队的主力射手呢！"谈到打球，小平眼睛一亮。

"你能否告诉我，为什么一群人要挤在篮球场上，跑来跑去猛抢一个球，在旁人看来会不会有点庸人自扰？"

"不会啊！打篮球很有趣，跑来跑去虽然累，但上篮得分之后感觉真是爽啊!"小平不禁回味打球畅快淋漓的感觉。

"复数极式就跟打球一样，虽然一开始看来有点像庸人自扰，但后来大家发觉它带来许多意想不到的好处，成为现代科学及工程上处理问题的利器。"

"所以现在学习复数极式，是为了将来做准备?"小平问。

"没错，复数极式为我们打开另一扇窗，让我们得以窥知另一个数学世界，就像航天飞机一样，让人类得以探索另一个星球。"大 M 愉快地回答，接着说，"这堂课就上到这里，下一堂课我们由这个概念延伸，你会发现许多有趣又有用的结果。"

小平没想到，复数和三角函数，一个处理数字运算，一个处理几何图形，似乎八竿子打不着，可是借着坐标系统，两者却能自然结合在一起。

"难道数学真的如同大 M 所说的，像蜘蛛网般处处可以联结? 我要如何才能蜕变成行动自如的蜘蛛，而不是困在网上的独角仙?"小平静静地思索着这个问题。

奇妙的复数乘除

"你记得复数乘法怎么做吗?"大 M 问小平。

"记得啊,假如 $z_1 = x_1 + iy_1$,$z_2 = x_2 + iy_2$,则它们的乘积为

$$z_1z_2 = (x_1 + iy_1)(x_2 + iy_2)$$
$$= (x_1x_2) + i(x_1y_2) + i(y_1x_2) + (iy_1 \cdot iy_2)$$

因为 $i^2 = -1$,所以

$$z_1z_2 = (x_1x_2 - y_1y_2) + i(x_1y_2 + y_1x_2) \qquad (23.1)。"$$

"你的说明很清楚!另外,你还记得复数的除法吗?"大 M 继续问。

"复数的除法不难,但是比较复杂。假如 $z_1 = x_1 + iy_1$,$z_2 = x_2 + iy_2$,则

$$\frac{z_1}{z_2} = \frac{x_1 + iy_1}{x_2 + iy_2} = \frac{(x_1 + iy_1)(x_2 - iy_2)}{(x_2 + iy_2)(x_2 - iy_2)}$$

分别把分子与分母乘开, 结果是

$$(x_1 + iy_1)(x_2 - iy_2) = (x_1 x_2 + y_1 y_2) + i(y_1 x_2 - x_1 y_2)$$

$$(x_2 + iy_2)(x_2 - iy_2) = x_2^2 + y_2^2$$

所以

$$\frac{z_1}{z_2} = \frac{(x_1 x_2 + y_1 y_2) + i(y_1 x_2 - x_1 y_2)}{x_2^2 + y_2^2}$$

$$= \frac{x_1 x_2 + y_1 y_2}{x_2^2 + y_2^2} + \frac{i(y_1 x_2 - x_1 y_2)}{x_2^2 + y_2^2} \tag{23.2}$$

以上是复数的除法, 我应该没有算错吧!"小平说完之后, 轻松地吐了一口气。

"你没有算错, 表示以前用心学过。再问你一个问题：(23.1) 式和（23.2）式, 有什么意义?"

小平想了一下说："它们只是遵照复数乘除法规则得到的结果, 我看不出有什么特别的意义。"以前学复数时, 小平只知道照规则做, 从来不会去想规则背后的意义。

"（23.1）式和（23.2）式, 原本只是机械式的运算, 但引入复数极式后, 我们发觉它们充满几何意义, 并且运算也变得很简单。"大 M 点出这堂课的重点。

"喔?"小平精神为之一振。

"我们先从乘法说起。假如 z_1 和 z_2 为复数, 以极式表示为

$$z_1 = r_1 \times (\cos\theta_1 + i\sin\theta_1)$$

$$z_2 = r_2 \times (\cos\theta_2 + i\sin\theta_2)$$

则它们的乘积为

$$z_1z_2=(r_1r_2)(\cos\theta_1+i\sin\theta_1)\times(\cos\theta_2+i\sin\theta_2)\qquad(23.3)$$

利用（23.1）式，我们得到

$$(\cos\theta_1+i\sin\theta_1)\times(\cos\theta_2+i\sin\theta_2)$$
$$=(\cos\theta_1\cos\theta_2-\sin\theta_1\sin\theta_2)+i(\sin\theta_1\cos\theta_2+\cos\theta_1\sin\theta_2)$$

接着由和角公式，我们得到

$$\cos\theta_1\cos\theta_2-\sin\theta_1\sin\theta_2=\cos(\theta_1+\theta_2)$$
$$\sin\theta_1\cos\theta_2+\cos\theta_1\sin\theta_2=\sin(\theta_1+\theta_2)$$

因此

$$(\cos\theta_1+i\sin\theta_1)(\cos\theta_2+i\sin\theta_2)=\cos(\theta_1+\theta_2)+i\sin(\theta_1+\theta_2)$$
$$(23.4)$$

最后，将（23.4）式代入（23.3）式，就会得到

$$z_1z_2=(r_1r_2)[\cos(\theta_1+\theta_2)+i\sin(\theta_1+\theta_2)]\qquad(23.5)$$

（23.5）式告诉我们，以极式做复数乘法很简单，只要将 r_1、r_2 相乘，θ_1、θ_2 相加，就可以得到 $z=z_1z_2$ 对应的极式。"

"可是用（23.1）式直接计算，也不难啊！"小平反驳大 M 的说法。

"你说得没错，（23.1）式和（23.5）式在计算上差别不大，但（23.1）式毫无几何意义，而（23.5）式却充满几何意义。假如 z_1 和 z_2 对应的极坐标分别为 (r_1, θ_1) 和 (r_2, θ_2)，则由（23.5）式，马上就能得到 $z=z_1z_2$ 对应的极坐标 (r, θ)：

$$r＝r_1×r_2$$
$$\theta＝\theta_1＋\theta_2$$

如图 23.1，z 对应的极坐标，在坐标平面上可以迅速标定。很快你就会明白，这个结果，让我们能运用几何知识来直观地处理问题，使得复数成为非常有用的工具。"

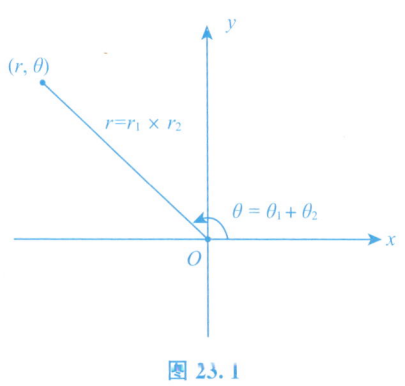

图 23.1

"嗯，用极式运算，的确比用（23.1）式高明，几乎用心算就可以得到 z_1z_2 对应的极式。"小平逐渐体会到复数极式的用处。

"没错，复数之所以有用，关键就在于引入复数极式，这就是为什么我们要花大量时间学习复数极式的原因。接着，我们来看复数的除法，你有没有发觉，（23.2）式很复杂?"

"对啊！计算的时候一不小心就会算错……"小平对于复杂的式子向来不感冒，想到要背它们就头痛。

"学会复数极式以后，你大概就不会出错了。我们来看看怎么用极式做复数的除法。假如 z_1 和 z_2 为复数，以极式表示为

$$z_1 = r_1(\cos\theta_1 + i\sin\theta_1)$$

$$z_2 = r_2(\cos\theta_2 + i\sin\theta_2)$$

则

$$\frac{z_1}{z_2} = \frac{r_1}{r_2}\frac{(\cos\theta_1 + i\sin\theta_1)}{(\cos\theta_2 + i\sin\theta_2)} \qquad (23.6)$$

利用（23.2）式，我们得到

$$\frac{\cos\theta_1 + i\sin\theta_1}{\cos\theta_2 + i\sin\theta_2}$$

$$= \frac{(\cos\theta_1\cos\theta_2 + \sin\theta_1\sin\theta_2) + i(\sin\theta_1\cos\theta_2 - \cos\theta_1\sin\theta_2)}{\cos^2\theta_2 + \sin^2\theta_2}$$

$$(23.7)$$

因为

$$\cos^2\theta_2 + \sin^2\theta_2 = 1$$

$$\cos\theta_1\cos\theta_2 + \sin\theta_1\sin\theta_2 = \cos(\theta_1 - \theta_2)$$

$$\sin\theta_1\cos\theta_2 - \cos\theta_1\sin\theta_2 = \sin(\theta_1 - \theta_2)$$

因此，（23.7）式可以表示为

$$\frac{\cos\theta_1 + i\sin\theta_1}{\cos\theta_2 + i\sin\theta_2} = \cos(\theta_1 - \theta_2) + i\sin(\theta_1 - \theta_2) \qquad (23.8)$$

最后，将（23.8）式代入（23.6）式得到

$$\frac{z_1}{z_2} = \frac{r_1}{r_2} \times \left[\cos(\theta_1 - \theta_2) + i\sin(\theta_1 - \theta_2)\right] \qquad (23.9)$$

故只要将向径相除，主辐角相减，就得到 $\frac{z_1}{z_2}$ 的极式了。"

"哇！现在我明白复数极式的厉害了，（23.9）式比（23.2）式简单多了！"这时候，小平深刻感受到了复数极式的威力。

"（23.9）式不仅简化了复数的除法，同时还赋予它几何意义。假如 z_1 和 z_2 对应的极坐标分别为（r_1，θ_1）和（r_2，θ_2），则 $z=\dfrac{z_1}{z_2}$ 对应的极坐标（r，θ），可以由（23.9）式得到

$$r=\frac{r_1}{r_2}$$

$$\theta=\theta_1-\theta_2$$

如图 23.2，z 对应的极坐标几乎不必计算，直接靠心算就可以求得。下面我们来做一些例题，让你熟悉复数极式的乘除法。

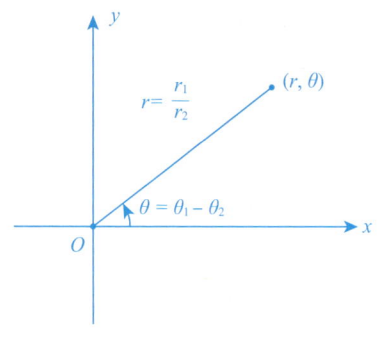

图 23.2

例 1：$z_1=3\times\left(\cos\dfrac{\pi}{3}+i\sin\dfrac{\pi}{3}\right)$，$z_2=5\left(\cos\dfrac{5\pi}{6}+i\sin\dfrac{5\pi}{6}\right)$，求

$z_1 z_2$ 和 $\dfrac{z_1}{z_2}$。

解析：

$$z_1 z_2 = r \times (\cos\theta + i\sin\theta)$$

$$r = 3 \times 5 = 15$$

$$\theta = \frac{\pi}{3} + \frac{5\pi}{6} = \frac{7\pi}{6}$$

$$\frac{z_1}{z_2} = r \times (\cos\theta + i\sin\theta)$$

$$r = \frac{3}{5}$$

$$\theta = \frac{\pi}{3} - \frac{5\pi}{6} = -\frac{\pi}{2}$$

例 2：$z_1 = 2 \times \left(\cos\dfrac{\pi}{4} + i\sin\dfrac{\pi}{4}\right)$，$z_2 = 3 \times \left[\cos\left(-\dfrac{5\pi}{6}\right) + i\sin\left(-\dfrac{5\pi}{6}\right)\right]$，求 $z_1 z_2$ 和 $\dfrac{z_1}{z_2}$。

解析：

$$z_1 z_2 = r \times (\cos\theta + i\sin\theta)$$

$$r = 2 \times 3 = 6$$

$$\theta = \frac{\pi}{4} + \left(-\frac{5\pi}{6}\right) = -\frac{7\pi}{12}$$

$$\frac{z_1}{z_2} = r \times (\cos\theta + i\sin\theta)$$

$$r = \frac{2}{3}$$

$$\theta = \frac{\pi}{4} - \left(-\frac{5\pi}{6}\right) = \frac{13\pi}{12}$$

例 3：如果 $z_1 = 3 \times \left(\cos\frac{\pi}{3} + i\sin\frac{\pi}{3}\right)$, $z_2 = 5 \times \left(\cos\frac{5\pi}{6} + i\sin\frac{5\pi}{6}\right)$,

$z_3 = 2 \times \left[\cos\left(-\frac{\pi}{4}\right) + i\sin\left(-\frac{\pi}{4}\right)\right]$, 求 $z_1 z_2 z_3$ 和 $\frac{z_1 z_3}{z_2}$。

解析：

$$z_1 z_2 z_3 = r \times (\cos\theta + i\sin\theta)$$

$$r = 3 \times 5 \times 2 = 30$$

$$\theta = \frac{\pi}{3} + \frac{5\pi}{6} + \left(-\frac{\pi}{4}\right) = \frac{11\pi}{12}$$

$$\frac{z_1 z_3}{z_2} = r \times (\cos\theta + i\sin\theta)$$

$$r = \frac{3 \times 2}{5} = \frac{6}{5}$$

$$\theta = \frac{\pi}{3} + \left(-\frac{\pi}{4}\right) - \frac{5\pi}{6} = -\frac{3\pi}{4}$$

由这几个例题，你可以发觉，引入极式后，复数乘除变得非常简单，尤其当项数很多时，更能凸显出它的好处。"

"我完全接受复数极式的概念了，并且佩服当初发明这个想法的人。"小平现在对复数极式，不仅不再排斥，某种程度上还被它所吸引。

"懂得欣赏复数极式，代表你的数学程度更上一层楼了……"大 M 微笑着说。

"关于复数极式，还有别的要学吗?"小平问。

"还有一些东西要学，不过这堂课到此为止。希望你能体会复数极式在运算上的优点，以及在坐标平面上的几何意义，这样就能轻松地进入下一堂课了。"

★★★★★

大 M 继续引导小平，像在埃及古墓中探险，一步一步走向传说中的宝藏。这一路走来，小平经历了许多困难，也有过不少挫折，但在大 M 的指引下，他一点一滴克服困难，也逐渐建立起了信心。虽然，小平只隐约感到自己和以前有点不一样，但在大 M 眼中，他已经由一个不知道数学在学什么的学生，逐渐转变为懂得思考、观察敏锐且头脑灵活的数学高手了。

不过，尽管小平正朝向一流学生迈进，然而要达到王大宏的程度，还必须具备一流学生的心理特质，也就是大 M 说的，心里要有一股强烈动机，想去透彻理解所学的内容，并且投注全力去达成。这是小平能不能脱胎换骨的关键，至于能否成功，就有待他不懈的努力了。

棣美弗定理

"你能不能再教我一些复数极式的概念?"自从发觉复数极式的威力之后,小平对它很感兴趣。

"没问题,这堂课我们会继续深入学习复数极式的应用。假设 z 是一个复数,以极式表示为

$$z = r \times (\cos\theta + i\sin\theta) \tag{24.1}$$

在上式中,r 只是一个正数,所以我们集中注意力在 $\cos\theta + i\sin\theta$ 这一项。假设 $u = \cos\theta + i\sin\theta$,则

$$|u| = \sqrt{\cos^2\theta + \sin^2\theta} = 1 \tag{24.2}$$

上式表示不管 θ 为任何值,$|u|$ 皆等于 1,因此在坐标平面上,u 位于单位圆上,对应的极坐标为 $(1, \theta)$。其次,由复数极式的乘法 [见前一堂课的 (23.4) 式],我们得到

$$u^2 = (\cos\theta + i\sin\theta) \times (\cos\theta + i\sin\theta) = \cos(\theta + \theta) + i\sin(\theta + \theta)$$
$$= \cos 2\theta + i\sin 2\theta$$

$$u^3 = u \cdot u^2 = (\cos\theta + i\sin\theta) \times (\cos2\theta + i\sin2\theta)$$
$$= (\cos3\theta + i\sin3\theta)$$

以此类推，若 n 是一个正整数，则

$$u^n = \cos n\theta + i\sin n\theta \qquad\qquad (24.3)。"$$

"这个结果不难理解。"小平现在对复数极式的乘法很熟悉，所以不觉得困难了。

"（24.3）式有很重要的几何意义。因为

$$|u^n| = \sqrt{\cos^2 n\theta + \sin^2 n\theta} = 1 \qquad\qquad (24.4)$$

所以 u^n 也位于单位圆上，对应的极坐标为 $(1, n\theta)$。如图 24.1，u^n 对应的坐标点，会随着 n 而改变，但很有规律。你有没有发觉，随着 n 由小变大，对应的坐标点好像绕着单位圆在旋转？"

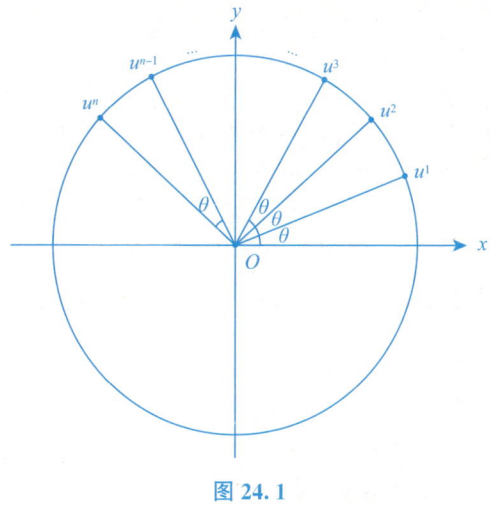

图 24.1

"有啊！真是有趣！而且透过图 24.1，可以帮助我更快理解 u^n。"小平看着图轻快地说。

"对，能将数学式与图形结合，你的数学一定能学得好。接着，我们来看 $\dfrac{1}{u}$ 的性质。首先

$$\frac{1}{u} = \frac{1}{\cos\theta + i\sin\theta} = \frac{\cos\theta - i\sin\theta}{(\cos\theta + i\sin\theta) \times (\cos\theta - i\sin\theta)}$$

$$= \frac{\cos\theta - i\sin\theta}{\cos^2\theta + \sin^2\theta} = \cos\theta - i\sin\theta$$

因为

$$\cos(-\theta) = \cos\theta$$

$$\sin(-\theta) = -\sin\theta$$

所以我们得到

$$\frac{1}{u} = \cos(-\theta) + i\sin(-\theta) \qquad\qquad (24.5)。"$$

"对不起，为什么要以 $-\theta$ 的形式表达 $\dfrac{1}{u}$？"小平忍不住打断大 M 的说明。

"这是有原因的，很快你就会明白。利用（24.5）式，我们得到以下的结果：

$$\frac{1}{u^2} = \frac{1}{u} \cdot \frac{1}{u}$$

$$= \left[\cos(-\theta) + i\sin(-\theta)\right] \cdot \left[\cos(-\theta) + i\sin(-\theta)\right]$$

$$= \cos(-2\theta) + i\sin(-2\theta)$$

$$\frac{1}{u^3} = \frac{1}{u} \cdot \frac{1}{u^2}$$

$$= [\cos(-\theta) + i\sin(-\theta)] \cdot [\cos(-2\theta) + i\sin(-2\theta)]$$

$$= \cos(-3\theta) + i\sin(-3\theta)$$

以此类推，假如 n 是一个正整数，则

$$u^{-n} = \frac{1}{u^n} = \cos(-n\theta) + i\sin(-n\theta) \qquad (24.6)。"$$

"感觉上，（24.6）式和（24.3）式的形式很像，差别在于一个是正角，一个是负角。"小平对公式的感觉越来越敏锐。

"（24.6）式也有重要的几何意义，因为

$$|u^{-n}| = \sqrt{\cos^2(-n\theta) + \sin^2(-n\theta)} = 1 \qquad (24.7)$$

所以 u^{-n} 也位于单位圆上，对应的极坐标为（1，$-n\theta$）。如图 24.2（见次页），u^{-n} 对应的坐标点，随着 n 变化而规律变化，当 n 由小变大，对应的坐标点好像绕着单位圆依顺时针方向旋转。最后，由于（24.6）式和（24.3）式的形式很像，我们可以将两式合而为一。假如 n 为整数，不管 n 为正数或负数（包括 $n=0$），则

$$u^n = (\cos\theta + i\sin\theta)^n = \cos n\theta + i\sin n\theta \qquad (24.8)$$

（24.8）式简单明了，是一个非常重要的公式，务必仔细推导后牢记在心。"大 M 特别强调（24.8）式的重要性，因为它是整个复数系统的根基。

"（24.8）式形式很漂亮，推导也不难，我可以做到。"小平

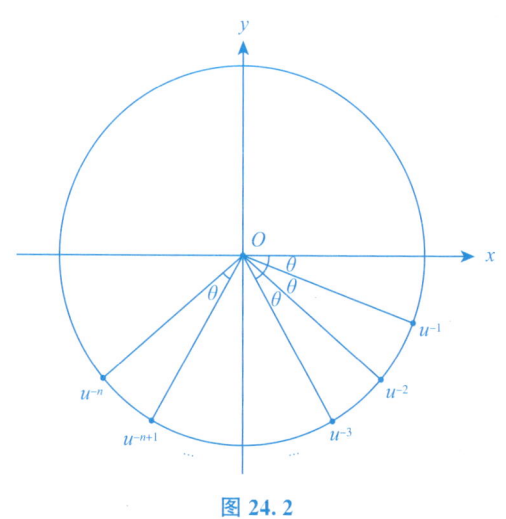

图 24.2

回答。

"你有没有发觉，假如我们用的式子是 $\dfrac{1}{u} = \cos\theta - i\sin\theta$，就不能将（24.6）式和（24.3）式合而为一？"大 M 问小平。

"对，要用 $\dfrac{1}{u} = \cos(-\theta) + i\sin(-\theta)$ 来表示，才能得到（24.8）式，这样不仅数学式简单，同时观念更清楚！"小平喜欢这个结果。

"没错，由于（24.8）式简单明了，使得复数极式的应用非常广泛。另外，它的几何意义也很清楚，即不管 n 为正数或负数，u^n 皆位于单位圆上，而它对应的极坐标为（1，$n\theta$）。"

"嗯，利用这个结果，只要知道 u 和 n，则 u^n 对应的坐标点马上就可以知道，几乎不必计算。"小平已经清楚地体会到（24.8）

式的意义及用处。

"接下来，我们介绍一个定理，称为'棵美弗定理'（De Moivre theorem），是复数里最重要的定理。

> **棵美弗定理：**假设 $z = r \times (\cos\theta + i\sin\theta)$ 为一个复数，
> 而 n 为任意整数，则
> $$z^n = r^n \times (\cos\theta + i\sin\theta)^n = r^n \times (\cos n\theta + i\sin n\theta) \quad (24.9)$$

这个定理是（24.8）式的延伸，其道理不证自明。下面，我们用一些例证来熟悉它。

例1：$z = 1 + \sqrt{3}i$，求 z^{10}。

解析：先将 z 转换为极式，

$$z = 2 \times \left(\frac{1}{2} + \frac{\sqrt{3}}{2}i \right) = 2 \times \left(\cos\frac{\pi}{3} + i\sin\frac{\pi}{3} \right)$$

接着，利用棵美弗定理，可以得到：

$$z^{10} = 2^{10} \times \left[\cos\left(\frac{\pi}{3} \times 10 \right) + i\sin\left(\frac{\pi}{3} \times 10 \right) \right]$$

$$= 2^{10} \times \left(\cos\frac{10\pi}{3} + i\sin\frac{10\pi}{3} \right)$$

$$= 2^{10} \times \left(\cos\frac{4\pi}{3} + i\sin\frac{4\pi}{3} \right) = 1024 \times \left(-\frac{1}{2} - \frac{\sqrt{3}}{2}i \right)$$

$$= -512 - 512\sqrt{3}i$$

例 2：$z = -2 + 2i$，求 z^4。

解析：先将 z 转换成极式，

$$z = 2\sqrt{2}\left(-\frac{1}{\sqrt{2}} + \frac{1}{\sqrt{2}}i\right) = 2\sqrt{2}\left(\cos\frac{3\pi}{4} + i\sin\frac{3\pi}{4}\right)$$

再利用棣美弗定理得到

$$z^4 = (2\sqrt{2})^4 \times \left[\cos\left(\frac{3\pi}{4} \times 4\right) + i\sin\left(\frac{3\pi}{4} \times 4\right)\right]$$

$$= 2^6 \times (\cos 3\pi + i\sin 3\pi)$$

$$= 64(\cos\pi + i\sin\pi) = 64 \times (-1)$$

$$= -64$$

例 3：$z = 1 + \sqrt{3}i$，求 z^{-5}。

解析：先将 z 转为极式，

$$z = 2 \times \left(\frac{1}{2} + \frac{\sqrt{3}}{2}i\right) = 2 \times \left(\cos\frac{\pi}{3} + i\sin\frac{\pi}{3}\right)$$

接着，利用棣美弗定理得到

$$z^{-5} = 2^{-5} \times \left[\cos\left(\frac{\pi}{3} \times (-5)\right) + i\sin\left(\frac{\pi}{3} \times (-5)\right)\right]$$

$$= 2^{-5} \times \left[\cos\left(\frac{-5\pi}{3}\right) + i\sin\left(-\frac{5\pi}{3}\right)\right]$$

$$= 2^{-5} \times \left[\cos\frac{\pi}{3} + i\sin\frac{\pi}{3}\right] = \frac{1}{32} \times \left(\frac{1}{2} + \frac{\sqrt{3}}{2}i\right)$$

$$= \frac{1}{64} + \frac{\sqrt{3}}{64}i$$

例 4：$z_1 = 1 + \sqrt{3}i$，$z_2 = \sqrt{3} - i$，求 $z_1^5 \cdot z_2^8$。

解析：先转换成极式，

$$z_1 = 2 \times \left(\frac{1}{2} + \frac{\sqrt{3}}{2}i \right) = 2 \left(\cos \frac{\pi}{3} + i \sin \frac{\pi}{3} \right)$$

$$z_2 = 2 \times \left(\frac{\sqrt{3}}{2} - \frac{1}{2}i \right) = 2 \left[\cos \left(-\frac{\pi}{6} \right) + i \sin \left(-\frac{\pi}{6} \right) \right]$$

接着，利用棣美弗定理得到

$$z_1^5 = 2^5 \left[\cos \left(\frac{\pi}{3} \times 5 \right) + i \sin \left(\frac{\pi}{3} \times 5 \right) \right] = 2^5 \left(\cos \frac{5\pi}{3} + i \sin \frac{5\pi}{3} \right)$$

$$z_2^8 = 2^8 \left[\cos \left(\left(-\frac{\pi}{6} \right) \times 8 \right) + i \sin \left(\left(-\frac{\pi}{6} \right) \times 8 \right) \right]$$

$$= 2^8 \times \left[\cos \left(-\frac{4\pi}{3} \right) + i \sin \left(-\frac{4\pi}{3} \right) \right]$$

最后得到

$$z_1^5 \cdot z_2^8 = 2^5 \left(\cos \frac{5\pi}{3} + i \sin \frac{5\pi}{3} \right) \times 2^8 \left[\cos \left(-\frac{4\pi}{3} \right) + i \sin \left(-\frac{4\pi}{3} \right) \right]$$

$$= 2^{13} \times \left(\cos \frac{\pi}{3} + i \sin \frac{\pi}{3} \right) = 2^{13} \times \left(\frac{1}{2} + \frac{\sqrt{3}}{2}i \right)$$

$$= 2^{12} \times (1 + \sqrt{3}i)$$

例 5：$z_1 = -1 + \sqrt{3}i$，$z_2 = 2 - 2i$，求 $\dfrac{z_1^5}{z_2^6}$。

解析：先转换成极式，

$$z_1 = 2 \times \left(-\frac{1}{2} + \frac{\sqrt{3}}{2}i \right) = 2 \times \left(\cos\frac{2\pi}{3} + i\sin\frac{2\pi}{3} \right)$$

$$z_2 = 2\sqrt{2} \times \left(\frac{1}{\sqrt{2}} - \frac{1}{\sqrt{2}}i \right) = 2\sqrt{2} \times \left[\cos\left(-\frac{\pi}{4} \right) + i\sin\left(-\frac{\pi}{4} \right) \right]$$

再利用棣美弗定理得到

$$z_1^5 = 2^5 \left[\cos\left(\frac{2\pi}{3} \times 5 \right) + i\sin\left(\frac{2\pi}{3} \times 5 \right) \right]$$

$$= 2^5 \left(\cos\frac{10\pi}{3} + i\sin\frac{10\pi}{3} \right)$$

$$= 2^5 \left(\cos\frac{4\pi}{3} + i\sin\frac{4\pi}{3} \right)$$

$$z_2^6 = (2\sqrt{2})^6 \left[\cos\left(\left(-\frac{\pi}{4} \right) \times 6 \right) + i\sin\left(\left(-\frac{\pi}{4} \right) \times 6 \right) \right]$$

$$= 2^9 \left[\cos\left(-\frac{3\pi}{2} \right) + i\sin\left(-\frac{3\pi}{2} \right) \right]$$

$$= 2^9 \times \left(\cos\frac{\pi}{2} + i\sin\frac{\pi}{2} \right)$$

最后得到

$$\frac{z_1^5}{z_2^6} = \frac{2^5 \left(\cos\frac{4\pi}{3} + i\sin\frac{4\pi}{3} \right)}{2^9 \left(\cos\frac{\pi}{2} + i\sin\frac{\pi}{2} \right)}$$

因为

$$\frac{1}{\cos\frac{\pi}{2} + i\sin\frac{\pi}{2}} = \cos\left(-\frac{\pi}{2} \right) + i\sin\left(-\frac{\pi}{2} \right)$$

故上式可以直接写为

$$\frac{z_1^5}{z_2^6} = \frac{1}{2^4} \times \left[\cos\left(\frac{4\pi}{3} - \frac{\pi}{2}\right) + i\sin\left(\frac{4\pi}{3} - \frac{\pi}{2}\right) \right]$$

$$= \frac{1}{16} \times \left(\cos\frac{5\pi}{6} + i\sin\frac{5\pi}{6} \right)$$

$$= \frac{1}{16} \times \left(-\frac{\sqrt{3}}{2} + \frac{1}{2}i \right) = -\frac{\sqrt{3}}{32} + \frac{1}{32}i$$

以上例题显示棣美弗定理是复数乘除的有效工具，尤其在指数问题上，更凸显棣美弗定理的用处。"

"现在，我更能体会为什么需要复数极式了，因为它让运算变得更简单，同时含有明确的几何意义。"小平对学习内容越来越有感觉，开始显现一流学生的特质。

"你说得很好，复数极式一开始虽然有点像是在自找麻烦，但它带来的好处却数不胜数，这正是为什么在高等数学里，绝大部分的复数皆以极式的形式出现的原因。"大 M 愉快地为这一堂课做了总结。

第 **25** 堂课
复数的 n 次方根

"小平，麻烦你看看老罩现在在讲什么?"大 M 悠悠地说。

大 M 和小平坐在教室天花板的屋梁上，已经有很长一段时间了，其他同学却都没有发觉，而小平自己也不觉得奇怪。老罩还是一样卖力地讲课，他干瘦的于指拿着粉笔在黑板上写满数学式，但这些式子却像天上的白云一样，微风一吹，可能就从同学们的头脑里，消失得无影无踪。

"他正在讲棣美弗定理……"小平远远望着黑板小声说。

令小平奇怪的是，以前黑板上那些难懂的数学式，现在却一一清晰地呈现在小平的眼前，像蒙尘已久的玻璃突然被沾水的纸巾抹过，瞬时变得晶莹剔透。

小平顿时领悟到，以往当自己在发呆时，王大宏已经将新单元的内容清楚地印在脑海里，难怪彼此的差距如此遥远。这时他也发觉到，老罩上课的内容，虽然不是很有条理，但仔细听讲，还是可以收获不少东西，而他以前却不知道好好利用，总是在烦闷中等待下课的铃声。

"我们终于赶上进度,而且超前一点了!"大 M 高兴地说。

"我知道,因为黑板上的公式我都懂,感觉很棒!"小平的语气中带着兴奋。

"这表示你进步了,所以一看就明白公式的意义,而不是一堆要背诵的符号。"

"这堂课我们上什么?"兴奋之余,小平想要学更多。

"我们学习应用棣美弗定理来解一元 n 次方程式。"大 M 轻松地回答。

"什么是一元 n 次方程式?"

"例如 $x+a=0$ 是一元一次方程式, $x^2+ax+b=0$ 是一元二次方程式, $x^3+ax^2+bx+c=0$ 是一元三次方程式,而 $x^n+ax^{n-1}+bx^{n-2}+\cdots=0$ 是一元 n 次方程式。"

"以前学过一元二次方程式,但三次以上的方程式,老罩没教过,就不晓得怎么解了。"小平说。

"一元 n 次方程式,在 $n\geqslant 3$ 就不容易解;不过,复数发明之后,我们对一元 n 次方程式有了更深入的理解,其中之一,就是证明了任何一元 n 次方程式,都刚好有 n 个复数解(注:这个证明比较复杂,故省略)。例如:

$$x^2+1=0 \quad \Rightarrow \quad x=i,\ -i$$

$$x^3-x^2+2x-2=0 \quad \Rightarrow \quad x=1,\ \sqrt{2}i,\ -\sqrt{2}i$$

在一元 n 次方程式中,最简单却又最重要的,就是 $x^n=1$ 这个方程式。"大 M 简单说明了一元 n 次方程式与复数的关系。

"为什么方程式 $x^n=1$ 很重要？"小平问。

"因为它让我们深入了解一元 n 次方程式的特性，这对代数的发展有很重要的影响。不仅如此，$x^n=1$ 的 n 个根有很好的特性，可以广泛应用在科学及工程上。"

大 M 接着说："现在，我们来学习如何解这个方程式。假设 z 是方程式 $x^n=1$ 的根，一般而言，它是一个复数，故以极式表示为

$$z=r\times(\cos\theta+i\sin\theta)$$

由棣美弗定理得到

$$z^n=r^n\times(\cos\theta+i\sin\theta)^n=r^n\times(\cos n\theta+i\sin n\theta)$$

因为 z 是方程式 $x^n=1$ 的根，所以

$$z^n=1 \quad\Rightarrow\quad r^n\times(\cos n\theta+i\sin n\theta)=1 \tag{25.1}$$

但是要如何找出（25.1）式的 n 个根呢？"大 M 暂停一下，让小平想一想。

"这好像很难……"小平左手托着下巴，努力思索这道难题。

"解这个问题需要一点小技巧，就是将（25.1）式等号右边的'1'，以极式展开如下：

$$1=\cos0+i\sin0=\cos2\pi+i\sin2\pi=\cos4\pi+i\sin4\pi=\cdots$$
$$=\cos2k\pi+i\sin2k\pi, \quad k=0, 1, 2, 3, \cdots$$

现在，（25.1）式可以改写为

$$r^n\times(\cos n\theta+i\sin n\theta)=\cos2k\pi+i\sin2k\pi,$$

$$k=0，1，2，3，\cdots \qquad (25.2)$$

由于等号左右两边相等，所以

$$r^n=1 \quad \Rightarrow \quad r=1 \qquad (25.3)$$

$$n\theta=2k\pi \quad \Rightarrow \quad \theta=\frac{2k\pi}{n}, \quad k=0，1，2，3，\cdots \quad (25.4)$$

因此

$$z=r\times(\cos\theta+i\sin\theta)=\cos\frac{2k\pi}{n}+i\sin\frac{2k\pi}{n}, \; k=0，1，2，3，\cdots$$
$$(25.5)$$

（25.5）式乍看之下好像有无限多个解，其实只有 n 个解，证明如下：假如 q 是一个整数，则由同界角的观念，得知（25.5）式中，$k=qn$ 对应的角度 θ 与 $k=0$ 相同$\left(因为\frac{2k\pi}{n}=\frac{2qn\pi}{n}=2q\pi=0\right)$，以此类推，$k=qn+1$ 对应的角度 θ 与 $k=1$ 相同$\left(因为\frac{2k\pi}{n}=\right.$ $\left.\frac{2(qn+1)\pi}{n}=\frac{2\pi}{n}+2q\pi=\frac{2\pi}{n}\right)$，……，$k=qn+(n-1)$ 对应的 θ 与 $k=n-1$ 相同。所以（25.5）式，其实只有 n 个不同的解，即：

$$z=\cos\frac{2k\pi}{n}+i\sin\frac{2k\pi}{n}, \quad k=0，1，2，3，\cdots，n-1$$
$$(25.6)$$

（25.6）式即 $x^n=1$ 的 n 个根，称为 1 的 n 次方根。"

"由于 $|z|=1$，所以这 n 个解都在单位圆上，对不对？"小

平问。

"没错，它们都位于单位圆上，不仅如此，由以下几个例题，你会发觉它们还平均分布在单位圆上。

例1：求 $x^5 = 1$ 的根。

解析：由（25.6）式，得知它的根为

$$z = \cos\frac{2k\pi}{5} + i\sin\frac{2k\pi}{5}, \qquad k = 0，1，2，3，4$$

因此，五个根分别为

$$k = 0 \quad \rightarrow \quad z_0 = \cos 0 + i\sin 0 = 1$$

$$k = 1 \quad \rightarrow \quad z_1 = \cos\frac{2\pi}{5} + i\sin\frac{2\pi}{5}$$

$$k = 2 \quad \rightarrow \quad z_2 = \cos\frac{4\pi}{5} + i\sin\frac{4\pi}{5}$$

$$k = 3 \quad \rightarrow \quad z_3 = \cos\frac{6\pi}{5} + i\sin\frac{6\pi}{5}$$

$$k = 4 \quad \rightarrow \quad z_4 = \cos\frac{8\pi}{5} + i\sin\frac{8\pi}{5}$$

（建议：读者不妨自己试着验证，$k = 5，6，7，8，9$ 与 $k = 0，1，2，3，4$，对应的解是否相同？）

假如我们将这五个根画在单位圆上，如图 25.1（见次页），可以发觉它们均匀分布在单位圆上，彼此间隔同样的角度 $\theta = \frac{2\pi}{5}$。

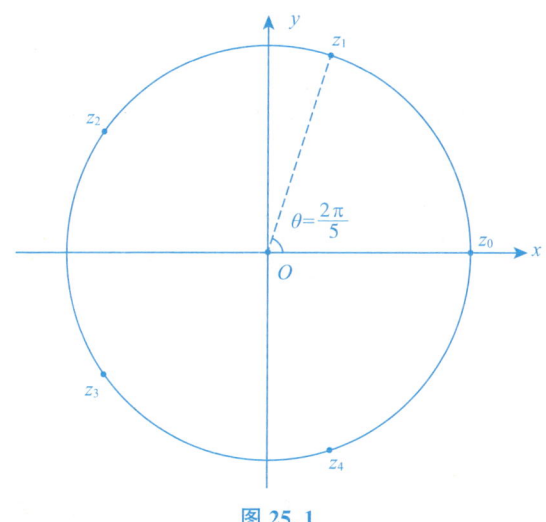

图 25. 1

例 2：求 $x^8 = 1$ 的根。

解析：由（25.6）式，得知它的根为

$$z = \cos \frac{2k\pi}{8} + i\sin \frac{2k\pi}{8}, \qquad k = 0，1，2，3，4，5，6，7$$

所以八个根为

$$k = 0 \quad \rightarrow \quad z_0 = 1$$

$$k = 1 \quad \rightarrow \quad z_1 = \cos \frac{2\pi}{8} + i\sin \frac{2\pi}{8} = \cos \frac{\pi}{4} + i\sin \frac{\pi}{4}$$

$$k = 2 \quad \rightarrow \quad z_2 = \cos \frac{4\pi}{8} + i\sin \frac{4\pi}{8} = \cos \frac{\pi}{2} + i\sin \frac{\pi}{2}$$

$$\vdots$$

$$k=7 \quad \rightarrow \quad z_7 = \cos\frac{14\pi}{8} + i\sin\frac{14\pi}{8} = \cos\frac{7\pi}{4} + i\sin\frac{7\pi}{4}$$

假如将八个根画在单位圆上，如图 25.2，它们同样均匀分布在单位圆上，彼此间隔角度 $\theta = \frac{2\pi}{8} = \frac{\pi}{4}$。

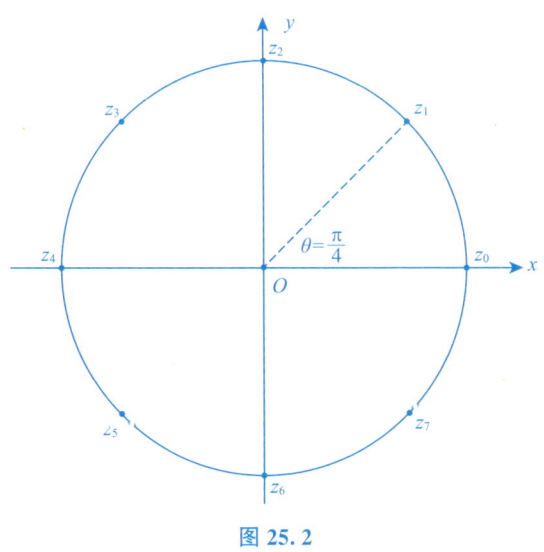

图 25.2

由以上两个例题，你可以发觉 $x^n = 1$ 的 n 个根，会均匀分布在单位圆上，彼此间隔角度 $\theta = \frac{2\pi}{n}$。"大 M 详细说明了 1 的 n 次方根的特性。

"这么说，只要知道其中一个根，在单位圆上每隔 $\theta = \frac{2\pi}{n}$ 找一点，就得到其余 $n-1$ 个根了。"小平顺着大 M 的逻辑，演绎出这个想法。

"你很聪明，马上能灵活运用观念。"大 M 语带鼓励，"由于 $x^n=1$ 的 n 个根，在复数发展上有很重要的意义，因此我们有必要进一步了解这些根的特性。假设

$$w=\cos\frac{2\pi}{n}+i\sin\frac{2\pi}{n} \qquad (25.7)$$

则 w 是 $x^n=1$ 的 1 个根，由于

$$w^k=\cos\left(\frac{2\pi}{n}\cdot k\right)+i\sin\left(\frac{2\pi}{n}\cdot k\right)=\cos\frac{2k\pi}{n}+i\sin\frac{2k\pi}{n}$$

$$(25.8)$$

比较一下 (25.6) 式和 (25.8) 式，得知 w^0、w^1、w^2、$\cdots$、w^{n-1} 即 $x^n=1$ 的 n 个根。换句话说，1 的 n 次方根彼此呈指数关系。

"另一方面，我们可以将 x^n-1 分解为以下的乘积

$$x^n-1=(x-1)(x^{n-1}+x^{n-2}+\cdots+x+1)$$

由于 w 是 $x^n-1=0$ 的根，所以

$$w^n-1=0 \quad \Rightarrow \quad (w-1)(w^{n-1}+w^{n-2}+\cdots+w+1)=0$$

因为 $w\neq1$，故我们得到

$$w^{n-1}+w^{n-2}+\cdots+w+1=0 \qquad (25.9)$$

(25.9) 式表示，1 的 n 次方根全体相加的和为 0。(注：$w^0=1$。)"

"1 的 n 次方根特性很奇妙，但有点复杂……"小平一时还

不太能领会。

"其实 1 的 n 次方根的特性并不难，我们简单整理如下：

    1. 它们对应的坐标点，平均分布在单位圆上，彼此间隔 $\theta=\dfrac{2\pi}{n}$。

    2. 这 n 个根 w^0、w^1、w^2、$\cdots$、w^{n-1}，彼此呈指数关系。

    3. 它们的和为 0。

由复数极式的意义，我们得知它们呈指数关系，而且彼此间隔 $\theta=\dfrac{2\pi}{n}$。因为它们平均分布在单位圆上，全部相加时，实部和虚部自然抵消掉，故和为 0。所以不必特别花时间记这些特性，只要将（25.8）式的意义想清楚，这些特性就自然存在心中了。"

"我会花时间将（25.8）式的意义想清楚，应该就没问题了。"小平回答。

"最后，我们将之前的结果推广，即求 $x^n=\alpha$ 的根，而 α 是任一复数。首先，我们将 α 以极式表示为

$$\alpha=R\times(\cos\phi+i\sin\phi)$$

其中 R 为向径，而 ϕ 为主辐角。接着，仿照之前的做法，假设 z 是方程式 $x^n=\alpha$ 的根，以极式表示即为

$$z=r\times(\cos\theta+i\sin\theta)$$

由棣美弗定理得到

$$z^n = r^n \times (\cos n\theta + i\sin n\theta)$$

因为 z 满足方程式 $x^n = \alpha$ 的根，所以

$$z^n = \alpha \quad \Rightarrow \quad r^n \times (\cos n\theta + i\sin n\theta) = R \times (\cos\phi + i\sin\phi)$$

我们利用同样的技巧，将上式改写为

$$r^n \times (\cos n\theta + i\sin n\theta)$$
$$= R \times [\cos(\phi + 2k\pi) + i\sin(\phi + 2k\pi)],$$
$$k = 0, 1, 2, \cdots, n-1$$

由于等号左右两边相等，因此

$$r^n = R \quad \Rightarrow \quad r = \sqrt[n]{R} \qquad\qquad (25.10)$$

$$n\theta = \phi + 2k\pi \quad \Rightarrow \quad \theta = \frac{\phi + 2k\pi}{n}, \qquad k = 0, 1, 2, \cdots, n-1$$

$$(25.11)$$

最后

$$z = \sqrt[n]{R} \times \left(\cos\frac{\phi + 2k\pi}{n} + i\sin\frac{\phi + 2k\pi}{n} \right), \quad k = 0, 1, 2, \cdots, n-1$$

$$(25.12)$$

（25.12）式即 $x^n = \alpha$ 的一般解，以数学式而言，它涵盖的范围更广，并且包含（25.6）式在内。"

　　"由于刚刚学过 1 的 n 次方根，所以（25.12）式感觉上就容易多了。"现在小平发觉，新的观念只要用心去熟悉，很快就

不会觉得难了。

"你学得越来越快了！"大 M 语带嘉许，"假如你再多花点时间去想的话，你会发觉（25.12）式的 n 个根，全部都位于一个半径为 $\sqrt[n]{R}$ 的圆上，而且还平均分布在这个圆上，彼此间隔 $\theta = \dfrac{2\pi}{n}$。"

"好像是这样，我还不是很确定，不过我会花时间想清楚的。"小平接着问，"那么它们的和是不是等于 0？"

"这个问题，就留给你自己找答案，我相信你一定没问题！"大 M 对小平充满信心。

这时候，大 M 低头看看手表，接着抬起头望着窗外，沉默了一段时间后，他转身望着小平，缓缓地说："小平，这是我们的最后一堂课，我必须离开了……"

"什么？你要走了？"小平着急地说，一时不知道如何是好。

"记不记得我曾经说过，我是你的数学守护神？"

"当然记得，我希望你能继续守护下去……"小平的语气带着焦虑与不舍。

"你知道棒球赛的守护神（救援投手），只有在危急的时候才上场，其他时候，还是要靠队友的努力才能赢球。现在，我已经尽力帮你度过三角函数这一个单元，接下来要靠你自己努力了。"

"可是，我只学会了三角函数，将来还有那么多单元要学，怎么应付？"小平黯然说着。

"高中数学里，三角函数是比较难的单元，而你已经知道了学习的方法，所以不必害怕，接下来只要继续遵照：

了解源头 → 建构核心知识框架 → 练习题目

的学习三部曲，在过程当中手脑并用，努力推导公式，勤于作图，用心思考并灵活运用，你一定可以轻松面对新的单元，最后就能和王大宏一样悠游自在地学习数学了。"大 M 语气平缓地鼓励小平。

"可是，我不确定你走了之后，自己是否能做到……"

"还记得李宁的广告吧，Anything is possible！数学比你想象的容易得多，相信我，也相信自己，你一定做得到！"

这时候大 M 站起身来，从口袋中掏出一张淡绿色的卡片，他用笔工整地写了几行字之后，对小平说："这是送给你的小礼物，以后遇到挫折的时候，不妨看看这张卡片，或许能帮助你重拾信心。"

小平起身接过那张小卡片，朦胧中看不清楚上面写了什么，不过他小心翼翼地将卡片放进上衣的口袋里，因为这可能是他和大 M 之间唯一的联系了。

"该是说再见的时候了，记得好好努力喔！"大 M 转身沿着屋梁走向天花板的角落，瞬间消失在那片白色的墙上。小平茫然站立着，不知如何是好。

　　突然，窗外传来一阵急促的铃声，小平一时惊慌，整个人仿佛高空跳伞般从屋梁上掉落下来，却怎么也找不到降落伞……

梦醒时分

时间是下午 2 点 29 分 59 秒。一阵急促的铃声划过沉闷的时空，老罩放下手中的粉笔，慢慢收拾他那一本泛黄的笔记准备离去，同学们则像刚从铝罐中倒出来的汽水饮料，瞬时跃动不已。

小平慢慢从睡梦中醒过来，眼前喧闹的景象，和梦里大 M 单纯的对话形成了强烈的对比，让他一时不太能适应。恍惚之间，小平的脑海中闪过大 M 以及梦中的种种情景，这些情景既遥远又真实，仿佛曾经存在，又好像只是南柯一梦。

这时候，小平抬起头，刚好看到老罩慢慢离去的背影，他突然觉得，老罩和大 M 的用心其实是一样的，只是大 M 以另一种方式，来传达老罩想要教给他的讯息。他又想到，假如自己能像王大宏一样，在课前花点时间预习，上课的时候用心听讲，一定可以从老罩那里获得很多东西。望着老罩佝偻的身躯，小平回想起以往上课时的种种情景，突然感到一股莫名的愧疚。

"嘿，你刚刚睡得好香，梦见周公没?"坐在小平右后方的阿杰，伸过手来拍小平的肩膀。

"没梦见周公，但梦到孔子了……"小平顺口回应。

"难不成他还教你论语?"阿杰继续促狭小平。

"没教论语，不过他教我三角函数!"小平脸上的表情不像是开玩笑。

"教你个头啊! 我看你还没睡醒吧!"阿杰顺手轻敲一下小平的脑袋。

"真希望还没睡醒……"小平幽幽地说。

"不跟你鬼扯了! 走，打球去!"阿杰提议。

"好啊! 我正想好好动一动。"小平马上附议。

小平走出教室，窗外的阳光还是一样炙热，不过他的心情不再烦闷了。正当小平在走廊上弯腰系鞋带的时候，一张淡绿色的卡片突然从上衣的口袋中掉了出来，小平拾起那张卡片，上面写着几行深蓝色的英文字:

If you don't try, Math is a myth!

If you don't like, Math is a secret!

But

If you don't mind, Math is easy!

If you don't deny, Math is simple!

Because

Math is part of our mind!

　　小平收起卡片，远远望着球场，心中突然涌现一股许久未有的喜悦。以往，他到球场是为了逃避教室里的挫折和无奈，现在，他知道再也不需要逃避了。

　　小平拿起球快步跑向球场，仿佛奔向美好的未来！